城市群协同发展研究
产业分工视角

Research on Coordinated Development of
Urban Agglomeration: Perspective of Industrial Division

汪彬　著

社会科学文献出版社
SOCIAL SCIENCES ACADEMIC PRESS (CHINA)

前　言

当今世界大国间竞争不仅是科技、经济、人才的竞争，也是空间结构的竞争，城市群、都市圈已经成为承载资源要素的主要空间载体，是全球空间结构竞争力的主角。21世纪，数字化技术、区块链技术深刻影响区域经济空间格局，进一步强化要素集聚和空间分化效应，"强者愈强"的马太效应更加凸显，城市群、都市圈成为创新和消费两端集聚的主载体。而决定城市群竞争力最主要、最关键的是城市间的利益关联度。城市间深度合作、携手并进，共同打造人才、科技、金融等高端要素聚集区，培育头部高科技企业和产业链式发展的集聚区，是一国赢得全球竞争力的关键。

党的二十大明确了推进中国式现代化的行动纲领和战略部署。从空间治理来看，就是要构建优势互补、高质量发展的区域经济布局和国土空间体系。从城市化发展的客观规律来看，中心城市和城市群已经成为承载发展要素的主要空间形式。新时代新征程，一批产业分工协作、利益紧密相联、规模等级有序的世界级城市群是全面建设社会主义现代化国家、实现中华民族伟大复兴中国梦的重要空间支撑。正是在这样一个要素极化空间分化的大趋势下，研究中心城市和城市群这一主体空间形态，对于优化区域经济布局，发挥优势地区高效集聚作用，培育高质量发展动力源，促进区域协调发展，提升国际竞争力具有重大的理论和现实意义。

本书按照"城市群理论缘起—城市群协同发展—城市群产业协同发展"的逻辑思路，首先，从辨析城市群基本概念理论开始，全面梳理总结国内外城市群相关概念、形态演变及定量测度等内容，在此基础上对城市群协同发展的基本现状、存在的问题及实现机制进行详细的论述和深刻的阐释。其次，基于产业分工视角，研究城市群协同发展问题，在综述产业分工与城市群协同发展的理论文献基础上，建构城市群产业协同发展的理论模型，构建计量模型进行实证分析，结合研究结论，提出了优化城市群产业分工，构建紧密的城市间利益联结机制，增强城市群竞争力，打造全球一流的世界级城市群的政策建议。再次，结合国内大城市群协同发展的实践案例，以长三角、京津冀、粤港澳三大世界级城市群为例，重点分析了大城市群协同发展的实践探索，与此同时，结合新发展格局对城市空间形态的战略目标要求，提出了大城市群畅通循环的实现路径，立足打造"四个中心"、畅通"五维空间"，加快构建新发展格局。最后，全面梳理总结核心观点和结论，结合理论研究和实际情况，提出了推动大城市群产业协同发展的政策建议。

关键词： 新时代　城市群　产业分工　协同发展

目　录

第一章
城市群发展的理论起源及演进

城市群是一个国家或地区的商贸、人才、信息、科技汇集地，是创新最主要的发源地，是当今最有活力的经济组织单元，是世界各国参与全球竞争的重要地理单元，是城市发展到成熟阶段的高级空间组织形态。西欧、美国、日本等国家和地区都十分重视城市群带动本地区发展的作用，纷纷制定了城市群发展的规划和战略。统一、标准、规范、科学的概念是准确把握城市群内涵的重要依据，是研究城市群问题的起点。以下将回顾国内外城市群研究历史，梳理以往城市群概念的不同表述，综述不同学者的观点形成统一内在的逻辑体系，便于深化对这一问题的研究。

第一节　国外城市群概念起源及发展

研究城市群首先追溯单个城市的产生。"城市"一词可拆为"城"和"市"两个字，"城"在古代是为了设防以阻挡外敌入侵，"市"即集市，是商品买卖的交易场所。城市是随着人类社会发展，生产劳动分工产生商品交易后出现的场所。

一 现代西方城市群概念起源

现代西方关于城市群问题的研究可以追溯到 20 世纪英国著名城市学家埃比尼泽·霍华德（Ebenezer Howard）在 1898 年所著的《明日：一条引向真正改革的和平之路》（To-Morrow: A Peaceful Path to Real Reform）一书［1902 年再版时改为《明日的田园城市》（Garden Cities of To-Morrow）］，在书中他提出了城镇集群（town cluster）一词，由此成为城市群问题研究的先驱。限于特定的历史背景，城市发展形态还未形成相互连接的综合体，学者也不可能提出明确的概念。明确提出城市群概念的则是美籍法国地理学家戈德曼（Gottmann），1957 年，他在《经济地理》（Economic Geography）杂志上发表了一篇论文"Megalopolis or the Urbanization of the Northeastern Seaboard"，他用"Megalopolis"（大都市带）一词来形容由多个城市及郊区所构成的大城市连绵区，他将美国大西洋沿岸从波士顿到华盛顿一带高度相连的大城市密集区称为大都市带，1960 年这一地区的人口达到 3700 万人。戈德曼界定大都市带的标准：以 2500 万人、人口密度 250 人 /km^2 为下限，至少集聚一国 15%~20% 的人口。戈德曼积极正面地评价了"Megalopolis"——经济社会发展到一定阶段城市形态演化的高级阶段。同一时代的格迪斯（Patrick Geddes）、芒福德（Lewis Mumford）却做出了完全相反的阐释，他们将"Megalopolis"定义为一种过度拥挤即将衰败的超级大城市（an overlarge city doomed to destruction）。英国著名城市学者格迪斯于 1915 年在其《进化中的城市》（Cities in Evolution）一书中指出，城市的扩张使其诸多功能跨越了城市的边界，众多城市的影响范围相互重叠产生了"城市区域"（City Region），他将这一城市空间形态命名为"组合城市"（Conurbation）。芒福德则将城市发展与变革概括为六个阶段：第一阶段是原始城市（Eopolis），单个村落；第二阶段是城邦（Polis），多个村落的联合体；第三阶段是 Metropolis，出现了首都大城市；第四阶段是大都市带（Megalopolis），城市扩张到顶峰并已经开始衰败；第五阶段是专制城市（Tyrannopolis），经济发展形成过度膨胀的城市体系；第六阶段是死亡之城

（Nekropolis），由于战争、饥荒，城市被遗弃，变成废墟。他预言城市的发展就如同罗马帝国的兴衰史一般，将是盛极而衰的过程。不可否认的是格迪斯及其追随者芒福德是从社会人类学角度对城市群问题进行研究的，考虑人与自然的和谐，突出以人为本，打造居民、产业、商业融为一体的田园城市。而且他们从生物学的生态系统理论角度阐释了城市发展也有生命周期——由成长到顶峰再走向灭亡的过程。

二　西方学术界相关概念阐释

自戈德曼的"大都市带"这一概念被明确地写入词典后，学术界对城市群的研究和探讨更加持续深入。鉴于地理空间特征和城市形态的差异，国外不同学者对这一特殊城市空间形态进行阐释时，提出了类似的相关概念。

John Friedmann 和 John Miller（1965）提出了一种新的城市空间结构形态——城市场（the Urban Field），它是一个将中心和外围连接起来的区域。McGee（1991）首次提出"Desakota"这个概念，用来描述亚洲独特的城市化状况。亚洲国家的城市发展经历完全不同于其他发展中国家或发达国家，由于经济发展、城市扩张，出现了一个全新的区域（New Zone），即城市与乡村有密集的经济交流活动，交通互动、技术进步以及经济和劳动力变化的区域。Andrés Rodríguez-Avila 等（2008）定义了大城市区（city-region），认为大城市区是一个或多个中心与半城市化和农村腹地功能相连的组合体。它是资本、劳动的富集地，区域内存在强烈的经济、社会、文化交互作用，是经济增长最快速的区域，且多是被广大腹地包围的大城市连绵区。

近年来还出现了 Megaregion 一词，美国区域规划协会 *America 2050* 将它定义为一个巨型的、呈网络化联结的大都市区域，具有共同的环境、文化、基础设施及功能等；还有 Richard Florida 等（2008）所定义的巨型区域（Mega region）：城市和周围郊区的腹地共同组成的，能够以较低成本实现资源配置的一体化区域。巨型区域与单个大城市或大都市区不同，Richard Florida 认为城市由中心及外围共同组成，大都市区由一个中心城市及其外围构成，一个巨型区域则是由多中心城市以及低密度腹地共同构成，它代表出现了一类全新的自然经济单元，它们不断地扩张而更加密集，同时向周边区域扩张并与之相互融合为一体。关于巨型区域的研究已经有了较长的历史，从 Gottmann（1957）定义大都市带开始，Glaeser（2007）考察了大都市带向巨型区域过渡的因素。Scott 预测曼谷、河内、吉隆坡这些世界城市集聚区域可能成长为这类巨型区域，但是这一转变具有不确定性，巨型区域的标准一般是人口多、市场大、生产效率高、技术创新能力强以及高素质人才多，如巨型区域通常以人口众多为标志，是拥有 1000 万以上人口的大都市区。

综合国外城市群概念相关的研究文献，我们发现，尽管戈德曼的大都市带概念得到了学术界较为一致的认可，但是，随着时代的变迁，以及城市空间形态和结构的变化，学术界对城市群相关概念的探讨与辨析仍在继续，莫衷一是。比如，后续文献中又出现了 Mega-urban Regions、World Cities、Network Cities。这些概念的内涵没有本质的区别，但是在空间范围的界定和标准上还是略有不同的。

第二节　国内城市群理论发展及演进

城市群是城市空间形态群体化的表现，城市空间组织由个体向群体结构演化，学术界对城市空间结构的具体形态进行了充分的阐述，形成了包括大都市区、都市圈、组团式城市、都市连绵区及大都市带等在内的城市群概念体系。

为准确概括城市群的概念，笔者全面梳理了国内城市群相关研究文献，发现国内对城市群问题的研究起源于 20 世纪 80 年代，最早明确提出城市群概念的是姚士谋（1992）。按照提出的先后顺序，国内学者所采用的城市群相关主要概念有：巨大城市带（于洪俊、宁越敏，1983 年）、都市连绵区（周一星，1988 年）、城市群（姚士谋，1992 年）、大都市区（孙胤社，1992 年）、城镇密集区（孙一飞，1995 年）、大都会区（许学强，1994 年）、都市圈（杨建荣，1995年）、都市密集区（牛凤瑞，2006年）。国内学术界对城市群的概念进行了不同的界定，尽管概念的表述不一，但内涵大体相同，基本上达成共识。一般可以将其界定为：以一两个特大城市为核心，由周边若干个不同等级规模层次的城市所组成的，具有内在的垂直和横向的经济社会联系，并以发达的一体化基础设施硬件系统和跨行政地区管理软系统为共同支撑的城市"集合体"。

一 城市群相关概念研究

国内对城市群问题展开研究始于20世纪80年代，最早阐释相似概念的是宋家泰，他认为不能孤立地看待城市，周围区域是城市发展的区域经济基础，他率先提出了"城市—区域"概念，本地城市经济中心及溢出范围的经济区域，或两个毗邻的经济中心在经济联系上彼此交错、相互协作地区都属于这一范畴，这一概念可以认为是国内对城市群的最早阐述（顾朝林，2011）。

于洪俊、宁越敏在《城市地理概论》中用"巨大城市带"介绍了戈德曼思想：至少居住2500万城市人口，过着现代城市方式的生活。这些地区城市职能十分强烈，城市用地比例越来越高，城市与城市间的农田分界带日渐模糊，城市地域相互蔓延，甚至连成一片。

较早介绍戈德曼"大都市带"概念的是北京大学周一星教授，他在1988年夏威夷国际会议上发表了"The Metropolitan Interlocking Region in China: A Preliminary Hypotheses"一文，对中国的珠三角、长三角、京津冀、辽中南等大城市集聚现象进行了描述，认为这些城市集聚现象从本质上与戈德曼的"Megalopolis"是相同的，不过又具有中国特色，他将中国的大城市群形容为都市连绵区（Metropolitan Interlocking Region，MIR），即以若干大城市为核心，与周边地带保持着强烈的经济社会交流活动关系，沿交通走廊分布的巨型城乡一体化区域。他在论文中阐述了都市连绵区的概念、标准和分布格局，前瞻性地预见了改革开放和全球化背景下中国人口与经济向沿海6个城市密集区集聚的趋势，此论文在国际上被广为引用。

当然，国内最早明确使用"城市群"这一概念的是姚士谋（1992），他从空间布局角度定义城市群是相当数量的不同等级规模的城市，依托一定的地理环境条件，在特定的地区范围内，借助于综合运输网的通达性以及现代化的通信设施，发生与发展着城市个体之间的内在联系，产生群体亲和力的作用，共同构成一个相对完整的城市群体。姚士谋（1998）重新定义了城市群：在特定的地域范围内具有相当数量的不同性质、类型和等级规模的城市（包括小城镇），它们依托一定的自然环境条件，人口密度较大，生产高度技术化，土地利用集约化，以一个或两个特大城市和大城市作为地区经济发展的核心，借助于现代化的交通工具和综合运输网络的通达性以及高度发达的信息网络，发生与发展着城市个体之间的内外联系，共同构成一个相对完整的城市群区。比较1992 年的定义，姚士谋 1998 年的定义更加强调了城市群内具有核心城市。吴启焰（1999）定义的城市群（Urban Agglomeration 或 Urban Cluster）是指在特定地域范围内具有相当数量不同性质、类型和等级规模的城市，它们依托一定的自然环境条件，以一个或两个特大或大城市作为地区经济的核心，借助于综合运输网的通达性，发生与发展着彼此之间及与区域之间的内在联系，共同构成一个相对完整的城市地域组织。胡序威（1998）界定了都市区与都市连绵区的区别。他认为都市区是都市连绵区的基本构成单元。都市连绵区是在特定区域背景下发育起来的由众多都市区连绵而成的城市密集地带，相似于戈德曼提出的大都市带（Megalopolis）概念。都市连绵区的概念不是指众多城市建成区连成一大片，而是指由多核心的都市区紧密组成的高度城市化与城乡一体化的地带。

与城市群形态相关，但有别于城市群这一概念的是都市圈。都市圈是由日本学者小林博提出的，与西方的大都市区域（Metropolitan Area）概念相一致。都市圈是一种城镇空间形态。国内最早提出都市圈概念的是杨建荣（1995），他在《论中国崛起世界级大城市的条件与构想》中，阐述了都市圈的特征和形成条件，提出了构建中国八大都市圈的设想。都市圈有高密度的城市数量和人口分布，以及巨大的城市体系规模，这是区别于其他城市类型的显著特征。孙胤社（1992）认为大都市区是国际上进行城市统计和研究的基本地域单元，是城市化发展到较高阶段时产生的城市空间形式。大都市区是城市中心规模扩张，逐渐郊区化进而形成中心与外围地区密切联系的连续区域。我国城市最密集的四个地区长三角、珠三角、京津唐、辽中南大都市区已有了较充分的发展，甚至出现了大都市区首尾相连的都市连绵带。都市连绵带在我国的出现标志着几个主要地区城市空间结构的演变进入了更新的阶段，已经从单个的点和局部区域变为具有多个中心的巨大发展地带。吴启焰（1999）所定义的大都市区是指一个大的人口核心以及与这个核心具有较强的社会经济一体化联系的邻接社区的组合，它包括与建成区有密切社会经济联系但不一定连续的城乡一体化区域。

孙一飞（1995）定义的城镇密集区为：在一定地域范围内，以多个大中城市为核心，城镇之间及城镇与区域之间发生着密切联系，城镇化水平较高，城镇密集分布的连续地域。他认为城镇密集区是一个系统概念，具有层次性等特征，城市带是城镇密集区发展的一种较高层次形式。低级形式的城镇密集区随着规模扩大，中心城市的国内国际地位提高，区域联系进一步加强，将演化为高级形式——城市带。城市圈、城镇密集区、城市带是区域发展不同阶段的具体表现形式，城镇体系是区域发展的核心。牛凤瑞、盛广耀提出了都市密集区概念，在《三大都市密集区：中国现代化的引擎》一书中提出，所谓的都市密集区是指在较大的特定区域（一般数万到十几万平方公里），以两个及以上的特大、超大城市为核心，若干不同等级的城市相对集聚，城市个体之间保持强烈交互作用和密切联系的地域形态。他认为城市密集区（城市群）具有一定的广泛性，都市密集区是由城市密集区或城市群进一步发展演化而成的，并不是所有的城市密集区都能发展成为都市密集区，都市密集区是高级别（或较成熟）的城市密集区。

二　概念总结及述评

很显然，大都市区与都市连绵区是有区别的。大都市区强调单个中心城市向周围扩散，形成中心与外围紧密相连的区域；而都市连绵区则强调多个中心城市辐射到周围，进而将多个城市与其周围区域共同连接形成巨大的、密集的城镇区域。无论是戈德曼的大都市带，还是大都市区、都市连绵区，都是对多个城市集聚形成大城市区域的现象的描述和概括。

从学术界现有的文献描述来看，"城市"与"都市"是有区别的，都市一般是指等级更高的大城市，所以都市圈和大城市区可以认为是一个概念，即单个城市与周围郊区发生着密切经济社会联系的城乡一体化区域。"城市群""城镇密集区""都市密集区"都是较为宽泛的概念，是由多个城市构成的城镇集合体。它们之间的区别在于空间形态的等级层次不一样，"城市群""城镇密集区"可以认为比"都市密集区"低一层次，"大城市群"与"都市密集区"相似。从相关概念的定语描述来看，"大"主要体现在规模、等级上，演化的空间形态的阶段在性质与内涵上没有本质区别。"带""圈""区""群"是对城市不同空间组合方式所构成形态的差异化表达，主要体现为空间形态的区别：沿交通线呈现带状分布称为城市带；由中心向外围扩散呈放射状的称为区；区域内大、中、小城市围绕核心城市呈圈层状的布局称为圈；多个中心与外围区域共同紧密连接起来的组团式称为群。

因此，笔者认为城市群的概念内涵体现为以下三点：一是存在两个以上的核心城市；二是城市与城市之间、城市与乡村之间存在着强烈的空间交互作用、经济社会联系紧密；三是区域内不同等级规模的城市与周围地区相互连接共同构成一个巨大的、密集的城镇区域。这些都是城市群和城镇密集区、都市连绵区等概念存在的共同点。不同概念反映了城市发展所处阶段的空间形态由低级向高级演化的过程。一般而言，城市空间结构的演化路径是：城市—都市圈（大都市区、大都市圈）—城镇密集区—城市密集区（城市群）—都市连绵区—大都市带。

三　城市群相关形态界定标准

城市群及相似形态的城镇空间形式的范围与界定标准一直是学术界争论

的焦点，我国对城市群范围的界定是引进国外的研究理论，同时结合我国实际情况提出来的。

（一）都市圈（区）范围标准

杨建荣（1995）界定的都市圈一般具有以下特征：①由一两个高能级的特大城市担当发展极，作为整个体系的中心、枢纽；②环绕中心城市，大、中、小城市呈圈层结构布局，并且等级规模合理；③是联结国内、国际的枢纽，既在国内经济中处于领先地位，又参与国际经济循环，成为全球经济网络的一个子系统，发挥超国界的影响；④城市圈内产业结构是综合的、多元的、开放的，产业不断地发展、演变、交替，不断地创新、拥有新技术、向新兴产业转化，并不断地在空间上向外扩散；⑤具有密集的基础设施网络，且以中心城市为核心，向外延伸。综观西方各国对都市区的界定标准，一般都包括两个部分：一定规模的中心城市和与中心城市具有紧密社会经济联系的外围地域，而外围地域的界定均是依据一些最具代表性的统计指标，如非农化水平、通勤率等。宁越敏、施倩、查志强（1998）确定都市区范围时采用如下指标。①中心城市，即市区非农人口在 20 万人以上的城市。②外围县。成为外围县的条件有两个：一是全县（市）的 GDP 构成中非农产业比例与劳动力构成中非农劳动力比例分别在 75% 和 60% 以上；二是与中心城市毗邻，或满足以上两条件且与和中心城市毗邻的县（市）相邻。如果某县（市）能同时划入两个都市区则确定其归属时主要依据行政区划而定。

（二）城市群等级标准

代合治（1998）认为城市群是由若干基本地域单元构成的连续区域，城市群区域应具有较高的城市化水平，同时界定了城市群等级标准。城市群具备 3 个条件：①必须是一个连续的区域，不能被非基本地域单元分隔；②组成城市群的地域应具有较高的城市化水平，若城市行政区总体水平达不到基本地域单元标准，而其市区与城市群地域相连，则可将其市区并入相应的城市群；③应达到一定的面积、人口、城市规模，若一个或几个地域相连的基本地域单元达不到城市群的规模下限，也不应列为城市群。结合我国实际，参照国内外的有关研究成果，我国城市群的下限标准应为：地域面积在 1 万 km^2 以上，总人口在 500 万人以上，其中城市人口在 150 万人以上，城市数量在 5 座以上，其中应有特大城市或大城市，并依据城市群的面积、总人口、城市人口、城市数量、城市规模等级结构等进一步将我国城市群划分为特大型、大型、中型、小型等 4 个等级类型。

（三）城镇密集区标准

孙一飞（1995）指出城镇密集区界定指标如下。①中心城镇人口在 5 万人以上。②中心县（中心城镇所在县）如满足以下条件可划入城市化地区：a. 乡村非农劳动力比例超过 50%，或社会非农劳动力比例超过 60%；b. 人口密度在全国（全省）平均水平以上；c. 建制镇密度在全省平均水平以上。③邻近县（与中心县相邻的县）满足上述条件②但不满足①者亦划入城市化地区。城镇密集区范围应包括三部分：①必有两个或两个以上 30 万人以上的中心城市；②与中心城市相连的连片城市化地区；③与中心城市相邻，或为连片城市化地区所包围，但尚未达到城市化地区标准的个别县市。

（四）都市连绵区标准

周一星概括都市连绵区的五个特点：①拥有 2 个以上人口规模达到 100 万人以上的大城市；②拥有年吞吐量达到 1 亿吨以上的大型国际港口，以及国际航班密切往来的机场；③区内人口总规模达到 2500 万人以上，人口密度达到 700 人 /km^2；④拥有通往主要港口及城市的发达交通运输网络，并向核心集聚；⑤紧密的内在集聚经济联系。胡序威（1998）界定都市连绵区的 5 项主要判别指标：①至少具有两个以上人口超过百万的特大城市作为发展极，且其中至少一个城市具有相对较高的对外开放度，具有国际性城市的某些主要特征；②有相当规模和技术水平领先的大型海港和空港，并有多条国际航线运营；③区域内拥有由多种现代运输方式叠加形成的综合交通走廊，各级发展极与走廊之间有便捷的联系手段；④区域内有较多的中小城市且多个都市区沿交通走廊相连，总人口规模达到 2500 万人，人口密度达到 200 人 /km^2；⑤组成连绵区的各个都市区之间、都市区内部中心市与外围县之间存在密切的社会经济联系。

（五）城市密集区标准

方创琳（2015）认为，当一个城市密集区的大城市数量超过 3 个，人口总规模超过 2000 万人（其中核心城市市区常住人口规模超过 500 万人），人均 GDP 超过 1 万美元，城镇化水平大于 50%，非农产业比例大于 70%（处在工业化和城镇化中后期），核心城市 GDP 中心度大于 45%，经济外向度大于 30%，经济密度大于 500 万元/km²，能形成半小时、1 小时和 2 小时经济圈时，可认为这一城市密集区达到了城市群发育的基本标准，可按照城市群来建设。

总结以上研究，目前城市群相关概念主要是从人口规模、人口密度、地域面积、城市数量、空间结构、经济联系等方面进行界定（见表 1-1）。从城市群相关概念看，城市群主要呈现以下几个特点。

表1-1　城市群相关概念界定标准

概念	界定标准		作者	年份
都市圈	①城市数量：1~2个高能级的特大城市		杨建荣	1995
	②空间结构：环绕中心城市，大、中、小城市呈圈层结构布局，并且拥有密集的基础设施网络			
	③经济联系：联结国内、国际的枢纽，既在国内经济中处于领先地位，又参与国际经济循环			
都市区	①人口规模：中心城市是市区非农人口在20万人以上的城市		宁越敏等	1998
	②非农比例：外围县全县（市）的GDP构成中非农产业比例与劳动力构成中非农劳动力比例分别在75%和60%以上			
	③空间结构：外围县与中心城市毗邻或与和中心城市毗邻的县（市）相邻			
	④构成一定规模的中心城市和与中心城市具有紧密社会经济联系的外围地域			
	⑤补充：如果某县（市）能同时划入两个都市区则确定其归属时主要依据行政区划而定			

概念	界定标准	作者	年份
城市群	①地域面积：1万km²以上	代合治	1998
	②人口规模：总人口在500万人以上，其中城市人口在150万人以上		
	③城市数量：5座以上，其中有特大城市或大城市		
	④城市群的划分：依据城市群的面积、总人口、城市人口、城市数量、城市规模等级结构等划分为特大型、大型、中型、小型等4个等级类型		
城镇密集区	①人口规模：中心城镇人口在5万人以上	孙一飞	1995
	②人口密度：在全国（全省）平均水平以上		
	③城市数量：两个或两个以上30万人以上的中心城市		
	④空间结构：与中心城市相连的连片城市化地区；与中心城市相邻，或为连片城市化地区所包围，但尚未达到城市化地区标准的个别县市		
	⑤非农比例：城市化地区乡村非农劳动力比例超过50%，或社会非农劳动力比例超过60%		
都市连绵区	①人口规模：大城市的人口规模为100万人以上，区内人口总规模达到2500万人以上	周一星	1988
	②人口密度：达到700人/km²		
	③城市数量：2个以上的大城市		
	④空间结构：拥有通往主要港口及城市的发达交通运输网络，并向核心集聚；拥有年吞吐量达到1亿吨以上的大型国际港口，以及国际航班密切往来的机场		
	⑤经济联系：紧密的内在集聚经济联系		
都市连绵区	①人口规模：总人口规模达到2500万人，特大城市的人口超过百万	胡序威	1998
	②人口密度：达到200人/km²		
	③城市数量：至少具有两个以上特大城市		
	④空间结构：有相当规模和技术水平领先的大型海港和空港，并有多条国际航线营运；拥有由多种现代运输方式叠加形成的综合交通走廊，各级发展极与走廊之间有便捷的联系手段，有较多的中小城市且多个都市区沿交通走廊相连		
	⑤经济联系：组成连绵区的各个都市区之间、都市区内部中心市与外围县之间存在密切的社会经济联系		

概念	界定标准	作者	年份
城市群	①人口规模与空间结构：一定规模的人口与空间	国家发改委国地所课题组	2009
	②城市数量：有一到几个经济实力较强的中心城市		
	③完善的城镇体系		
	④较高的产业发展与分工协作水平		
	⑤完善的基础设施网络		
城市群	①人口规模：总人口超过2000万人，核心城市市区常住人口规模超过500万人	方创琳	2015
	②城市数量：大城市数量超过3个		
	③非农比例：城镇化水平大于50%，非农产业比例大于70%		
	④经济联系：人均GDP超过1万美元，核心城市GDP中心度大于45%，经济外向度大于30%，经济密度大于500万元/km²，能形成半小时、1小时和2小时经济圈		

资料来源：笔者根据文献整理。

第一，人口规模与人口密度。城市群内中心城市具有一定规模和等级，人口规模基本保持在百万人以上。都市连绵区内人口总规模达到2500万人以上，人口密度达到700人/km²（周一星，1988）。胡序威（1998）认为，总人口规模应达到2500万人，人口密度达到200人/km²。城市群的人口总规模超过2000万人，核心城市市区常住人口规模超过500万人（方创琳，2015）。

第二，地域面积。城市群的总体地域面积应该在1万km²以上，总人口在500万人以上，形成具有不同规模等级城市的完善城镇体系（代合治，1998）。

第三，城市人口和非农化水平。城市人口在150万人以上（代合治，1998）。宁越敏、施倩、查志强（1998）界定的都市区标准中，市区非农人口在20万人以上。都市区外围县的GDP构成中非农产业比例与劳动力构成中非农劳动力比例分别在75%和60%以上。城镇化水平大于50%、非农产业比例大于70%（方创琳，2015）。

第四，城市群内具有的特大城市数量：都市连绵区拥有 2 个以上人口规模达到 100 万人以上的大城市（周一星，1988）。城市群的城市数量在 5 个以上（代合治，1998）；至少具有两个以上人口超过百万的特大城市（胡序威，1998）。都市圈由 1~2 个高能级的特大城市作为城镇体系的枢纽和发展极（杨建荣，1995）。城市群内的城市密集区大城市数量超过 3 个（方创琳，2015）。孙一飞（1995）认为城镇密集区应具备两个或两个以上 30 万人以上的中心城市，中心城镇人口在 5 万人以上。

第五，密切的经济联系。城市群内有紧密的内在集聚经济联系（周一星，1988）。城市群一般是在 2 小时以内经济圈的城市密集地区（方创琳，2015）。城市群内产业发展与分工协作水平较高（国家发改委国地所课题组，2009）。都市连绵区的各个都市区之间、都市区内部中心市与外围县之间存在密切的社会经济联系（胡序威，1998）。

第六，基础设施。城市群内地区具有完善的基础设施网络（国家发改委国地所课题组，2009）；区域内拥有由多种现代运输方式叠加形成的综合交通走廊，各级发展极与走廊之间有便捷的联系手段（胡序威，1998）。有密集的基础设施网络，且以中心城市为核心向外延伸（杨建荣，1995）。

四　城市群的形成发育机制

美国学者戈德曼在 1957 年最早提出城市群概念，他用大都市带来形容美国大西洋沿岸从波士顿到华盛顿一带相对密集的城市地区，这更多的是一种地理现象的概括，对城市群的形成机理并没有深入的剖析。城市群形成的动因，主要是从地理学、经济学的视角来分析城市群的形成机理及动态演化过程，重点是厘清城市群内的要素、资源的相互关系及相互间存在的内在要素耦合机制。国内文献关于城市群的形成发育机制主要有政策论、市场论、市场政府结合论以及经济要素论等观点。

1. 政策论。方创琳（2012）认为中国城市群的形成与发育始于 20 世纪 80 年代的改革开放初期，中国政府政策作为一种无形力量贯穿于城市群形成发育全过程，国家宏观调控政策和区域发展政策的叠加扶持和强力支持使中国城市群的形成发育带有强烈的政府主导性。

2. 市场论。孙胤社（1992）认为大都市区的形成动力不仅来自国家工业化过程产生的扩散效应，农村劳动力的结构转移和非农产业的发展也是重要的动力源泉。因此，可以根据这两个因素的空间发育程度确定大都市区范围。王磊（2002）认为城市群的形成在于分工，以及"集聚效应"与"分散效应"叠加而成的正的"溢出效应"，交通和通信进步所带来的交易费用下降把分工从单纯的产业组织层面或城市内部推向更广阔的地域空间，形成以中心城市为核心、以产业分工形成的专业化城市与多样性城市为基础的城市群。刘静玉（2004）认为城市群是城市化过程中出现的一种城镇空间组织形式。城市群形成与发展的动力在于产业集聚的驱动、产业扩散的驱动、区域网络化组织发展的驱动、企业区位选择行为的驱动、政府宏观调控行为的驱动、城市功能集聚与扩散的驱动等六个因素。庞晶（2008）认为城市群的形成与发展机制具有复杂性和多层次性。集聚与扩散机制从微观层面揭示了要素流动、人口与经济活动的聚集，以及技术创新与扩散对城市空间成长的作用机理；分工与专业化机制则从产业角度揭示了经济联系对城市体系以及城市之间内聚力形成的影响。

3. 市场政府结合论。国家发改委国地所课题组（2009）概括了城市群演进的动力机制是市场机制与政府机制共同作用的结果。市场机制是城市群空间演变的动力源，政府机制是城市群空间演变的推动力。在城市群形成的初期阶段集聚是主要的驱动力，在成长阶段集聚与扩散是主要的驱动力，在形成阶段扩散是主要的驱动力，在成熟阶段扩散是主要的驱动力。正是城市群内部不同等级城市的集聚和扩散作用，把城市群内各城市紧密地联系在一起，构成合理的城市发展体系、产业发展体系、技术扩散体系、市场组合体系和功能分布体系。由于城市群内不同规模等级城市各具特色，承担的职能不同，城市群在城市间产业和职能分工协作的基础上实现经济一体化，通过内部的产业结构调整和生产力合理布局，各城市分工合作和优势互补。

4. 经济要素论。孙启焰认为城市群组合的时空耦合表现在两个方面：一是空间的整合，"点—环和轴"状扩张，实现空间整合，衡量的主要指标是人口密度、城镇网密度、基础设施网；二是形态上的整合，加速实现内部专业化重组、城镇职能结构的协调，产业、人才、资源动态流动满足大都市带内产业结构的动态演化。张学良、李培鑫（2014）认为城市发展到一定规模，经济活动在单个城市集中会引起集聚不经济，要素和产业会从中心城市以人流、资本流、信息流和商品流的形式沿着交通轴线和通信渠道向外围低梯度城市地区扩散，从而在区域其他地方产生新的经济中心，这些新的经济中心与原来的经济中心在发展和空间上相互联系组合，形成区域的经济中心体系。每个经济中心都会有与其规模相应的大小不一的外围地区，这样，区域中就出现了若干规模不等的"中心—外围"结构。大、中、小城市在地理空间上聚集在一起，并最终形成一个完善的由不同等级规模城市构成的城市体系，即城市群。

现有关于城市群形成机制的研究，主要基于区域经济学理论，运用空间经济学理论，认为城市是集聚经济的结果，由区位不同引起的经济活动的规模报酬递增效应形成了城市。也由于城市内部的经济活动向周边区域的辐射和溢出效应，形成了城市群发达的城市区域。从城市群的空间演化来看，先由单个中心城市的集聚经济效应吸附周围的资源，中心城市达到一定规模后向外围辐射，形成中心与外围紧密相连的区域。城市群具有集聚效应、虹吸效应、边界效应三大效应。另外，法国经济学家佩鲁所提出的增长极理论可以解释城市群的形成与发展。其中，极化与辐射效应相互作用导致了城市群的集聚与扩散效应，为城市群的形成与发展奠定了理论基石。

第三节　城市群发展效率评价及定量测度

区域经济学解决的核心问题是资源在空间维度如何实现优化配置。城市群效率不仅是衡量单个城市发展质量的重要指标，而且是评价城市群协同发展的关键性因素。因此，构建科学合理的指标，准确地测定城市群效率是评估城市间合作、协同发展效应的重要前提，也是判断城市群整体竞争力的关键。近些年，关于城市群效率问题的研究文献逐渐增多，文献中主要运用定量分析方法对城市群的投入—产出效益进行定量测算，以此来衡量城市群协同发展的质量和效益。

一　国外城市群效率研究

关于城市群效率研究，国外学者是从关注城市个体效率开始的。诸如，Dixit 提出最优城市规模就是论证城市规模与城市效率之间的关系。Koichi Mera（1973）认为过去城市群的功能聚集与疏散战略决策主要依靠直观判断及有限数据分析进行，他认为衡量城市群的效率应考虑边际生产率和社会成本，由此决定采取"中心化"还是"分散化"战略，同时他通过数据测算得出结论：欠发达国家大城市不应该实施人口分布及投资分散的"去中心化"战略。David Segal（1976）运用总生产模型测算了美国大都市统计区的中心城市产出效率，发现其要素回报率显著高于其他地区 8%，中心城市集聚规模报酬可由通信与交通集聚效应解释，不同等级城市尽管拥有相同的生产函数，但要素乘数不同造成要素回报的差异。

二　国内城市群效率研究

目前城市群效率问题的研究主要沿着三个方向展开。一是从城市集聚效应视角对城市群的集聚经济展开论述；二是利用 DEA 模型对城市群的综合效率、技术效率、规模效率进行研究；三是对城市群协同发展某一领域的效率进行定量测定，如城市群生态效率问题。

（一）集聚效应下的城市群效率研究

国内学者吉昱华等（2004）回顾了美国经济学测度集聚效应的经典方法，对中国城市集聚效应进行了分析，认为工业部门不存在明显的集聚效益，但是二、三产业加总存在显著的集聚效应。吴福象、刘志彪（2008）研究了长三角城市化群落驱动经济增长的机制，实证研究结果表明：城市化率与经济增长之间具有显著的正相关关系，城市群对经济增长发挥了越来越重要的新引擎作用。城市化群落驱动经济增长通过两种机制实现：一是当要素在区域内自由流动时，优质要素主动向大城市集聚，提高了要素集聚的外部性和城市群研发创新的效率；二是要素能自由流动时，城市群内政府通过"蒂伯特选择"机制实现城市群的经济增长。王小鲁（2010）论证了城市的集聚效应、产业结构与城市规模之间的关系，他认为城市空间分布对城市集聚效应有影响，中小城市和镇与大城市的协同效应可以形成规模效应，以大城市为中心增强对周边地区的辐射力或改善几个中小城市的软硬环境形成城市群结构是中国城市化发展的现实路径。张学良、李培鑫（2014）构建了"城市群经济"量化指标体系，主要指标包括要素集聚能力、整合发展能力、基础设施水平、经济发展水平、社会文化水平、资源环境承载力。他认为城市群的运行效率高低取决于城市群能否整合发展，城市群内应构筑合理的城市等级规模结构、产业分工结构和空间布局结构，各个城市在市场一体化基础上强化联系与交流，优化要素资源配置。交通、通信基础设施是城市群内要素流动的主要载体，人流、物流、资金流、信息流以完善的基础设施为支撑。城市群经济会提高城市群整体的资源配置效率，使城市群获得生产效益和经济实力。鲁平俊等（2015）研究城市群战略与资源集聚效率的机理，以及如何发挥城市群经济集聚对资源集聚的绩效提升作用，发现城市群战略通过经济集聚效应、产业链效应、技术外溢效应和不完全竞争效应提升资源集聚效率，同时分别从土地资源、金融资源、人力资源、创新资源和能源效率五个层面实证检验了城市群战略对资源集聚效率的影响和作用机制。城市群战略可以弥补单个城市地方化经济集聚发展模式导致的土地资源市场失灵问题及人力资源低效配置问题。

（二）基于 DEA 及 Malmquist 指数模型方法的研究

谢永琴、詹新叶（2012）利用 DEA 模型对东北三省城市经济效率与城市化发展之间的关系进行了量化研究，城市或城市群运行效率是指在经济运行过程中，以最小的投入获得最大的产出。李红锦、李胜会（2012）运用 DEA 模型对我国三大城市群的城市化效率进行测度，发现城市群的城市化效率总体有效性不足，核心城市效率水平较低，外围城市的效率水平较高，可以通过优化资源的空间配置，加强城市之间的合作与联系，发挥各个城市的比较优势来提高三大城市群效率。方创琳、关兴良（2011）从多要素投入产出角度研究了中国城市群投入产出效率，构建了城市群投入产出指标体系，采用 CRS 模型、VRS 模型和 Bootstrap-DEA 方法，综合测算了中国城市群投入产出效率、变化趋势及空间分异特征。曹贤忠、曾刚、邹琳（2015）以长三角城市群为研究对象，从投入产出效率视角，构建研发资源投入产出评价指标体系，运用 DEA 中的 CRS 模型、VRS 模型和 Malmquist 指数方法，测度了长三角城市群研发资源的投入产出效率、变化趋势以及空间分异特征，并运用因子分析定权法验证 DEA 计算的结果，二者表现出高度的一致性。

（三）区域城市群效率研究

杨莉莉、邵帅、曹建华、任佳（2014）采用随机前沿分析方法并基于超越对数生产函数对长三角城市群代表性城市的工业全要素能源效率增长率进行了测算及分解，并进一步基于面板数据模型对工业全要素能源效率增长的影响因素进行了经验考察。长三角城市群工业全要素能源效率一直呈现增长趋势，工业技术效率整体上呈现下降趋势，技术进步效率则保持稳定增长。但大多数城市呈现规模经济下降状态，企业规模、对外开放、政府干预、外商直接投资和煤炭消费比例对工业全要素能源效率增长表现出显著的抑制作用，而偏向于劳动密集型的要素投入结构则有利于工业全要素能源效率的提升。袁晓军、袁璐（2015）从产业结构演变的视角对关中城市群整体效率及影响因素进行实证研究，从发展效率方面看，关中城市群发展处于规模递增趋势，总体效率较高；第三产业比例、第三产业从业人员比例和城市化率与技术效率正相关，高校学生人数比例和科教投入水平与技术效率负相关。付丽娜、陈晓红、冷智花（2013）以长株潭城市群为研究对象，建立了基于 DEA 模型的生态效率投入产出指标体系，运用超效率 DEA 方法测算了各城市 2005~2010 年的效率，然后利用 Malmquist-DEA 模型对生态效率进行动态对比研究，还建立了基于面板数据的 Tobit 模型考察不同因素对效率的影响。通过 Tobit 模型分析发现产业结构、研发强度都是提高区域生态效率的重要因素，而利用外资与生态效率呈显著负相关，城市化率与生态效率呈不显著的正相关。马勇、刘军（2015）以生态效率作为测度产业生态化程度的指标，构建生态效率评价指标体系，并运用主成分分析方法和 DEA 模型对长江中游城市群产业生态化效率进行了评价，阐述了产业生态化与纯技术效率、产业规模效率之间的关系。李胜会、冯邦彦（2012）从人口城市化、土地城市化、经济城市化、社会生活城市化等四个层面测度了长三角、珠三角、京津冀三大城市群的综合城市化水平，然后利用静态和动态 DEA 模型测算了三大城市群基于综合城市化水平的效率及效率变动。得出结论：三大城市群综合城市化效率总体有效性不足，尤其是大城市效率水平较低，而中小城市效率水平较高；京津冀综合效率水平最高，珠三角综合效率水平最低。潘竟虎、胡艳兴（2015）以中国 23 个城市群为研究对象，运用 DEA 和探索性空间数据分析（ESDA）技术对 2011 年各城市群的四化协调发展及效率的空间差异变化特征进行了分析，引入了物理学中的多要素耦合度模型，修正后达到四化综合发展的耦合度，同时依据投入产出效率指标数量宜少的原则来确定投入产出效率指标数量。万庆、吴传清、曾菊新（2015）利用 SBM 方向性距离函数和 Luenberger 生产率指数模型测度了中国 22 个城市群城市化效率和城市化全要素生产率，并利用 Tobit 回归模型进行检验，得出结论：忽略污染排放的城市化效率测度往往会高估城市化的真实效率水平，要素资源投入冗余和污染排放过量是导致中国城市群城市化效率总体偏低的主因；产业结构和技术进步对城市群城市化效率具有显著影响，中国城市群城市化全要素生产率不断增长的动力主要源于技术进步。陈章喜、徐通（2011）以 DEA 方法对珠三角城市群的整体效率和城市群内部城市的结构效率进行了分析，以年末从业人口、全社会固定资产投资、地方财政支出为输入指标，以地区工业产值、人均地区生产总值、进出口总额为输出指标，结果发现珠三角城市群的整体运行效率与结构运行效率持续有效，且结构运行效率一直处于动态变化中，有效区域不断放大。苑清敏、申婷婷、邱静（2015）选取京津冀、长三角、珠三角 35 个城市 2005~2012 年的面板数据，运用 SBM-Undesirable 模型对环境效率进行测算，应用泰尔指数从区际层面对环境效率差异进行衡量，并运用

Tobit 回归模型对环境效率的影响因素进行研究，发现经济发展水平与环境效率正相关，产业结构对环境效率具有抑制作用，外资依存度与环境效率正相关，能源效率和环境治理能力提升能够促进环境效率提高。李瑞等（2014）采用 DEA 和 Malmquist 模型测算和分析三大城市群的城市旅游业发展效率和时空特征分解效率差异及其影响因素的演化阶段。

三　研究总结及未来展望

综合现有文献，目前对城市群概念及城市群协同发展问题的研究主要沿着以下几个方面展开。一是从人文地理学的角度，以地理学的理论和工具阐释城市群的地理意义，如城市群的概念辨析、范围界定及标准确定、空间演化、等级体系。二是从空间经济学角度，侧重对城市群的微观基础的研究，如城市的来源、最优规模、空间计量分析（溢出效应）、内部要素分析（产业同构、要素作用关系）、协同机制等。由于城市群问题涉及地理学、经济学、行政管理等多学科，增加了研究的复杂性。根据城市群的发展演化及有待解决的问题，未来城市群研究可能的重点方向和主要内容有以下几个方面。

一是对城市群范围的界定和标准制定，包括城市群的核心区、内核区、外围区界定的标准与依据。学者主要参考美国和日本两国的经验标准，结合中国的实际情况提出一些标准，不过这些标准大多是在 20 世纪 90 年代提出的（如孙胤社，1992）。随着我国经济快速增长和城市化进程加快，城市化水平和城市空间结构发生了很大的变化，再以过去的标准来划定城市群的空间结构与等级体系显然不能适应现有经济社会发展的需要。同时国际上已经有 OECD 城市功能区、日本都市圈、美国大都市区等一系列的城市经济功能区划分标准，可以参考这些标准，结合我国国情，设计一套科学合理的标准体系。

二是城市群的空间演化内在机理研究。综合现有文献还没有看到对我国城市群空间演化阶段的明确划分。研究城市群空间结构的演变是清晰把握我国城市群发展脉络的重要基础，只有从根本上把握城市群的来源、演进、趋势，才能厘清城市群演化的内在机理，准确把握城市群未来演进的方向，为制定城市群空间形态政策提供依据。

三是城市群内在耦合机制研究。城市群是城市发展到高级阶段的空间形态，是城市基本组织单元由个体扩张向多元组合转变的高级形态。多个城市主体间存在着大量的人流、物流、信息流、资金流，搜集大量的数据，度量不同城市之间的流量，准确把握城市群内在的紧密联系程度，为实现城市群的协同发展及耦合提供科学的数据支持。

四是城市群的协同管理机制。城市群往往跨行政区、涉及多主体，经济功能与行政功能的不一致容易导致贸易壁垒、地方保护主义，阻碍了要素的自由流动和资源的优化配置。突破现有的行政管理体制，满足城市群的跨界需求，促进资源的高效配置成为关键，而构建城市群的协同管理机制则是重点。

第二章
城市群协同发展内涵、问题及治理机制

　　城市群通常是一国人口密集居住区、产业聚集区、创新核心区，城市群的经济社会指标是体现本国核心竞争力的重要标准。目前世界公认的六大城市群为：以纽约为中心的美国东北部大西洋沿岸城市群、以芝加哥为中心的北美五大湖城市群、以东京为中心的日本太平洋沿岸城市群、以伦敦为中心的英伦城市群、以巴黎为中心的欧洲西北部城市群、以上海为中心的中国长江三角洲城市群。根据国家发改委统计，国内 19 个城市群以 25% 的土地面积承载了全国 70% 以上的人口，贡献了 85% 以上的国内生产总值，[①]可见城市群在我国经济社会发展中举足轻重。显而易见，未来国家之间的经济竞争将以城市群为主体。进入 21 世纪以来，西方发达国家纷纷将城市群作为城镇空间发展的主要形态，如美国区域规划协会的 *America2050* 规划了 11 个大城市群，日本政府确定了 10 个都市圈发展规划，欧盟也有类似的城市群规划。近年来，我国陆续制定了长三角城市群、京津冀城市群等发展规划。党的十九大报告、二十大报告进一步明确了城市群是今后我国城镇格局的主体形态。

　　城市群的协同发展有利于跨区域整合资源要素，提高资源优化配置效率；有

---

　　① 国家发改委政研室。

利于加强城市间的合作与开发，探索建立城市合作新模式与新路径，培育经济新增长极，引领和带动区域经济发展；有利于深化地区合作，统筹城市间及城乡经济社会发展，形成良性互动、合作共赢的发展格局。城市群协同发展就是将协同学理论应用和推广到城市群研究当中，实现城市群由无序走向有序的过程。

第一节　区域竞争进入城市群协同发展阶段

当前，国家之间、地区之间的空间竞争已经逐步由单个城市的竞争转化为以组团城市为主要形态的城市群的竞争。比如，我们以往在比较国内城市与国际大都市的竞争力时总是将国内北京、上海等大都市与国外的纽约、巴黎、伦敦等国际大都市进行比较。而如今更多的是将国内的长三角城市群、粤港澳大湾区等城市群放到国际视野中，与纽约大都市区、东京湾、旧金山湾区等进行比较分析。这说明由单个城市代表国家城市竞争力的时代已经逐渐成为历史，以城市组团为主的城市群这一空间竞争形态更加代表了国家经济发展的实力。因此，加强城市间合作，相互融合的一体化城市组合体才是赢得国际竞争的重要载体，城市群成为承载中国经济高质量发展和社会主义现代化强国建设的主体空间形态。

2019年12月，中共中央、国务院印发了《长江三角洲区域一体化发展规划纲要》，长三角城市群一体化建设按下了快进键。近些年，京津冀协同发展、粤港澳大湾区、长三角城市群一体化等城市群发展规划陆续上升为国家战略，逐步成为支撑区域协调发展的重要内容，城市群正成为推动中国经济发展的增长极以及促进区域协调发展的重要空间载体。2020年政府工作报告提出，新型城镇化是实施扩大内需战略、推动经济发展方式转变的重要内容之一，要发挥中心城市和城市群的综合带动作用，培育产业、增加就业，进一步彰显了大城市和城市群在推动疫情后经济恢复和中国经济高质量发展中的重要地位和作用。

尽管城市群这一空间形态已经成为推动全球经济社会发展的主要空间载体，但是，由于中国城市群发展仍处于初期阶段，存在着大而不强、发展质量不高、内部协调性欠佳、体制机制障碍等诸多问题。而且，与世界一流城市群相比，中国城市群在经济体量、经济效率、科技水平、开放程度、资源配置能力等方面还存在着一定差距。以国内经济发展水平、均衡性最高的长三角城市群为例，人均 GDP 只有日本太平洋沿岸城市群的 28%、英国中南部城市群的 24%、北美五大湖城市群的 20%；地均 GDP 只有日本太平洋沿岸城市群的 10%、英国中南部城市群的 21%。因此，研究新时代如何推动城市群一体化发展，打造形成城市利益联合体，提升城市群发展质量对于推动中国经济高质量发展具有重大的理论和现实意义。

一 从空间经济理论看城市群协同发展

从空间经济学来看，城市群是城市内部的经济活动向周边区域扩张产生的辐射和溢出效应，核心城市与周边区域共同构成统一发达的城市化区域，是城市化发展的高级阶段。从城市群的空间演化来看，单个中心城市由于集聚经济效应吸附周围的资源，达到一定规模后向外围辐射，最终形成中心地与外围区紧密相连的都市化区域。城市群具有集聚效应、虹吸效应、边界效应等三大效应。城市群集中体现了经济学中的规模经济和范围经济，城市群由于集聚经济效应可以在较小的空间范围内承载较多的要素资源，节约生产要素成本和交易成本，提高经济效率。城市群这一形态的出现和形成是由于空间异质性和规模报酬递增所带来的空间集聚效应，从城市群形成机理来看，其理论基础完全有别于传统古典经济学的规模报酬不变和完全竞争理论。

二 从国际竞争形态看城市群协同发展

从国际竞争形态来看，城市群是城市发展到一定程度后演化而成的高级形态，是当今世界最有活力的空间组织单元，是各国参与世界经济竞争的重要空间载体。城市群正在成为推动一国经济发展和赢得国际竞争力的重要载体。

进入 21 世纪以来，西方发达国家纷纷将城市群作为城镇空间发展的主要形态。为了应对 21 世纪各种挑战，2006 年在美国联邦政府提议下，美国区域规划协会 *America2050* 空间战略规划圈定了覆盖全美 26% 国土面积、74% 人口规模的 11 个大城市群，旨在构建美国未来 40~50 年空间发展基本框架，打造具有全球竞争力的巨型都市区域，使之成为政府投资和政策制定的新地理空间单元。日本也是世界上较早开展都市化区域空间规划的国家，早在 20 世纪 50 年代，日本政府就陆续出台了首都圈整备法（1956 年）、近畿圈整备法（1963 年）以及中部圈开发整备法（1966 年）三部法律，从国家法律层面将东京都市圈、大阪都市圈和名古屋都市圈落实为国家政策空间规划区域，与此同时，日本政府还出台了与三大都市圈开发相配套的"三圈计划"，并于 2015 年和 2016 年进行了大都市圈的空间规划调整。

三 从国内空间结构看城市群协同发展

近些年，国家层面出台了各种城市群相关的政策措施。京津冀协同发展、粤港澳大湾区、长三角一体化等城市群发展战略上升为国家战略，城市群协同发展成为区域协调发展的重要内容。与此同时，从国内城镇化发展的实际情况来看，城市群也真正成为承载国内经济发展的主要空间形态。《国家新型城镇化规划（2014~2020 年）》中指出：京津冀、长江三角洲、珠江三角洲三大城市群，以 2.8% 的国土面积集聚了 18% 的人口，创造了 36% 的国内生产总值。城市群成为拉动我国经济快速增长和参与国际经济合作的主要平台。"十三五"规划纲要中明确的 19 个城市群，承载了我国 70% 以上的人口，贡献了超过 80% 的国内生产总值。其中，京津冀、长三角、珠三角、成渝、长江中游等城市群以 10.4% 的国土面积，集聚了近 40% 的人口，创造了超过一半的国内生产总值。很显然，城市群已经成为我国创新要素集聚、人口密度大、产业竞争力强、经济效率最优的都市化地区。打造具有全球竞争力和影响力的大城市群，努力实现国家提出的建设世界级城市群的战略目标是"十四五"时期乃至未来更长一段时间的战略任务。

第二节 城市群协同发展的内涵及治理特性

自从戈德曼的大都市圈理论被引进到国内后，我国关于城市群的理论和实践研究进入高潮，针对城市群的空间结构、空间形态演化、空间范围界定等内容，学术界迈入了国外城市群理论的引进与借鉴阶段；与此同时，国内对城市群实践层面的研究更为广泛，如针对长三角、珠三角、京津冀等城市群的实证研究，围绕城市群的发展差距、协同发展等内容进行对比研究。还有对次一级城市群的研究，如中原城市群经济市场化与一体化研究（覃成林、郑洪涛、高见，2005），山东半岛城市群发展动力研究（王佃利，2009）等。现有文献更多的是对不同城市群发展差距的对比研究，如以长三角为成功案例，对比研究京津冀经济发展的不均衡性，学术界对此类问题进行了广泛探讨，尤其是自2014年京津冀一体化国家战略提出之后，国内学者对城市群的协同发展问题研究掀起了又一波高潮。2008年以来国家不断实施城市群发展战略，批复了一系列的城市群发展规划，并调整城市群的空间结构，如2014年将安徽纳入长三角城市群，以城市群带动区域经济协调发展战略被提到日益重要的位置。

一 城市群协同发展基本内涵

根据百度百科释义，"协同"一词来自古希腊语，或曰协和、同步、和谐、协调、协作、合作，属于协同学（Synergetics）的基本范畴。所谓"协同"，是指协调两个或者两个以上的不同资源或者个体，协同一致地实现某一目标的过程或能力。协同学是研究协同系统从无序到有序的演化规律的新兴综合性学科，协同系统是指由许多子系统组成的、能以自组织方式形成宏观的空间、时间或功能有序结构的开放系统。将协同学理论应用和推广到城市群研究当中，研究城市群协同发展就是研究实现城市群由无序走向有序状态的过程。推动城市群的协同发展有利于跨区域整合资源要素，提高资源优化配置效率；有利于加强城市间的合作与开发，探索建立城市合作新模式与新路径，培育经济新增长极，引领和带动区域经济发展；有利于深化地区合作，统筹城市间及城乡间经济社会发展，形成良性互动、合作共赢的发展格局。

二　国外城市群协同发展理论

国外城市群协同发展理论最早由 1957 年美籍法国地理经济学家戈德曼提出大都市圈（Megalopolis）这一概念开始，他把大都市圈界定为"以一个或几个超级城市为核心，组成人口规模逾千万、政治经济影响力举足轻重的庞然大物"。美国经济学家约翰·弗里德曼提出中心—外围理论，借用熊彼特的创新思想创造了空间极化理论，即在同一区域上存在着中心区、外围区两大区块：由于规模报酬递增效应，要素资源在组织系统内的某个重要节点形成了强大的聚集，该节点即中心区，除此之外其他地方则为外围区。中心区在形成过程中以强大的吸附力将周围区域的各类要素吸附进来，不断增强内聚力，达到一定规模后，逐渐向外围区发散和辐射，在此过程中，中心和外围协同一体化发展。法国经济学家佩鲁于 20 世纪 50 年代在一篇论文《略论增长极的概念》中首次提出增长极理论，后又经法国地理学家布德维尔和美国发展经济学家赫希曼进一步发展与完善。增长极理论强调区域初始是非均衡发展的，布德维尔将增长极与极化空间同城镇联系起来，提出了"增长中心"这一空间概念，即"极"为区域的中心，是增长中心，城市体系中的首位城市就是增长中心，他强调区域经济的发展主要依靠条件较好的增长中心来带动，通过把少数区位条件好的地区培育成经济增长极，然后通过增长极的极化和扩散效应，影响和带动周边地区的发展。增长极理论分析了中心城市与外围地区的互动机制，大都市圈理论是以以大都市为中心的城市空间形态为研究对象，该理论起源于冯·杜能的区位论，强调都市圈是一种圈层结构，由区域内不同等级、规模、职能及空间结构的城市体系构成，在一定地理或行政区域内，以一两个大城市或特大城市为核心，辐射并带动周边一定范围内的一批中小城市。以上三大理论都是对城市群协同发展的诠释。

三　城市群协同治理的特殊性

城市群对于支撑未来中国经济高质量发展和推进高质量的城镇化具有重大的理论和现实意义。理解城市群跨区域治理的内在机理是推动城市群一体化发展的关键。与单个城市或独立行政单元相比，城市群的治理主体多元、治理对象复杂，要素资源配置复杂。城市群治理的特殊性主要表现为以下几个方面。

（一）涉及跨区域治理

单个城市治理的对象是相对独立的地理空间范围内的经济社会活动，空间范围独立、治理主体单一。城市群治理则是跨地域的空间治理行为，治理主体和治理对象多元。诸如粤港澳大湾区城市群，涉及"一国两制"，"三个关税区"、三种货币及法律制度并存，导致跨区域治理难度较大，构建区域协调发展机制困难。

（二）治理主体多元化

单个城市治理限定在独立的地理空间范围或行政单元内，单个政府为治理主体，对辖区内的经济社会活动和资源调配的掌控能力较强，而城市群的治理是跨区域的空间治理，是对经济功能区的治理。城市群涉及多个行政区所属的各级政府主体，治理主体多元，行动决策主体多元，这一特征导致城市群协同治理的难度较大，尤其是在财政分权、GDP政绩观下，各地方政府竞争意识强、合作意愿低。要达成区域内的合作，只有各个决策主体在共同利益驱使下达成一致目标，才能真正实现区域内的帕累托最优。

（三）治理对象复杂

跨行政区域的城市群治理难免会涉及区域公共物品供给问题。区域公共物品供给不仅涉及交通、通信等硬件基础设施，而且涉及公共服务、产业配套以及政策法规衔接等方面，还涉及跨区域的水资源、自然资源的保护和开发利用。解决跨区域公共物品的投入、融资、建设、运营问题成为城市群治理的重要内容。构建合理有效的利益共享和生态补偿机制也是城市群治理的重点。

（四）要素资源配置复杂

城市群是各类要素资源综合体，是要素突破地理行政边界而形成市场化配置的经济功能区。然而，由于土地、劳动、技术、产业、数据等要素分属不同的行政区域，同时受到行政分割和制度性壁垒制约，各类要素跨区域流动受限，资源优化配置受阻。比如，城乡二元土地制度、户籍制度，形成土地和人力资源自由流动障碍。

第三节　城市群协同发展面临的主要问题

城市群协同发展的障碍被认为是阻碍城市群深化合作的因素，那么，到底是哪些原因阻碍了城市群的协同发展。为此，我们有必要从理论机理和实践层面探究城市群内部协同的矛盾与冲突，这样才能更好地理解协同发展的障碍。苗建军（2014）认为行政区划与经济区划的割裂导致城市群内各城市在各自发展中存在着利益博弈，各主体为达到自身利益最大化而热衷于加强地方保护，阻碍了城市群的区域一体化进程，维系和保证城市群共同发展必须要有明确合理的利益分配机制。张鸿雁（2007）也认为我国的城市群发展还未突破传统的制度性障碍，单体城市行政区划设置和管理与城市群整体规划管理面临挑战，使我国城市群发展长期存在着发展障碍和"门槛"，具有我国本土特色的城市群关系难以形成。崔大树（2003）认为现有城市群还未形成一套行之有效的空间管理机制和利益协调机制，导致城市群的整体利益无法得到保证，这是城市群协同发展的制度性障碍。我国行政分权体制，导致地方政府加强对地方市场的保护，阻碍了全国统一市场的形成，地方市场分割导致经济运行机制扭曲、市场信号失真、宏观经济失衡，影响市场体系建设，难以形成规模经济（银温泉、才婉茹，2001），区域市场条块分割造成市场效率低下、要素资源配置扭曲，这是制约城市群一体化发展的市场性障碍。

一　城市群治理机制顶层设计不足

现行的行政管理体制是以独立的行政辖区为单元的垂直管理体制，而城市群跨区域，经济功能区与行政辖区不一致，这就导致城市群协同发展受到制约。由于缺乏合理的顶层治理机制设计，城市群在体制机制方面的障碍制约了一体化进程，市场无法发挥在资源配置中的决定性作用，导致资源要素自由流动受限、经济效率弱化，其根源在于经济功能区与行政区划不一致，各大城市为追求 GDP，形成恶性竞争，导致地方保护主义及"诸侯经济"（杨建荣，1996）。尽管国家层面陆续出台了一系列的城市群规划，要将规划真正落到实处需要地方政府之间的配合和协作。根据党的十九届四中全会关于推进国家治理体系和治理能力现代化有关精神，对于区域空间治理而言，要加强区域治理的能力，提高区域治理的现代化水平；对于城市群治理而言，就是要构建常态化的治理机制，解决跨区域公共领域出现的市场失灵问题，弥补市场之不足。

二　城市群的区域规划政策碎片化

国外城市经济学者 John Harrison（2014）曾指出碎片化的区域政策，导致城市群基础设施不完善，公共物品供给不足，加上对城市群内乡村地区和交界地带关注的缺乏，导致了城乡差距和社会公平的不均衡问题。当前，国内有关城市群的区域规划呈现"百花齐放、百家争鸣"的局面，各类国家、地方性的城市群规划陆续推出，而具体落实和执行层面可能未必有实质性进展，容易给人以凌乱化和碎片化的印象。缺乏系统而深思熟虑的区域协调发展规划，很容易只停留在表层，未必对城市群一体化和区域协调发展奏效。

三　缺乏要素自由流动机制设计

城市群各类要素分属不同行政区域，行政分割或制度性壁垒造成要素资源优化配置受限。国内城市群在诸多方面仍缺乏有效的协同合作机制。在共识意识方面，城市群内各行政主体间合作共识仍未达成；在制度设计层面，缺乏统一权威的机构对各行政主体间的权责关系进行划分并予以确认；在组织方式层面，缺乏行政主体之间利益协商和协调行动的组织平台；在政策操作层面，缺乏合适的政策工具来提供区域公共物品及公共服务。国家级城市群规划指导城市群经济功能区内的各行政主体协调一致行动。然而，现实中大多仍是各自为政，甚至相互间竞争激烈，违规行为并没有得到有效的督查和管制。受制于传统行政区划体制，各地方政府仍以实现本地利益最大化为目标，固守着"一亩三分地"的传统思维，在处理跨地区利益问题时，不能从长远发展和相互协作实现共同利益最大化的角度来考虑，区域协同发展的内生机制也并未真正形成。例如，在全国新冠疫情基本稳定的情况下，各地已经实现健康码互认通用、人员流动自由，而粤港澳大湾区三地政府依然以防疫为理由，没有开通三地互认的健康码，在正常通关上面临重重障碍，导致人员、经贸往来受阻。

四 利益共享和成本共担机制不健全

受现行的财政分税体制和政绩考核的影响，城市群跨区域的利益共享和公共物品成本共担机制方面仍不健全。一方面，城市群的利益共享机制不健全。1994 年实行中央和地方分税的财政体制改革之后，中央财力不断上升，地方政府财力逐年下降，而城镇基础设施、公共服务、社会保障等民生刚性支出不断增加，地方政府的事权支出责任不断增大。改革之后，地方的财政占比已经由最高峰的 80% 下降到 50% 左右，而事权支出如今已经上升到 80% 以上，地方政府以 50% 左右的财政收入承担了 80% 以上的财政支出，财政存在巨大缺口，事权支出责任与财权不相匹配。因此，各地在自身财力紧缺的情况下不可能也没有意愿建立与其他地方利益共享的机制。另一方面，城市群内公共物品供给的成本共担机制不协调。现行的区域管理体制和管理机制无法承担区域公共物品和公共服务的供给职能。比如，跨流域治理、跨区域生态环境保护，以及跨区域公共基础设施建设，目前仍然缺乏行之有效的公共物品成本共担机制。

五　缺乏匹配现代化目标的制度安排

未来国家之间的空间竞争主要是以城市群为主体形态的竞争。十九大报告中明确提出到本世纪中叶把我国建设成富强民主文明和谐美丽的社会主义现代化强国。社会主义现代化强国目标的重要标志之一是要有一批有影响力、世界级的国际化大都市，实现社会主义现代化强国梦更需要打造一批高质量发展的世界级城市群。十九届四中全会也提出了推进国家治理体系和治理能力现代化的总体目标，到新中国成立 100 年时，全面实现国家治理体系和治理能力现代化，使中国特色社会主义制度更加巩固、优越性充分展现。当前，中国城市群发展仍处在初期阶段，城市群的治理仍然停留在自组织阶段，与国际竞争实力不相匹配。因此，从空间竞争形态看，当务之急是要构建与社会主义现代化强国目标以及国家治理体系和治理能力现代化目标相一致的城市群治理体系和目标任务。

第四节　城市群协同发展的重点领域

目前，与城市群的"协同"概念相关联的关键词有"协调""一体化"等。从研究城市群的发展障碍和存在的问题切入可以更加深刻地理解目前城市群协同的主要内容和重点发展方向。综观学术界及实践层面现有研究，目前城市群协同发展存在的主要问题有两个方面：一是缺乏统一的协调组织；二是在产业发展与布局、资源开发与利用、生态环境保护等方面缺乏协作，缺乏有效的协同机制。因此，城市群发展与协调重点在于围绕市场、交通、产业、公共服务、环境保护等方面加强城市间的合作，促进一体化建设。

一　区域市场一体化

区域市场一体化是促进区域经济发展的有效途径，是一套行之有效的制度安排。区域市场一体化有利于降低区域内的交易成本，提高市场效率，提高城市群的整体竞争力。根据徐现祥（2005）对长三角城市群地方市场分割（市场一体化）影响区域协调发展的考察，长三角城市经济协调会的成立、运行，使地方市场分割对区域协调发展的阻碍已经下降了近50%。因此，要通过经济一体化建设加速市场一体化进程，打破地方保护，突破贸易壁垒和要素流动限制。

二　交通设施一体化

交通运输网络是区域内城市之间相互联系的纽带，提高交通基础设施的通达性能够显著促进区域经济增长。因此，贯通城市群内的公路、铁路、大江大河等交通网络，夯实城市群的交通基础设施势在必行。长江经济带、京津冀一体化国家战略规划中都重点强调了夯实交通基础设施的内容。2014年，国务院发布《关于依托黄金水道推动长江经济带发展的指导意见》，明确提出强化城市群交通网络建设，充分利用区域运输通道资源，重点加快城际铁路建设，形成与新型城镇化布局相匹配的城际交通网络，使城市群内的中心城市之间、中心城市与节点城市之间1~2小时通达。当前国内部分城市群也正在推进交通网络基础设施一体化建设。2015年4月，京津冀三省市政府、铁路总公司在北京签署协议，成立京津冀城际铁路投资有限公司，通过投资主体一体化来促进京津冀区域交通一体化，突破京津冀城际铁路现有的以行政区划为界限的建设模式，通过路地、路企联手开拓京津冀城际铁路的投资市场；此外，河北省政府印发的《关于加快金融改革发展的实施意见》提出，促进设立京津冀开发银行，重点支持回报期较长的基础设施及其他重大项目。

三　产业协作一体化

产业的合理分工是保证城市群间资源互补、利益共享的重要内容之一。产业发展也是关系城市群整体发展定位与利益联结的关键。根据城市群资源禀赋、产业基础及规模等级，城市群的产业发展也应有导向性，同时，应根据工业化阶段理论瞄准各自产业定位进行合理分工以免产业同构化。如已经进入工业化后期的城市要重点发展资本密集型产业和现代服务业，应该将传统的劳动密集型产业转移至周边地区，为发展现代先进技术产业腾出空间和要素资源；工业化程度相对较低的城市则应该承接工业化程度高的地区转移的劳动密集型传统产业。以京津冀为例，北京应立足优势发展现代高科技产业和现代服务业，如金融、商贸、总部经济等，天津重点发展现代制造业，河北则承接京津两地的传统劳动密集型产业，同时为京津两地提供生态资源，成为京津两地的发展腹地。

四 公共服务一体化

城市群的协同不仅要实现经济领域的协同，还要以推行公共服务均等化为目标，实现社会领域的协同。"十三五"规划明确强调，要全面建成小康社会，要着力实现医疗、养老、教育等民生领域的公共服务均等化。通过普惠性政策实施，缩小公共服务的城市间差距及城乡区域间差距，以此缩小与北、上、广、深等特大城市健全完善的公共服务的差距，进一步增强中小城市的吸引力和幸福感，疏解特大城市过多的经济社会功能。国内的城市群也正在积极探索推进公共服务一体化建设，如社保、公交卡异地互认互通等。例如，长江中游城市群中的武汉、长沙、合肥、南昌4个城市在全国率先实现公积金互提互贷。

五 生态环保一体化

近年来，城市的环境污染治理与生态环境保护提上日程，尤其是区域内各城市生态环境的协同治理问题日益受到重视，如何加强城市群环境的协同治理和联防联控成为重要议题。2011年我国实施《全国主体功能区规划》，按照国土资源的类型和特点，划定了全国的城市化城镇化的国土资源开发的布局，目的在于通过调整城市空间、农业空间和生态空间，形成合理的空间格局，实现资源合理开发与生态环境保护相协调。城市群的生态环境保护涉及跨区域的协作与治理。如北京出现严重的雾霾天，不仅仅是由自身发展钢铁、化工等重污染企业及交通污染造成，部分污染物来自周边地区高污染、高能耗企业的排放。因此，治理污染问题，单单靠转移传统产业还不够，还需要京津冀三地共同参与做好城市污染治理与防治工作，形成区域环境保护协同治理机制，以城市群共同利益为目标，加强在环境保护工作上的合作和沟通，形成联防联控机制。

第五节　城市群协同发展的主要实现机制

一　明确一个"核心"

中心—外围理论明确地阐述了以中心城市为核心，通过中心城市的极化与辐射作用带动周围地区的发展，从而推动地区整体的发展。在有关京津冀协同发展问题上，过去的症结在于没有明确以谁为中心，京津冀一体化战略明确了以北京为核心，北京牵头和倡导建立良好的合作机制，引领和带动环渤海地区的合作与发展。还有我国其他城市群也存在类似问题，由于跨行政区划，同级政府难以协调区域内不同主体的利益，没有领头羊，难以统筹总体战略规划。明确"一核"中心城市地位，容易统筹大局，形成以核心城市为中心的事务协调机制，有利于目标一致，整体发力，减少不必要的消耗和内斗，使城市群整体利益最大化。因此，跨行政区的协调问题首先要明确"以谁为中心，由谁来主导"的关键问题。

二　建立利益共享机制

利益分配问题是制约城市群合作与共享的症结所在。以共同利益为联结的利益共同体，实现整体利益大于个体利益的简单相加，这才是一种可持续的发展模式。跨地区的城市群可以积极探索不同的合作模式及利益分配机制。如建立跨行政区的飞地工业园，2006年苏州市与宿迁市政府共同出资建设苏宿工业园区，承接苏州传统产业转移，双方政府建立了稳定的利益分配机制，为城市群建立跨行政区域的利益协调机制与区域协调发展模式树立了典范。

三　建立利益补偿机制

根据《全国主体功能区规划》，城市群内不同城市及城市内不同区域的功能定位与产业发展都应有区别，根据资源要素禀赋，发展适合自身的产业，积极探索建立城市群内部的利益补偿机制，弱化以邻为壑的发展思维，加强跨区域的生态破坏与环境污染问题治理，通过相互协作，实现不同城市或区域的资源和利益互补。如京津冀一体化过程中，要探索建立区域内的生态补偿机制，河北作为北京和天津的腹地，为两地发展提供了生态水源及其他生态产品，保障了京津两地经济社会发展，京津冀要建立生态保护利益补偿，通过协商建立一种可持续的城市群利益联结机制以保证城市群长远发展。

四　发挥市场主体功能

城市群的利益联结归根到底要以市场主体的行为决策为依据。要重视发挥政府组织在市场功能缺陷时的调节作用，更重要的是要发挥市场主体的作用，尤其是企业微观主体，通过企业自主选择行为激活市场经济活力，加快形成市场化联结的内生机制，维持城市群的稳定关系。通过企业"用脚投票"的方式促使区域城市改善投资环境留住本地要素并吸引域外要素，促进区域内各主体共同学习与创新，提高城市群整体竞争力。

五　发挥社会组织力量

在发挥政府机构自上而下的行政干预作用的同时，还可以积极发挥民间的力量，汇集民间的智慧，建立跨城市的非官方行业协调组织，如民间商会、民间智库、咨询机构、中介组织等社会组织，使之共同参与城市群建设，形成多领域、跨行业的多主体、多元力量共同参与治理的城市群协调机制，通过广泛的自上而下与自下而上相结合的网络化联结方式，推动城市群协同发展和可持续发展。

六 建立联席会议制度

长三角地区的跨地区合作成功经验为城市群的协同发展提供借鉴。1992年，为了推动和加强地区的经济联合与协作，长三角建立了15个城市协作部门主任联席会议制度，该制度1997年升格为长三角城市经济协调会，每年由协调会成员的各市市长参加，围绕不同的主题开展研讨交流，签署合作协议，制定共同章程及制度。截至2015年已经召开了15次市长联席会议，随着越来越多的周边城市有强烈意愿加入长三角，长三角城市群不断扩容，已经由最初的15个城市扩大至30个。其他城市群可以借鉴长三角地区的联席会议制度，协调城市群内公共事务，避免城市群内恶性竞争，促进可持续发展。

第三章
城市群产业协同发展的理论研究
及战略意义

　　城市群已经成为承载发展要素的主要空间形式，也是关系国际竞争的主要空间载体，然而，当前我国城市群发展仍然存在着"大而散""大而不强"的问题，究其根源，城市群内部缺乏相互合作的协同效应。习近平总书记在2014年就专门对京津冀协同发展战略做出指示，推进京津冀协同发展，要立足现代产业分工要求，以京津冀城市群建设为载体，以优化区域分工和产业布局为重点。习近平总书记的指示为城市群协同发展指明了具体方向和路径，即立足区域产业分工、加强城市间合作是发展壮大城市群的关键路径。

　　产业协同是实现城市群内部协同效应的核心和关键。城市群是一个空间圈层结构，不同等级城市定位不同、功能不同，产业分工与定位也理应不同。城市间功能互补、分工合理是城市群走向成熟的主要标志之一。在区域竞争与合作的过程中，推进形成一体化的城市群新型产业分工体系，是消除和缓解大都市区产业发展恶性冲突的有效途径。为此，有必要全面梳理有关产业分工理论与城市群协同发展之间的逻辑关系，重点对从产业分工的一般性理论，到产业间、产业内、产品价值链分工，再到城市群内的产业分工问题进行系统化的梳理和总结。

第一节　产业分工一般性理论回顾

产业分工理论源远流长，可以追溯至经济学鼻祖亚当·斯密的古典分工理论、马克思关于分工的理论、新古典分工理论、新贸易理论对产业内分工的解释、竞争优势理论对分工与专业化的解释，等等。需要指出的是，分工既有部门分工，也有区域分工（马克思称之为"劳动地域分工"），而区域分工的核心是区域内部的部门分工或产业分工。

一　古典分工理论

亚当·斯密最早提出绝对成本思想，两地区禀赋差异导致地域分工，地域分工形成两地区生产专业化和地区贸易，但绝对优势理论无法解释一个所有部门都存在成本劣势的国家的分工问题。大卫·李嘉图的比较优势理论告诉人们，即使一个地区在两种产品的生产上均较另一个地区便宜，或者说有绝对成本优势，也一定存在相对成本差异，于是两个地区分别专业化生产自己具有比较优势的产品进行贸易交换。该理论不仅论证了国际贸易的基础及其对经济发展的作用，而且在实践上较好地解释了广泛存在于发达国家和发展中国家之间的贸易。阿伦·杨格 1928 年发表在《经济学杂志》上的《递增报酬与经济进步》一文，被认为是斯密之后关于分工与专业化最重要的文献。他认为不但分工水平依赖市场容量，反过来市场是由所有人是否参与分工的决策决定的，所以它又由分工水平决定。

二　马克思关于分工的理论

从时间上看，马克思关于分工的研究处于古典经济学发展的阶段，但马克思的研究方法、角度以及他所得出的结论和其他古典经济学家有较大不同，形成了相对独立的分工理论体系。马克思论述的主要是社会分工问题，他将社会分工分为三大类：一般分工、特殊分工和个别分工。马克思认为，工业发展时期从简单协作、工场手工业到机器大工业的社会化大生产，是社会分工在不断向前发展，也是实现生产专业化的过程。他区分了以分工为基础的协作和不分工的协作，并且把分工作为协作的一个重要方面来对待。马克思对于社会分工种类的细分，以及对生产过程与生产组织和协作等所作的论述，为分工的研究提供了新的思路。

三　新古典分工理论

瑞典经济学家赫克歇尔和俄林从一系列基本假设出发，在比较优势理论的基础上，进一步提出了要素禀赋理论，简称 H-O 理论。该理论把区际分工、区际贸易和生产要素禀赋紧密联系起来，认为区际分工及贸易产生的主要原因是区域生产要素相对富裕程度的差异，并由此决定了产业的生产要素相对价格和劳动生产率。在要素禀赋理论之后，美国经济学家雷蒙德·弗农在 1966 年提出了产品周期理论，进一步拓展了比较优势和要素禀赋的范畴。弗农特别强调技术在国际贸易中的作用，侧重于从技术进步、技术创新、技术传播的角度来分析国际分工的基础，并且对于产业的跨区域分布和转移做出了解释。

四　新贸易理论解释

无论是古典还是新古典分工理论都属于传统贸易理论，只能用来解释产业间的分工与贸易，然而 20 世纪 70 年代以来，发达国家间贸易和产业内贸易所占比重的上升带来了新的国际分工与贸易格局。20 世纪 80 年代后期，以克鲁格曼（Krugman）、赫尔普曼、格罗斯曼等为代表的经济学家提出了新的贸易理论，区别于传统贸易理论被称为"新贸易理论"。新贸易理论与传统贸易理论的区别在于关于固定规模报酬的假定，为分析在规模报酬变化而且市场不完全竞争条件下的分工与贸易提供了一个研究框架。新贸易理论认为贸易的原因不仅仅是比较优势或要素禀赋，还有规模报酬递增效益。克鲁格曼认为要素禀赋差异决定着产业间的贸易，而规模经济决定着产业内部的国际或区际贸易。基于垄断竞争市场结构和收益递增假设，克鲁格曼把区位理论、区际分工理论、贸易理论与区域发展理论融合在一起，形成了新经济地理学派。Krugman（1991）建立了核心—边缘（PC）模型，认为集聚的力量来自规模经济。Fujita and Krugman（1995）以单中心空间经济模型为基础，构造了单个城市体系发展为多个城市体系模型。

第二节 产业分工理论演进及定量研究

迄今，学术界一般将产业分工划分为三种类型或三个阶段。分工发展的第一阶段是产业间分工或称为部门间分工，形成了部门专业化，经济学的比较优势理论和要素禀赋理论对此做出了解释；分工的第二阶段是出现了产业内分工或称为产品间分工，即在同一产业内部由于产品差异产生了分工和贸易往来，由此形成了产品专业化，新贸易理论通过规模经济等要素的引入对其进行了解释；分工的第三阶段，随着经济全球化和信息化的加深以及模块化生产的广泛应用，新型区域产业分工以产品价值链分工的形式表现出来，形成了区域的功能专业化，新产业区、价值链、竞争优势、全球生产网络等理论主要解释这类问题（赵继敏，2014）。魏后凯（2007）认为国内区域产业分工的演变大体经历了三个阶段：第一个阶段为部门间或产业间分工；第二个阶段为部门内或产业内分工；第三个阶段为产业链分工。产业间、产业内和产品价值链的分工是在地区间和城市群内同时存在的，因而，梳理总结国内外学者对三种分工形态发展演进的研究十分必要。

一 产业间分工研究

关于产业间分工研究，国外主要有大卫·李嘉图的比较优势理论、赫克歇尔和俄林的要素禀赋理论，克鲁格曼、舍贝里（SjÖberg）也进行了实证研究。国内相关学者主要有梁琦，文玫，贺灿飞、谢秀珍等。英国古典政治经济学者大卫·李嘉图提出了各个地区根据本地的比较优势从事专业化生产，进口具有比较劣势的产品的产业间分工原则。赫克歇尔和俄林以比较成本理论为基础提出了要素禀赋理论，主张区域之间生产要素的禀赋差异是产生比较成本差别，最终导致区域之间出现分工和发生贸易的原因。在实证方面，比较经典的案例是克鲁格曼对美国四大区内的产业分工和欧洲四国产业分工的比较研究。他用区位基尼系数和区域差异指数分析美国四大区与欧洲的经济四强（德、法、意、英）的产业区域专业化状况后，得出美国区域间分工程度高于欧洲的结论。克鲁格曼之后，舍贝里等用赫芬达尔指数和E-G指数相结合的方法测度了印度尼西亚制造业的区域分工状况。文玫（2004），梁琦（2003），贺灿飞、谢秀珍等（2006）用区位基尼系数对中国各省区市间的产业间分工做了探讨。

二　产业内分工研究

产业内分工国外已有的研究文献主要集中于对国际贸易的论述，主要以国家为研究地域单元，测度国家之间的分工水平和专业化程度，分析不同类型国家的分工和专业化水平差距，从而得出分工与经济发展水平的相关关系。最有影响力的是克鲁格曼新贸易理论，Krugman（1991）运用区域基尼系数来衡量国家的专业化程度，试图发现国际分工的新趋势。国内研究者多集中于对中美、中欧、中日及中国与东盟国家之间的产业内分工的研究，主要有傅钧文、李梁（2003），王鹏（2006），杜运苏、谢正勤（2013）等。克鲁格曼主张现实的经济是不完全竞争的，区域之间的贸易既是由比较优势驱动的，也是由规模报酬递增和外部经济驱动的，某个区域即使没有相应的资源禀赋，由于规模报酬递增的存在，也可能通过大批量的生产获得较低的比较成本，从而进行专业化生产并获取相应的收益。除了规模经济外，王婷、芦岩指出，城市群产业内分工还与城市规模结构、城市间收入水平差距、已形成的产业技术复杂程度等因素有密切关系。产业内分工是当前产业分工的重要形式，区域间产品内分工迅速发展，受到了学术界更多的关注，但产业内分工很难用指标直接测度，因而目前学术界对于城市群产业内（产品内）分工的实证研究较少。

三　产品价值链分工研究

随着信息技术的迅速发展以及经济全球化的快速推进，同一产品的生产分散到多个地区进行，各个区域按照产品价值链的不同环节、工序甚至模块进行专业化生产。经济学的产品内分工理论、管理学的价值链理论、经济地理学的全球生产网络理论可以对其提供解释。Ardnt 于 1997 年首次提出产品内分工的概念，并对这一现象进行了开拓性研究。后来 Jones 等人（2001）提出了"技术说"，认为技术进步是推动产品内分工的重要原因；对于劳动力丰裕的发展中国家来说，可以通过参与劳动密集工序的生产而获利。Deardorff（1998）则提出"壁垒说"来解释产品内分工，他认为产品内分工本来在技术上是可行的，但某些壁垒的存在会阻碍它的发展。Deardorff（2005）认为，可以借鉴已有的贸易利益理论来分析产品内分工可能带来的贸易利益。Dixit 和 Grossman（1982）曾考察多区段生产系统如何在不同国家进行分配，并建立了理论模型。Jones 和 Kierzkowski（1990）研究了"生产过程分离并散布到不同空间区位"的分工状态，将其称为"零散化生产"。

国内学者卢锋（2004）最早指出，产品内分工是一种更为细致深入的国际分工形态，产品内分工与产业内分工有着本质区别，并提出了决定产品内分工强度的四个因素，即生产过程不同工序的空间可分离性，不同生产工序要素投入比例的差异性，不同生产区段的有效规模差异度和跨境进行生产活动的交易成本。同时，他还选取技术进步和制度变迁两个视角，从远洋运输成本下降、航空运输成本下降、信息交流成本下降、技术进步的其他影响、贸易自由化改革影响、发达国家鼓励加工贸易政策、发展中国家鼓励出口加工政策这七个方面考察了推动当代产品内分工发展的主要因素。田文（2005）在这一问题上则持相反观点，认为产业内贸易与产品内贸易是有交集的，并做了具体分析，探讨了中间产品贸易的计量口径，他将 Feenstra（1997）和 Hummels 等（2001）提出的产品内分工的计量方法进行了比较，认为 Feenstra 的计量口径较为合理，即以一个国家进口的全部中间投入品作为测量产品内贸易的指标。张纪（2006）以笔记本电脑行业为例，采用卢锋（2004）的产品分类方法，参考 Hay 和 Morris（1991）模型框架，建立成本和利润函数，对笔记本电脑生产环节的市场结构对收益分配的影响作了检验。

相关的国际实证研究也取得了有益的成果。Arndt（1997）利用国际贸易常规分析技术，对全球外包和转包等现象进行了研究。Feenstra（2003）将外包分为垂直一体化和垂直分离化两种形式，分别置于激励理论和产权理论下进行研究，并采用中国 1997~1999 年出口加工业数据进行了实证分析。Amighini（2005）通过分析 1991 年和 2001 年中国 ICT（信息通信产业）的 RCA 指数和 NET 指数，对中国参与 ICT 产业产品内分工进行了实证分析。结果表明，中国的 ICT 产业在劳动密集型产品上优势明显，而在技术密集型产品和零部件的生产上仍处于劣势，但差距正逐渐缩小。Duranton 和 Puga（2002）以城市为单元，将产业研究与区域研究紧密结合起来，用就业数据比较了美国都市在 1977~1997 年部门专业化和功能专业化的变化趋势，认为在产品内分工逐渐加深的条件下，城市职能分化在加剧。

这些研究出发点不同，基本观点却较为一致，主张越来越具有空间可分性特征的产品价值链在全球范围内的大规模分工、重组，使国际或区域分工的边界正从产业、产品层次转换为价值链层次。产品价值链的不同环节对关键性要素的需求不同，使得不同环节在区位上实现了空间分离，如管理、营销等职能集中于发达城市、核心城市，而生产、组装功能集中于具有劳动力成本优势的欠发达城市、中小城市或新兴城镇等。这样便形成了城市群内部的产品价值链分工。

四　产业分工的定量测度

胡佛（Hoover, 1936）构造了区域分工的度量指标（Hoover 地方化系数），并对美国若干行业的数据进行了分析。Keeble 综合使用基尼系数和洛伦兹曲线测算行业在不同区域的分布态势。Krugman（1991）用空间基尼系数对美国

3 位数制造业行业的专业化程度进行了测度，并试图发现国际分工的新趋势。Duranton 和 Puga（2005）构建了新的城市功能专业化指数来测度城市功能专业化程度，即用城市中管理人员与生产人员的比值相对于全国平均水平的差值来度量。

国内很多学者借鉴空间基尼系数、相似系数、区位熵、Hoover 系数、行业集中度等指标对制造业专业化进行了分析，上述指标是从制造业的集聚程度来衡量地区专业化水平，最大的问题是忽视了服务业，难以全面反映区域分工水平。又有些学者借鉴 E-G 指数估算产业间的协同集聚程度，以产业上下游之间的分工来衡量区域之间的专业化与分工水平，但这类方法存在的问题是缺乏细分产业分工的统计数据。Duranton 和 Puga 之后，Bade（2004），齐讴歌、赵勇（2014），马燕坤（2016），苏红键、赵坚（2011），李靖（2015）均采用城市功能专业化指数进行测算，只不过具体指标定义有差异。上述方法忽略了空间距离这一重要因素，Moran's I 指数、SP 指数、感应度系数、影响力系数等指标被用来测度产业的空间分布。也有学者对相关指标进行了改造，李学鑫、苗长虹（2006）认为相似系数只能从总体上判别两地区产业结构的相似程度，并不能反映产业内部的具体结构。区位熵法能测度出任意两地区产业内部的具体结构，却不能定量地从总体上度量两地区产业结构的相似程度，首次提出产业结构的区位熵的灰色关联分析（或称改良的区位熵法）。

第三节　城市群产业分工理论文献回顾

产业分工是城市群协同发展的核心问题，关于城市群内产业分工研究一直是城市群问题研究的热点。现有文献主要集中在以下几个方面：一是城市群内分工形式的演进；二是城市群内产业分工形成的原因；三是城市群内产业分工存在的问题；四是城市群内产业分工与经济发展互动关系的研究。

一　城市群内分工形式的演进

产业布局必然落实到空间层面，产业分工必然涉及国家间、地区间和城市间的功能定位与产业分工合作。随着技术进步和交通不断发达，产业链分工成为当前最普遍的一种产业分工形态。无论是国内还是国外对这一话题的研究日益增多。

关于产业链分工研究国外已有文献分为两个视角，一是从国际贸易的视角对产业链分工进行研究，二是从国家内部领域进行研究。随着海外组装、全球外包、转包等新的生产方式和贸易方式的出现，国外学者对产业链的研究主要集中于不同国家之间的分工。Dixit 和 Grossman（1982）考察了多区段生产系统如何在不同国家进行布局，并建立了一个理论模型。Jones 和 Kierzkowsk 研究了"生产过程分离并散布到不同空间区位"的分工状态，并称其为"零散化生产"（Fragmented Production）。Ardnt 首次使用"产品内分工"（Intra-Product Specialization）来描述在经济全球化过程中国际分工深化到产品生产流程中的特定工序或区段的新型分工现象。Krugman 先后两次对产业链国际分工进行了研究。进入 21 世纪后，国外一些学者将产业链分工研究的地域范围从国家之间转向了国家内部，并且产业链的范围不断扩大，延伸到研发、营销、总部环节，而不再局限于制造环节的产业链分工。国外早期的研究多是从企业角度开展的微观研究，多称为空间分工。克拉克（Clark）从公司组织的角度研究企业如何通过空间分工确保对雇佣关系的控制。在这一过程中，空间分工成为资本用来改善它与劳动关于生产过程的地方冲突的一个有效策略。斯科特（Scott）将空间分工同城市发展联系起来，认为随着企业的成长，生产职能和管理职能的分解，会出现管理和控制职能集中于中心城市而生产功能趋于分散的过程。Fujita 和 Tabuchi（1997）发现日本战后东京经济圈的产业结构由重工业向高技术和服务业转变，制造部门逐渐向太平洋产业带转移，而越来越多的生产性服务业和日本大企业总部在东京集聚。Henderson J V 和 Ono Y（2008）认为企业总是将生产部门和总部、研发部门设立在区域内的不同城市，总部管理部门在区域中心城市，这样企业就可以利用中心城市的发达商业服务把企业的服务外包出去以达到更好地收集产品信息的目的，同时相对增加对异地生产部门的管理成本。Kolko（1999）研究发现：随着信息技术的发展，美国城市制造业集中在中小城市，而服务业尤其是生产性服务业集中于大城市。Ettlinger，N. 与 Clay，B.（2010）在空间分工概念的基础上，研究了美国 18 世纪 80 年代在不同区域商务服务业的就业情况，用以解释美国区域经济新的"核心—边缘"格局。K. Aarland，J. C. Davis，J. V. Henderson 利用美国微观层面的数据研究了哪种类型的企业有将管理、研发、总部和生产部门分离的需求，以及企业总部的区位选择战略。Duranton 和 Puga（2004）对美国的研究也表明，美国的生产性服务业和企业总部在不断向大城市集聚，而生产制造环节则逐渐转移到周边中小城市，大城市主要发挥管理和服务作用，而中小城市则主要负责产品生产。Bade 等对德国在互联网时代的城市专业化研究发现，德国的城市专业化也在经历转变，生产性服务和产品的销售倾向于集中在区域的核心城市，企业的标准生产部门则集中在核心城市的周边。

国内现有文献主要集中在对于农业产业链、电子信息产业链和制造业产业链的研究，基于区域，特别是基于城市群产业链的研究相对不足。魏后凯（2007）认为城市群中各城市按照产业链的不同环节、工序乃至模块进行专业化分工，这种产业分工现象被称为产业链分工。朱英明（2007）研究认为伴随着城市群的发展，城市间产业分工开始向产业链分工方向发展。各城市按照产业链的不同环节进行专业化分工，形成不同类型和层次的城际产业链，加快了城市群产业一体化的进程。张若雪（2009）研究发现，2003 年以来长三角的产品分工的专业化程度开始下降，同时功能分工专业化程度有所上升，说明中心城市上海和江浙之间存在从产品分工走向功能分工的迹象。冯碧梅、刘传江（2010）则从全球价值链的视角分析武汉城市圈产业体系构建。李少星、顾朝林（2010）通过对长三角汽车产业的研究，认为产业链分工是地域分工的演变趋势。苏红键、赵坚（2011）研究发现，产业集聚经济和职能部门集聚经济的存在，使城市间的分工不仅有产业分工，还有职能分工。由于职能分工的存在，即使某个产业在经济圈中分布较广即经济圈范围的产业结构趋同也可能是合意的。刘明宇、芮明杰（2012）认为发展中国家要突破瀑布效应实现产业结构优化，必须通过产业链、供应链和价值链重组建立自主发展型的价值网络，推进分工深化，才能摆脱价值链被俘获的处境，掌握产业结构优化的主导权。李靖（2015）提出了"新型产业分工"这一概念，指出它是经济全球化背景下区域和产业分工呈现的新特点和发展趋势，新型产业分工的形成在区域层面又必然带来功能专业化。功能专业化对应的不再是一个完整的部门甚至产品，它只是形成最终产品的某个环节或阶段的专业化，由于不同的环节对发展条件有特定的要求，因此表现为承接不同环节的区域专业功能的深化。陈建军等（2016）探讨了生产性服务业与制造业协同集聚对城市生产效率的影响。刘奕等（2017）认为随着信息技术的发展，全球分工的加快和服务外包的出现，生产性服务业开始在都市区集聚，其集聚程度更是远超制造业。

二　城市群内分工形成的原因解释

除了传统的分工理论对分工原因的解释，国外学者也从不同角度对分工形成的原因做了解释。Jones 等人提出了"技术说"，认为技术进步是推动产品内分工发展的重要原因，认为对于劳动力丰富的发展中国家来说，可以通过参与劳动密集工序而获利。Deardorff 则提出"壁垒说"来解释产品内分工，他认为产品内分工本来在技术上是可行的，但某些壁垒的存在会阻碍它的发展。Dalum 等则对 OECD 国家的专业化影响因素进行了分析。Kahnert 的经验研究也证明了知识溢出促进生产活动集聚的作用，研究表明具有高知识密度的创新生产机构（需要面对面地直接沟通），往往集中在核心区域，而标准的、常规的生产机构通常集中在外围区域。Englmann 和 Walz 建立了一个理论模型，证明知识溢出的存在为高技术企业在核心区集中提供了重组的理由，而知识相对不重要的传统产品则在外围区域生产。如果人力资本也倾向于集聚在核心区域的话，要求非熟练劳动的常规性活动则集中在外围地区，核心和集聚的差异性增长路径也会加强。Gallego J 和 Maroto A（2013）发现鉴于远程交互的可能性有所增加，欧洲的知识密集型服务业越来越不需要集聚在一处。Meliciani V 和 Savona M（2015）认为集聚经济、垂直联系和创新是商业服务区域专业化的重要因素。

基于中国经济发展状况，国内学者对城市群分工形成原因的论述主要有以下几种观点。

1. 基于比较优势的解释。薛俊菲（2006）认为随着人口进一步向中心城市集中，中心城市产生集聚不经济，如城市地价上涨、交通拥挤、环境恶化等问题，中心与外围的比较优势被重新认识；而且随着中心城市产业结构升级，城市原有空间结构无法满足产业对空间的转换要求，必须要在更大的范围内按新的功能要求重新排列组合，从而促使都市圈的空间结构更新，资本、产业、劳动等要素在地域空间上重组。李国平、杨洋（2009）认为企业分工会推动产业链的区域分工，即产业链的各个环节分布在其所需要素条件较好的地区，以充分利用各地区的比较优势，从而提高产业的竞争力。张超（2012）从经济地理学的角度分析，认为地理区位的差异性导致了经济活动的空间分异，而空间分异的结果则是形成经济活动的区域分工和地域性的经济系统性能，进而生成差异性的区域经济板块和城市功能特性。周韬、郭志仪（2014）认为城市群中不同发展水平的城市依据比较优势形成不同产业特色和功能分工，进而形成城市价值链。李靖（2015）认为这种充分发挥区域比较优势、建立在区域协作基础上的新型产业分工模式，可以解决当前区际合作不畅通、产业恶性竞争、区域发展不平衡和环境矛盾日益突出等问题，引导区域形成良性发展的格局。

2. 基于成本的解释。汪斌等（2005）认为城市产业集群形成的主要原因是专业化分工的深化和交易网络的拓展，细化的分工有利于降低交易费用。江静和刘志彪（2006）论述了要素成本和交易成本的关系，研究显示中心城市因其较高的要素成本和相对较低的交易成本只能发展对要素成本不敏感的生产者服务业，而周边城市则由于要素成本相对较低而发展制造业。这就形成了制造业和生产者服务业在空间上的协同定位，最终确立了中心城市生产者服务业集聚而周边城市制造业集群的新格局。国家发改委国地所课题组（2009）研究发现城市群的形成过程也是其内部不同规模、不同等级城市产业特色形成的过程。各城市根据自身的基础和特色，承担不同的职能分工，从而使城市群具有区域综合职能和产业协作优势。中心城市土地、劳动力成本的上升以及与周边地区间交通设施的完善，促使制造业，特别是技术成熟、社会平均利润率较低、适于规模化生产的一般性制造业外迁。在很多情况下，制造业首先由中心城区向郊区等周边地区转移，随着城市整体的发展，制造业进一步向其他城市包括海外转移，制造业产值和就业占比随之下降。马燕坤（2016）研究认为城市群功能空间分工的形成和演进伴随于城市群的形成和发展，也应是城市功能专业化收益与城市间经济联系产生的交易费用相权衡的结果。生产性服务的生产者对城市土地、交通等费用上升的承受能力更强，随着交通技术和通信技术的变革和进步，生产性服务的生产者甚至可以远距离为其他城市的工业品生产者提供生产性服务。这样一来，为了获得知识溢出带来的好处，生产性服务业有向大城市集聚的趋势。生产性服务业不断向大城市集聚，会进一步推动城市土地价格上涨和通勤成本提高，那些难以承受大城市高成本的工业品生产者就会逐步向周边中小城市迁移，周边的中小城市承接大城市的工业品生产者转移，成为不断发展壮大的工业城市。

3. 基于集聚经济的解释。陈建军（2007）根据新空间经济学的分析框架，研究发现 20 世纪 80 年代以来，长三角地区内部经济发展的长期过程，实际上是一个比较典型的以产业转移为载体的"集聚—扩散"演化过程，表现为以上海为核心的中心区域的向外扩张。张亚斌等（2006）基于经济地理学理论视角，通过对中心城市的出现、城市群的形成以及区域"圈层"经济形态演变的研究，认为不同级别城市通过充分发挥各自的市场区位优势，"吸引"不同类型产业企业或企业不同生产环节集聚并由此实现"圈层"内部产业企业的合理分工。赵勇、白永秀（2008）认为城市群的形成既是居民—厂商主体区位选择基础上集聚扩散的微观过程，又是基于垂直联系的产业演化过程。李靖（2009）认为同类工序或环节在特定区域形成规模集聚，使区域专业化产生的经济效应得以实现，即区域专业化满足了经济可行性要求。吴福象、沈浩平（2013）等则以长三角的 16 个核心城市为研究案例，认为人力资本的集聚促进了区域中心城市产业结构的升级，并随着要素的聚散而形成了合理的分工体系，实现了不同层级的城市间的产业协同发展。毛琦梁等（2014）认为中心城市发展对区域内部的空间溢出效应是推动首都圈产业空间分布变化的重要因素。与中心城市对外围地区的空间溢出效应一起，拥挤效应、地方化经济、城市化经济是影响首都圈产业集聚与扩散的重要空间效应因素。周韬、郭志仪（2015）认为城市的空间是有价值的，空间价值是城市存在的基础。城市价值链是城市内部价值链和城市间价值链的有机统一，在城市的可持续发展和提高城市竞争力方面扮演重要角色。

4. 基于技术的解释。张若雪（2009）认为随着通信和交通技术的进步，企业可以把不同的生产环节放在不同的地区，而不必把所有生产环节放在一起，从而有利于企业更加有效地利用各地的生产要素。在这个过程中，经济圈内部中心城市和其他城市之间逐渐呈现功能分工的格局。陈建军、郑广建（2014）研究发现高速铁路收缩了城市间空间和经济的距离，交通可达性和便利性的增强可以产生市场结构效应、劳动力池效应和创新溢出效应。李靖（2015）认为新型产业分工是分工向更深入、更细化领域发展的结果，它的形成机制有两个：交易成本和市场需求。其中交易成本降低源于三个方面：一是交通通信技术的发展；二是生产技术的进步；三是地区开放制度和产权制度的建立。马燕坤（2016）认为运输技术、通信技术、编码技术的进步促进了城市群内产业的进一步分工。覃成林、杨晴晴（2017）研究发现，在高速铁路的影响下，生产性服务业空间格局呈现局域的集聚和全域的分散状态，主要集聚于以北京、上海、深圳为核心的三大城市群，省域性的集聚主要体现在以省会城市为主的中心城市。

5. 基于政府调控的解释。孙久文、原倩（2014）认为宏观调控职能和泛化的区域政策会加剧地方政府竞争和区域分工抑制现象。赵勇、魏后凯（2015）从中国区域发展现实视角，发现在政府主导的发展模式下，各级政府不仅会通过宏观政策、政府规制等方式间接影响区域发展，而且会通过财政补贴、税收减免、土地供给优惠、环境管制放松等方式影响企业和产业区位分布，特别是会通过基础设施和重大产业项目投资布局等方式直接影响经济地理分布，这种基于地方发展主义的地方竞争和政府干预行为，对正常的经济地理分布及其演变产生了显著的影响，导致产业集聚及其空间分布不再是纯粹的市场过程，进而使制造业和服务业协同集聚基础上的"中心—外围"空间结构与地区差距之间的关系变得更加复杂。杜建军等（2016）认为我国独特的政治制度对城市的分布和变迁更是有着显著影响。自改革开放至今由计划体制向市场体制的转型期，我国政府行为仍然在很大程度上影响着城市体系的演变。

三　城市群分工案例探讨

关于城市产业分工的实证研究，C Brunelle 和 M Polèse 探讨了 1971~2001 年加拿大电力部门的职能定位，功能的空间分布通常与中心边缘的关系一致，有证据表明大型都市和非都市地区之间的功能专业化正在增强。Audretsch D et al.（2011）探讨了不同类型城市功能专业化与企业家精神之间的关系。C B Professor 使用加拿大统计局 1971~2006 年的数据，在加拿大的城市系统中发现了功能专门化的清晰模式，区域效应通常比工业效应更大，这表明空间的功能划分（产业内的空间变化）比产业结构的区域变化发展得更快。Meliciani V 和 Savona M（2015）使用 1999~2003 年的欧洲区域面板数据库，通过估计空间杜斌模型验证城市群分工的影响因素。J Guo 和 Y Xu 以中国五大国家重点建设城市群为例，对金钱外部性和技术外部性进行了较为全面的实证研究。

国内学者按照时间序列对城市群的专业化分工和功能分工进行计算，发现不同时间段、不同城市群的分工呈现差异化的发展趋势。张若雪（2009）计算了长三角 1997~2006 年的产品分工专业化指数，并以各种从业人员的相对比重来反映功能分工的程度，结果显示从 2003 年开始，长三角各地区之间产品分工的专业化程度开始下降，研发和专业服务逐渐向上海集中，中心城市上海和江浙之间存在从产品分工走向功能分工的迹象。赵勇、白永秀（2012）的实证分析发现，2003~2010 年中国城市群功能分工水平总体相对较低并呈现波动中持续下降的趋势，但 2008 年之后呈现一定程度的上升态势。柳天恩（2013）通过区位熵和自定义的区位熵比值两个指标度量了东北三省 2012 年 27 个工业行业专业化程度，发现东北三省部门间分工在弱化，而部门内分工和产业链分工在强化。苏红键、赵坚（2011）用基尼专业化系数、功能专业化指数分别测算了 2003~2008 年 284 个城市市辖区的专业化水平、职能功能专业化程度，发现我国城市分工发展相对落后，产业专业化和职能专业化水平都比较低，但我国城市正显现专业化不断增强的趋势。齐讴歌、赵勇（2014）对中国 2003~2011 年 16 个城市群功能分工水平进行了测度，结果显示：中国城市群功能分工水平总体上相对较低且呈现金字塔分布特征，东部地区城市群功能分工程度远远高于东北地区和中西部地区；从城市群功能分工区域差异来看，四大区域呈现明显的空间分异特征，中西部城市群基本上呈现波动上升的态势，而东部城市群则呈现在波动中持续下降的趋势。毛琦梁等（2014）选取 2001~2009 年的数据用 Moran's I 和 Getis-Ord General G 来测度首都圈产业空间分布的变化特征，发现总体上工业发展表现出由中心向外围扩散的趋势，临近中心城市的外围郊县区成为工业集聚与发展的热点地区。张明艳等（2015）利用区位熵的灰色关联分析法对京津冀 2012 年的产业分工情况进行的研究显示，由于资源禀赋、经济发展程度及主导产业等的不同，京津冀经济圈各城市的产业地域分工较为明显。尹征、卢明华（2015）运用产业专业化指数和区位熵的灰色关联分析法对 2004 年、2008 年和 2012 年京津冀地区各地级市的产业分工状况及其演变过程进行测度与分析，结果表明：相对于全国而言，京津冀地区整体的产业专业化水平并不高且仍在下降，而以京津冀区域为参照系，各城市产业结构与区域整体的相似程度不是很高，且呈现明显的趋异现象，各地产业地域分工虽不十分明显但有所加强。马燕坤（2016）对 2003~2012 年三大城市群的功能空间分工程度和城市功能专业化程度进行由整体到部分的逐步分析，结果发现从城市群功能空间分工时序演进态势来看，三大城市群的功能空间分工程度都有不同程度的提高，但都呈现不甚明显的倒 U 形走势。李靖（2015）构建地区功能专业化计算公式，计算得出京津冀三地1982~2010年的功能专业化数值，数值显示各类区域的功能专业化水平表现出不同的发展趋势，而且在都市圈内部，区域功能专业化表现出较为明显的层次。苏红键（2017）选择衡量绝对专业化水平的HHI和EI指数、衡量相对专业化水平的Gini系数以及衡量职能专业化水平的FS系数，利用中国地级及以上城市2006~2012年数据，分析了中国城市专业化特征及其与城市发展水平的关系，结果显示近年来中国城市相对专业化平均水平不断提高，表明中国城市间分工合作水平正在逐步提高；绝对专业化与城市规模负相关，与城市收入正相关；职能分工在不同规模城市之间以及在各个城市群中心外围城市之间非常显著。周韬（2017）选取长三角2002年和2015年的规模以上工业增加值和服务业增加值数据进行了空间地理统计分析，说明2002~2015年服务业逐渐向上海、南京和杭州等中心城市和次中心城市集聚，制造业逐渐向外围区域集聚，产业融合程度加深，城市群空间分工明显，由此基本形成了以上海、南京和杭州为集聚中心的多核化发展的区域空间一体化格局。

四　文献评述及研究展望

国内外现代产业分工研究是在古典分工理论或传统分工理论基础上的推进，其成果主要集中在近20年。总体而言，迄今还缺乏对现代产业分工或新型产业分工的明确定义，并且现代产业分工形成因素和机理仍有待进一步探讨，在对新型区域产业分工的度量方面也还缺乏对企业的微观分析和经验数据的支持，目前多数研究仅停留在理论探讨阶段。

现有文献主要是关于城市群内产业分工形式、分工原因及分工存在的问题等方面的研究，初步对比较优势、成本、规模经济、技术、政府调控等不同因素对城市群产业分工影响进行了探讨。其中，比较优势、成本、规模经济对城市群内产业分工的形成影响较大，知识溢出等其余因素随着时代变化重要性也日益提高。另外，政府与市场关系也是影响城市群产业分工的重要因素，如京津冀与长三角城市群产业分工格局差异形成的重要原因就在于市场发育程度和政府间合作程度不同。

综合而言，目前国内关于城市群内产业分工的研究成果主要有以下几个方面。一是从重点研究区域来看，对城市群内产业分工的研究主要集中在长三角城市群、京津冀城市群、珠三角城市群，尤其以长三角城市群的研究文献最多，其余城市群甚少单独作为研究对象。二是从实证研究结论来看，东部城市群功能分工水平整体高于中、西部城市群，城市群正在形成显著的功能分工趋势，且越来越多的学者将空间因素纳入城市群产业分工的考虑因素之内，注重对城市空间价值的考虑，但功能分工水平和专业分工水平均较低。但由于测度时间范围、测度地理区域、测度标准的差异，一部分学者认为我国城市群的专业化分工水平在下降、功能分工水平在提高，另一部分学者认为功能分工水平在经历上升之后出现了下降趋势，即对城市群功能分工的演变趋势看法不同、结论不一。三是关于产业分工与地区差距、经济增长、产业结构之间关系的研究。分工会对经济发展产生影响这是大家一致同意的观点，但是"背靠大树好乘凉"还是"大树底下不长草"一直是一个有争论的问题。已有的研究对城市群分工是缩小地区差距还是扩大地区差距存在争议，对专业化与多样化谁更能促进城市群产业发展及经济增长也有不同意见。

第四节　推动城市群产业协同发展的重大战略意义

城市群是国家经济产出的重心区、科技创新发展的领头雁，也是国家和地区参与国际竞争和分工的"本垒"。深入研究城市群内部产业发展问题，破解产业协同发展的难题和障碍，具有重大的现实指导意义和应用价值。

一　全面建设社会主义现代化国家的重要载体

当前我国已经完成了全面建成小康社会的"第一个百年"奋斗目标，开启了"第二个百年"奋斗目标新征程，根据新的"两步走"战略目标，到2035年基本实现社会主义现代化，到本世纪中叶建成社会主义现代化强国。

推进"第二个百年"奋斗目标是实现中华民族伟大复兴中国梦的重要一步，必须在有限时间里寻求新的突破口和增长极，以辐射带动其他区域的发展。京津冀、长三角、粤港澳等城市群是我国沿海地区拉动经济发展的"三驾马车"，在社会主义现代化进程中完全应当而且有条件发挥核心增长极的作用。通过产业合理分工和布局，调整和优化经济结构，促进核心城市与外围地区协同联动，有利于发挥不同规模等级城市的比较优势，缩小内部差异，形成整体合力，带动更广泛区域发展，提升国家整体竞争力。

二 推动中国经济高质量发展的空间战略支撑

当前我国经济已经进入高质量发展阶段，具体表现为四个方面的特征：一是增长速度从高速转为中高速；二是经济结构从中低端迈向中高端；三是发展动力从要素和投资驱动转向创新驱动；四是发展模式由主要追求规模、速度的粗放型向追求质量、效率的集约型转变。在国内外形势复杂多变，我国面临着多重机遇和挑战的同时，我国经济发展必须依靠创新驱动，积极发现和培育新动能，拓展发展新空间。京津冀协同发展、粤港澳大湾区建设、长三角一体化发展与"一带一路"和"长江经济带"建设，成为驱动中国经济发展的区域重大战略，将引领全国东、中、西、东北四大板块联动发展。以京津冀为代表的城市群协同发展，在应对资源环境压力加大，加快发展方式转变，增强对区域经济辐射带动能力，为全国转型发展和全方位对外开放作出贡献等方面，无疑将发挥至关重要的作用。

三 破解城市结构性失衡深层次问题的有效途径

"大城市病"指的是大城市出现的人口膨胀、交通拥堵、住房困难、环境恶化、资源紧张等"症状"。"大城市病"表现出来的是与城市发展不协调的失衡和无序现象，它造成了资源的巨大浪费、居民生活质量下降和经济发展成本上升，进而导致整个城市竞争力下降或丧失，阻碍了城市的可持续发展。改革开放40多年来，随着我国工业化和城镇化的快速推进，城市边界扩张，大中小城市都变得越来越大，城市群面临"大城市病"的困扰，首都北京尤为突出，城市功能过度集聚，拥堵、雾霾、高房价等已经成为困扰北京居民正常工作生活的主要问题。疏解人口、交通和环境压力，解决"大城市病"问题，已成为首都和中央关注的重大问题。疏解非首都功能以及加快一般制造业产业转移，还需要京津冀之间建立有效的协同合作机制，为治理北京"大城市病"提供有效手段。同时，北京产业、企业、机构的向外转移，也为天津、河北产业转型升级，提升经济发展质量提供重要机遇。京津冀协同发展也为破解京津冀深层次体制机制问题提供系统性的解决方案。此外，长三角核心城市上海也在效仿京津冀，研究上海市非核心功能疏解和产业外移以解决日益突出的"大城市病"问题。

四　提升我国城市群国际竞争力的必由之路

未来国际竞争有一个趋势性变化，即由城市之间的竞争逐步转化为城市群之间的竞争。目前，国际上具有较强竞争力和影响力的城市群或都市圈主要包括纽约都市圈、巴黎都市圈、伦敦都市圈、东京都市圈等。国内的长三角、京津冀、珠三角是我国沿海三大重要城市群，尽管占国内的生产总值比重大，但与国际世界一流城市群相比，存在着较大差距。这种差距不仅表现在经济技术水平和创新能力上，还表现在城市群内部的一体化程度上。因此，促进未来城市群发展，各城市不能仅站在各自的位置上，而应该站在城市群整体的高度，甚至站在国家的高度，从参与国际分工和竞争的角度出发，密切城市群内部的经济联系，提升产业协同发展水平，积极打造分工合理、等级有序、协作畅通的世界级城市群。

第五节　城市群产业协同发展面临的主要问题

一　城市群"大而不强"，关键缺乏"产业协同效应"

城市群是一国工业化、城市化发展到一定阶段的产物，是进入成熟经济阶段的空间组织形态,也是世界各国参与国际竞争的重要地域单元。当前我国城市群存在着"大而散""大而不强"的问题,根源在于城市群内部缺乏"协同效应",这种协同主要包括基础设施、要素市场、产业分工、公共服务、生态环保等方面,而产业分工与协同至关重要。习近平总书记在谈到京津冀协同发展战略时着重强调,推进京津冀协同发展,要立足现代产业分工要求,以京津冀城市群建设为载体,以优化区域分工和产业布局为重点。与传统分工不同,现代产业分工随着社会发展、科技进步和市场完善而不断深化,从产业间分工,到产业内(产品)分工,再到价值链环节(功能)分工,城市群内部"中心"与"外围"区域产业分工形态也在发生演化。因此,增强城市群产业协同不仅有利于推动城市群内部一体化发展,而且有利于提升我国城市群的国际竞争力。

二 城市群的产业同构问题突出,竞争大于合作效应

目前国内对城市群特别是长三角、珠三角、京津冀三大城市群内部的分工形态和问题进行了大量实证分析和对策研究,主要是针对产业同构问题运用不同的方法进行识别和测度,并针对大都市区面临的产业冲突问题提出基于产业链分工的新型分工体系的有效形成途径。此外,在产业转移与承接、产业集群发展等研究领域出现了有关产业链分工和网络关联的思想,但大多只是描述和归纳,未作深入的论证或度量,因此,有必要将相关学科的理论和研究方法结合起来,从现代区域产业分工理论视角研究推进城市群产业合理分工,推动城市群产业协同发展,这是产业分工理论研究的前沿热点问题。

张梅青、左迎年(2013)认为首都圈内城市间产业同构现象严重,尚未形成较为明确的产业分工体系,经济联系混沌而不紧密。连玉明(2014)认为长期以来各省份行政区划造成条块分割,各城市产业结构相对独立、自成体系,城市之间产业关联性小。各地产业关联度弱,难以形成产业链分工。尹征、卢明华(2015)测算发现,2008~2012年京津冀各地的产业结构灰色关联度均呈现减弱的趋势。薄文广、陈飞(2015)发现,京、津、冀三者之间产业

结构差异巨大，产业的相互依赖性和上下游关联性较小，难以形成产业互动。孙虎、乔标（2015）研究发现长三角的区域协同发展多建立在企业上下游联系之上，而京津冀则不然。李然、马萌（2016）通过对比京津冀中心和外围2012年的产业梯度系数，发现北京与天津的产业同构问题严重，两市石油加工、炼焦及核燃料加工业，通用及专用设备制造业，电气机械及器材制造业，通信设备、计算机及其他电子设备制造业在国民生产中所占比重不分上下，出现产业雷同。肖金成（2015）研究发现，北京和天津出现了明显的工业主导产业趋同现象，二者已经形成了包括传统基础工业、高技术产业和都市型工业在内的自我循环的工业体系。孙久文、姚鹏（2015）研究发现，天津的主导产业与河北的主导产业存在重叠，并且河北与天津之间在承接产业转移的过程中存在着同位竞争。

三　城市群的产业关联度较低，难以形成产业链分工

随着城市群空间形态成为全球空间结构竞争主角，全球化背景下国际产业分工视角的新型产业分工以及我国面临的机遇问题成为重要的研究话题，尤其是全球性产业链和地区性产业链对传统分工理论的挑战值得关注，研究如何推进我国城市群更快融入全球化，适应国际分工的新形态（产业链、供应链等），并为我国企业进入国际产业链、供应链提供相应的平台亦成为重大议题。

陈耀等（2014）认为京津冀三地的资源具有较强的互补性，但经济发展不平衡，"中心—外围"形态显著，区际合作程度较低。肖金成（2015）认为京津冀区域合作的主要内容仅限于京冀合作、津冀合作，京津合作进展较为缓慢，京、津与河北之间的合作虽然有了一定的深化，但主要是围绕京津两大城市居民的"菜篮子""米袋子"而动，深层次产业合作的缺乏，导致彼此经济增长的相关性明显降低。吴爱芝等（2015）认为京津冀地区间产业协同动力不足也制约着产业分工合作。首先，产业转移和对接难度仍然较大，"谁迁什么"和"谁引什么"是必须要解决的问题，京、津、冀在政治、经济上利益诉求的不一致，也会影响区域间的合作和协调；其次，京津冀缺乏深层次产业分工与

合作，产业分工不明确，产业相互间的竞争大于合作，导致地区间合作困难重重；最后，北京自身产业发展总量水平不足以及空间布局不合理的状况导致其倾向于市域内再布局而非跨行政区的产业转移，导致北京仍处于"不想转"和"不愿转"状态。张玉棉等（2015）认为京津冀产业格局尚未形成主要是因为缺乏合理的规划。长期以来，北京、天津以及河北省各地均各自为政，城市发展目标相似，在产业政策上追求大而全，导致产业结构自成体系、自我封闭，这样的产业结构的直接后果是区域各利益主体相互之间对资源、项目、投资等要素的争夺和无序竞争导致的市场分割相伴相随，区域内协作分工体系难以形成，整体实力难以提高。

四　城市群的中心城市功能不强，辐射带动作用弱

朱虹等（2012）比较了上海和北京对周围腹地辐射模式的差异，结果显示北京呈现"空吸"效应而上海呈现"反哺"效应。孙久文、丁鸿君（2012）认为北京和天津两大中心城市处于绝对优势地位，其他城市不能很多地衔接，城乡二元结构明显，导致产业带动能力差。陈耀（2015）认为北京集聚过多的非首都功能，极化效应明显，对周围城市的资源吸附作用远远大于辐射效应，一方面造成了河北的部分地区发展落后，使其在产业链体系上很难对接北京的产业转移，另一方面，北京功能负荷过重，出现"大城市病"。张陆等（2014）发现京津冀区域影响力分布呈以北京和天津为核心的显著的圈层结构，核心城市及其边界区域形成中高影响连绵区，而外围形成多个孤立零散的中高影响区"孤岛"。京津两城市对承德、张家口等周边连接地区影响强度差距较大，存在断层。孙久文、原倩（2014）认为京津冀"双中心、两端化"的空间形态存在双重困境：一方面，两个中心互不统属，容易产生高昂的区域协调成本；另一方面，两端化格局容易造成产业衔接和产业转移的障碍。

五　传统行政体制障碍制约城市群资源优化配置

市场机制在资源配置中的作用发挥不够也是制约城市群协同发展的障碍

之一。国家发改委国土所课题组曾研究发现，由于京津冀城市群国有资本占绝对优势，多数民营企业规模较小，没有形成以市场为主、以宏观调控为辅的有效机制，政府对企业的行政干预多，使企业跨地区生产要素流动受到制约，市场配置资源的作用不能得到充分发挥。鲁继通、祝尔娟（2014）认为产业集聚与经济发展主要靠政府推动，经济外向度和市场化程度相对较低。孙久文、姚鹏（2015）认为"分灶吃饭"的财税政策激励各地区追求本区域发展而忽视相互间合作，产业对接存在的障碍和公共服务存在的落差使空间不平衡问题十分严重。孙虎、乔标（2015）认为目前京、津、冀三地受分税制影响，协同发展受到制约，换而言之，三地发展缺少增量利益共享机制，特别是在战略性新兴产业发展问题上，三地竞争非常激烈，很多非市场的因素会阻碍产业空间优化布局。

第四章
国内推动城市群协同发展的
实践案例研究

城市群内部产业分工与协同发展内含三个关键词：一个是"城市群"，一个是"产业分工"，一个是"协同发展"。确立"城市群"为区域空间研究对象，主要是基于它对国家整体经济战略作用的考量。我国发展相对成熟的城市群主要是长三角、京津冀和珠三角，三大城市群对全国经济总量的贡献接近一半，是国家经济社会发展的领头雁和方向标，也是体现国家综合实力，参与国际分工和国际竞争的主力军。这些城市群都确立了建设世界级大城市群的发展战略目标，该战略目标能否实现，关键在于内部能否推进一体化发展，而内部一体化发展推进的难点在于产业的分工协作。

为此，本研究选择京津冀、长三角、粤港澳等城市群作为典型样本，以产业分工协作为重点，探索城市群协同发展的基本原理，特别是建立科学的城市群协同发展评价体系。这既可以为东部沿海地区城市群的协同发展提供现实指导，也可以为我国中、西部和东北地区城市群的培育发展提供科学依据，并为建立城市群协同发展理论体系奠定基础。

第一节　推进长三角一体化，打造世界级城市群

一　长三角城市群发展概况

长三角城市群是世界级城市群之一，从历史渊源来看，该地区是江南鱼米之乡，历来是富饶之地。改革开放以来，凭借地处沿海的区位条件，以及经济外向程度高、私营经济活跃以及人民勤劳能干等优势获得了快速的发展。无论是经济总量还是经济增速都走在全国前列，成为引领全国经济发展的标杆。长三角地区有遍地开花的个体私营企业，"一镇一品""一村一业"成为当地经济的典型概括，种类繁多的专业市场、类型多样的产业集群，给长三角经济发展带来了无限的生机与活力，曾经被业界专家和学者广为称赞与热议的苏南模式、温州模式，为全国发展各具特色的经济形态和探索经济发展路径、模式树立了典范。

2014年9月25日，国务院印发《关于依托黄金水道推动长江经济带发展的指导意见》，提出："提升南京、杭州、合肥都市区的国际化水平，将长江三角洲城市群打造成具有国际竞争力的世界级城市群。"中央层面正式将安徽省纳入长三角城市群。考虑长三角地区整体的经济发展实力以及均衡发展水平，以下以上海、江苏、浙江、安徽三省一市的数据来分析长三角城市群的发展状况。

（一）长三角城市群经济总量及增速

2019年长三角城市群经济总量为237253亿元，约占全国经济总量的24%，经济增速达到12.2%，与全国平均水平6.1%相比，高出6.1个百分点。从2002~2019年经济增长的总体趋势来看，长三角城市群经济增速在波动中趋于下降，2002~2007年呈现上升趋势，保持在10%以上，2004年甚至高达20%，2008年受金融危机重大事件冲击，长三角城市群经济增速断崖式下降，2009年首次下降到10%以下，随后V形反弹，2010年、2011年两年基本保持在15%以上，但是，这种高速增长没有维持，2012年就下降到了8%以下，直至2019年长三角城市群的经济增长速度基本保持在10%左右（见图4-1）。

总体而言，长三角的经济增长变动趋势与全国保持一致，但是，在增速水平上仍显著高于全国平均水平。

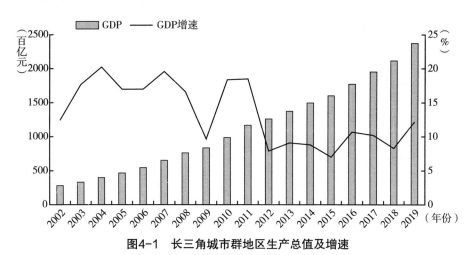

图4-1　长三角城市群地区生产总值及增速

资料来源：根据Wind数据库整理。

如图4-2所示，从分区域的地区生产总值指数来看，长三角城市群三省一市的地区生产总值变动趋势基本保持一致。从总体来看，三省一市的地区生产总值指数差距较小，说明长三角城市群的GDP增长差距不大，江苏保持较

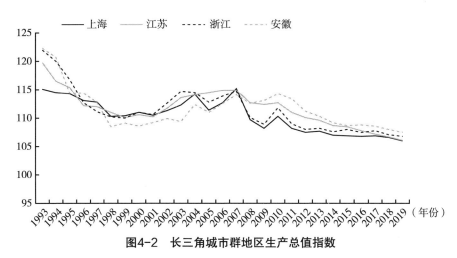

图4-2　长三角城市群地区生产总值指数

资料来源：根据Wind数据库整理，上一年=100。

为平稳的增长，安徽相较于其他三地涨落幅度较大，上海与浙江的地区生产总值指数走势基本保持一致。从地区生产总值指数的走势来看，总体上呈下降趋势，其间，有两个迅速回落与止跌上扬阶段，第一阶段是在2004~2007年，长三角城市群整体出现经济回调；第二阶段是在2008~2010年，受国际金融危机的波及，长三角城市群地区生产总值指数大幅下滑，由于国家出台了强刺激政策，地区生产总值指数又有所回升。由于金融危机的深度影响以及经济基本面还未完全向好，至2019年长三角城市群的地区生产总值指数仍处在回落之中。

（二）长三角城市群固定资产投资及增速

2019年长三角城市群固定资产投资总额为139113.62亿元，同比增长7.42%，应该说，与中、西部地区相比，长三角城市群的固定资产投资增长水平不高，这与长三角开发较早，投资强度较大，已经具有较大固定资产投资存量有关。而中、西部地区相对落后，基础设施增长空间较大，随着西部大开发、中部崛起战略等国家战略的深入实施，以及国家扶持政策支持，中、西部地区迎来了巨大的发展机遇，加之东部地区的产业转移，其投资增长速度更快。2003年以来，长三角城市群固定资产投资的增长速度已经放缓，呈现下降趋势（见图4-3）。

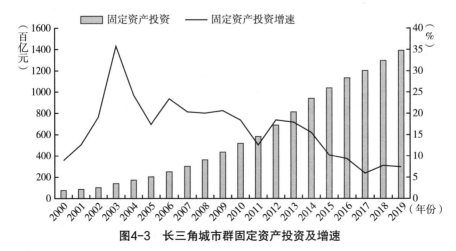

图4-3　长三角城市群固定资产投资及增速

资料来源：Wind数据库整理所得。

（三）长三角城市群人均生产总值

长三角一直是全国经济最发达、人民生活水平最高的地区。2019年三省一市人均GDP突破10万元，达到107540元，高出全国平均水平（70892元）36648元。按照平均汇率中间价6.89计算，长三角城市群人均GDP达到15608美元，全国人均GDP为10289美元。按照世界银行（2019）对全世界经济体的划分标准：中高收入国家人均GDP为3996~12375美元；高收入国家人均GDP ≥ 12375美元。因此，我国整体进入了中高收入国家行列，而长三角城市群已经达到高收入国家水平。

二　长三角城市群经济差距测算及结果

（一）区域差距测算方法及数据来源

城市群内的发展差距是判断城市群一体化发展的重要标准。目前用于测算区域差距的方法主要有变异系数法、基尼系数法、泰尔指数法，考虑适用性，本研究主要采用变异系数法中的威尔逊系数进行测算，数据指标主要选取了GDP、社会消费品零售总额、全社会固定资产投资、进出口总额等。统计数据（1993~2019年）全部为国家统计局网站和中国知网统计数据。根据2019年长三角城市群规划，考虑长三角地区整体均衡发展状况，以下以泛长三角城市群为研究对象，涵盖了上海、浙江、江苏、安徽全省（市）范围。

变异系数是指总体中单位样本值变异程度的相对数，是绝对差异与平均值之比，它也被称为标准差系数。标准差是样本中的各变量值与其均值的离差平方的平均值的算术平方根，它能够准确反映地区经济指标的离散程度，标准差越大，各地区经济指标绝对差距越大。具体公式如下：

$$CV = \frac{\sigma}{\bar{X}}, \ \sigma = \sqrt{\sum_{i=1}^{n} \frac{(x_i - \bar{x})^2}{n}} \tag{1}$$

威尔逊系数是在变异系数的基础上所延伸的，是一种加权变异系数，它描述了具有相同性质的标志值数列的离散程度，可以用来测算地区之间人均收入相对差异的大小。指标数值越小，表示各地区间人均收入相对差异越小，反之则表示收入相对差异越大。利用威尔逊系数，相比其他的计算方法更简单、更容易理解，所包含的信息也较为充分。其公式如下：

$$V_u = \frac{1}{x^{'}} \times \sqrt{\sum_{i=1}^{n} \frac{(x_i - x)^2 \, p_i}{p}} \tag{2}$$

其中，$x^{'}$ 为背景区域人均 GDP，x_i 为第 i 个地区人均 GDP，p 为背景区域总人口，p_i 为第 i 个地区人口。当然，人均 GDP 指标也可以用其他经济指标替换，如人均固定资产投资、人均进出口额等指标，以便全面地测算城市群经济发展的地区差距。

（二）经济差距测算结果分析

根据汪彬、陈耀（2015）测算的长三角城市群四项指标的威尔逊系数，从总体结果来看，系数都逐年变小，说明城市群的差距趋于收敛，不过威尔逊系数大小不一，说明收敛程度不一致。以下将对长三角城市群地区差距的内部构成和趋势进行具体而细致的分析，厘清威尔逊系数收敛的主要贡献来自哪方面。通过各项经济指标的存量水平及增长率的地区差距与威尔逊系数的匹配，得到长三角经济差距的地区分解。

表4-1　1993~2019年长三角城市群四项指标威尔逊系数

年份	人均GDP	人均社会消费品零售总额	人均全社会固定资产投资	人均进出口额
1993	1.129	0.581	0.582	0.908
1994	1.137	0.553	0.685	0.899
1995	1.078	0.544	0.715	0.902
1996	1.105	0.546	0.729	0.887
1997	1.077	0.551	0.703	0.879
1998	1.127	0.564	0.675	0.874
1999	1.026	0.539	0.616	0.866
2000	0.968	0.517	0.568	0.847

年份	人均GDP	人均社会消费品零售总额	人均全社会固定资产投资	人均进出口额
2001	0.907	0.504	0.549	0.835
2002	0.876	0.496	0.521	0.802
2003	0.861	0.487	0.462	0.800
2004	0.836	0.469	0.443	0.793
2005	0.809	0.446	0.430	0.755
2006	0.724	0.430	0.347	0.738
2007	0.652	0.410	0.279	0.728
2008	0.570	0.391	0.229	0.715
2009	0.497	0.378	0.192	0.709
2010	0.424	0.353	0.193	0.689
2011	0.327	0.332	0.227	0.683
2012	0.308	0.317	0.226	0.669
2013	0.278	0.306	0.235	0.653
2014	0.277	0.311	0.247	0.656
2015	0.284	0.307	0.256	0.654
2016	0.273	0.285	0.230	0.663
2017	0.266	0.278	0.233	0.649
2018	0.249	0.236	0.224	0.634
2019	0.247	0.226	0.217	0.619

如表4-1所示，我们得到长三角城市群四大指标的威尔逊系数结果，由此可以判断出该地区的经济发展差距及总体趋势。①人均GDP反映了一个地区社会总财富的人均水平。1993~1998年，长三角城市群的人均GDP威尔逊系数保持高位，1999年之后呈逐年下降趋势，2019年已经下降到了0.247，总体而言，长三角城市群人均GDP的差距呈收敛趋势，而且收敛的趋势比较明显。②人均社会消费品零售总额反映了居民的消费水平。该指标的威尔逊系数

从 1993 年的 0.581（最高值）下降到 2019 年的 0.226（最低值），下降的趋势明显，2014 年略有上升，系数为 0.311。该变动趋势反映了居民消费水平差距逐年收敛，说明随着经济社会的发展，长三角城市群居民的消费水平和能力逐渐趋同，收入差距缩小反映到消费水平上。③人均全社会固定资产投资反映了社会再生产能力以及经济发展潜力。1993 年人均全社会固定资产投资威尔逊系数为 0.582，随后逐年上升，到 1996 年达到最高值 0.729。究其原因可能是由于 1990 年上海设立浦东新区，加大固定资产投资，拉大了江、浙、皖与之的差距，1996~2009 年该系数呈下降趋势，达到最低值 0.192，说明了长三角城市群的固定资产投资差距已经收敛到非常小，不过，2009 年之后，人均全社会固定资产投资威尔逊系数又有所扩大，2015 年上升到了 0.256。2019 年下降到了 0.217，仍高于 2009 年的 0.192。④人均进出口额反映了地区的对外贸易情况和经济外向程度。1993 年威尔逊系数为 0.908，说明 20 世纪 90 年代长三角城市群的对外开放程度差异性较大，1993~2019 年长三角城市群的人均进出口额威尔逊系数呈下降趋势，2019 年达到最低值 0.619，说明长三角其他城市的对外开放程度不断扩大，进出口贸易额攀升，缩小了与沿海开放城市的差距。但是，相较于其他指标，该指标系数仍然偏高，说明长三角城市群的对外开放程度和外向型经济发展差距较大。

从四大指标纵向时间序列来看，总体上，四大指标的威尔逊系数都呈下降趋势，这表明了长三角城市群经济社会发展差距缩小，均衡发展的趋势明显，体现了长三角区域一体化的总体发展趋势。

从四大指标的横向比较来看，到 2019 年，人均 GDP、人均社会消费品零售总额和人均全社会固定资产投资的威尔逊系数基本保持在 0.2 左右，几项指标已经收敛到非常小的程度，说明长三角城市群在这几方面的发展差距已经收敛到较低的水平。2019 年人均进出口额威尔逊系数保持在 0.6 左右的水平，说明长三角城市群的对外贸易发展和经济外向程度差距仍较大。

（三）长三角城市群经济差距的地区贡献

通过威尔逊系数测算得到了长三角城市群经济差距的发展趋势，威尔逊系数只是从总体上反映了长三角城市群各项指标收敛的程度，对于造成内部差异收敛的原因并不能做出解释，或者说长三角城市群的空间分异特征还不明确。因此，本研究将仍以威尔逊系数测算中四大指标对长三角城市群的差距收敛趋势的原因作深入分析，鉴于数据的可得性，搜集了 2000~2019 年长三角城市群四大指标人均水平及其增长率数据，以此与 2000~2019 年四大指标的威尔逊系数进行比较，判断两者的匹配程度以及变动趋势是否一致。

如图 4-4 所示，从人均 GDP 初始水平来看，上海市遥遥领先，明显高于江、浙、皖三省，安徽省的人均 GDP 水平最低，而且与两省一市的差距比较大，很显然这是导致长三角城市群人均 GDP 威尔逊系数高达 1 以上的关键，如果将安徽省剔除，1993 年长三角城市群人均 GDP 威尔逊系数只有 0.4 左右，显而易见，正是安徽省与其他三地较大的经济发展差距大大拉升了威尔逊系数值。从变动趋势来看，2000~2008 年浙江的人均 GDP 水平高于江苏，2009 年之后，江苏的人均 GDP 已经超过浙江。从人均 GDP 增长率来看，长三角城市群的变动趋势基本保持一致，涨落的时间阶段基本接近。分区域层面看，在 2004 年之前，浙江的人均 GDP 增长率基本上高于江苏，2004 年之后，江苏的增长率高于浙江。2006 年之后，安徽的人均 GDP 增速较高，增长明显快于其他地区，2013~2016 年稍落后之后，2017~2019 年再次反超，增速再次高于其他三地。综上，从人均 GDP 指标来看，正是由于安徽的快速追赶，以及江、浙两省的增长快于上海市，从整体上缩小了与上海的差距，与此同时浙江与江苏两省的增长率此消彼长，恰好很好地印证了长三角城市群人均 GDP 威尔逊系数趋于收敛的趋势。

如图 4-5 所示，从人均水平来看，上海的人均社会消费品零售总额一直显著高于江、浙、皖三省，但是相对差距呈缩小趋势。从人均社会消费品零售总额增长率来看，四地的涨跌趋势基本上保持一致，2000~2013 年，上海的增长率明显低于江、浙、皖三省，初期浙江的增长率高于江苏，2003 年江苏的

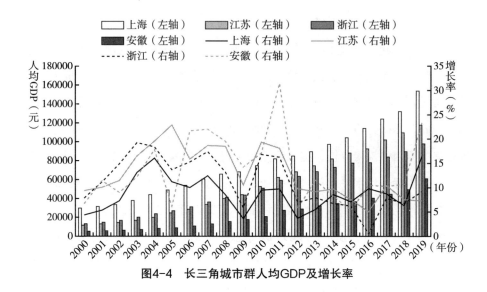

图4-4　长三角城市群人均GDP及增长率

增长率反超浙江，2015年江、浙、皖三省分别以10.1%、10.3%和11.7%的增长速度高于上海（9.4%）。综上，从人均社会消费品零售总额指标来看，江、浙、皖三省增速高于上海，与上海的差距大大缩小，与此同时，2015年之后安徽的增长率水平明显高于其他三地，四地的差距明显缩小。因此，增长趋势与人均社会消费品零售总额的威尔逊系数的收敛趋势保持一致。

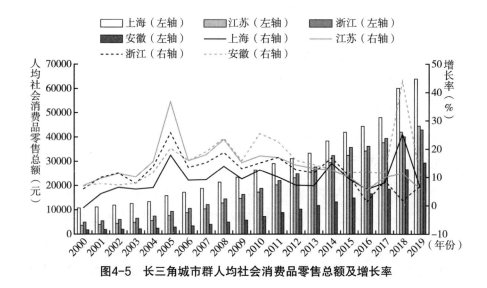

图4-5　长三角城市群人均社会消费品零售总额及增长率

如图 4-6 所示，从人均全社会固定资产投资来看，2008 年之前，上海的人均水平明显高于浙江、江苏、安徽三省，2009 年江苏超过上海，跃居第一位，2010 年浙江超过上海，2018 年安徽反超浙江，规模水平居第二位。从人均全社会固定资产投资增长率来看，江、浙、皖三地的增速基本高于上海，到 2009 年江苏存量超过上海之后，上海的增速仍然低于江、浙、皖，进一步拉大上海与江、浙两地之间的差距。这恰好与人均全社会固定资产投资的威尔逊系数变动趋势保持一致，威尔逊系数从 2000 年开始不断下降，到了 2009 年达到最低点 0.192，说明三省一市的人均全社会固定资产投资差距收敛到最小，2010 年之后该指标系数又呈逐渐上升态势，2019 年系数上升到了 0.217，说明长三角城市群人均全社会固定资产投资水平差距又有所扩大，主要原因在于2008 年之后江、浙、皖三省的全社会固定资产投资仍然以两位数增长，明显快于上海个位数的增长。究其原因，上海是我国经济最发达的世界性大都市，城市化水平较高，具有完善的基础设施、公共服务体系，所以固定资产存量较高，追加新的固定资产投资相对较少，而江、浙、皖三省城镇化率较低，仍有较大的开发和建设空间，固定资产投资的增量大。

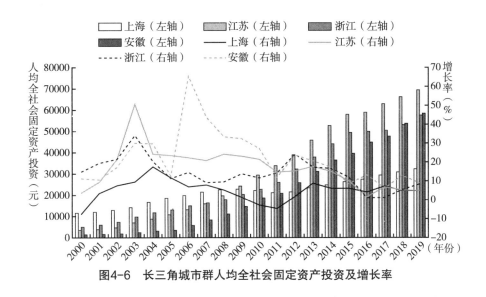

图4-6　长三角城市群人均全社会固定资产投资及增长率

如图 4-7 所示，从人均进出口额增长率的趋势来看，2000~2019 年长三角城市群的增长趋势保持高度的一致性，增长率起伏较大，受到世界整体经济形势和国际贸易体系等外部事件的冲击和影响程度较深，如 2001 年中国加入 WTO 后，长三角城市群的进出口额保持了较高的两位数增长，2008 年金融危机后，全球需求疲软，长三角城市群进出口总额的增长速度明显下降，跌入低谷。从人均进出口额来看，上海的水平一直高于江、浙、皖三省，从增长速度来看，2006 年之后安徽的增长率基本高于上海、江苏和浙江，多数年份中，浙江的增长速度高于上海，但两者相差的幅度较小。总体而言，长三角城市群的人均进出口额增长率保持较小的差距，江、浙两省基本快于上海市，四地的人均水平差距逐渐缩小。从威尔逊系数来看，2000~2019 年，数值呈下降趋势，从 2000 年的 0.847 下降到 2019 年的 0.619，长三角城市群人均进出口额差距不断缩小。

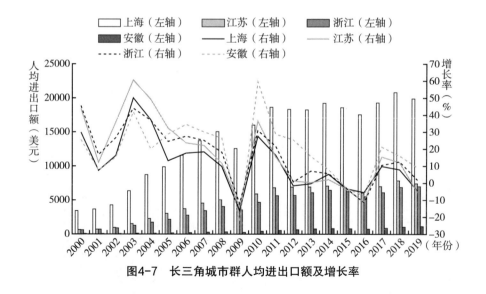

图4-7　长三角城市群人均进出口额及增长率

三　长三角城市群协同发展的主要问题

本研究运用威尔逊系数法，对长三角城市群 1993~2019 年的人均 GDP、人均全社会消费品零售总额、人均全社会固定资产投资、人均进出口额等经济指标进行测算，通过测算判断三省一市的经济差距以及城市群经济一体化的程度，同时运用四项指标的增长率与威尔逊系数测算结果进行匹配分析，得到以下主要结论。①从四大指标威尔逊系数的时间序列来看，长三角城市群的经济指标都趋于收敛，说明四个地区的经济差距在不断缩小，尤其是江、浙、皖三省与上海的差距缩小速度明显，安徽追赶沪、苏、浙的速度在加快，增长的潜力很大，尤其是2006年以后各项指标的增长很快，速度明显高于其他三个地区。②从四大指标的威尔逊系数横向对比来看，初始水平差距最大的指标是人均GDP，尽管江、浙两省经济繁荣、百姓富裕，与上海的经济发展差距较小，但是，由于安徽的人均GDP水平差距太大，相较于江、浙、沪三地，发展基础薄弱、经济落后，人均GDP明显低于其他三地，导致1993年的人均GDP威尔逊系数高达1以上，不过，经过20多年的快速追赶，安徽与其他两省一市的发展差距大大缩小，2019年威尔逊系数下降到了0.247，处于较低水平。威尔逊系数最大的是人均进出口额这一指标，仍保持在0.6左右的水平，这说明长三角城市群在对外贸易水平和开放程度上还存在较大差距，因为上海是全国和世界上知名的贸易、金融中心，对外开放程度极高，在吸引外资和国外总部企业上具有巨大优势，因此，江、浙、皖三地与上海仍存在着一定差距。③从四大指标的威尔逊系数与四大指标的增长率相互匹配来看，两者相互吻合，由此印证了长三角城市群的经济差距逐渐缩小、区域一体化程度加深的总体趋势。

鉴于以上经济数据分析，长三角城市群发展逐渐趋于均衡，一体化进程明显加快。然而，与发达国家的世界级城市群相比，长三角城市群仍然存在着一系列的问题，如核心城市的经济首位度低，群内产业布局不合理、结构雷同，城镇体系有待优化，可持续发展受到挑战等问题。具体而言，主要存在以下几个方面的问题。

（一）上海的经济首位度偏低，全球城市功能较弱

从国际发展经验来看，世界级的城市群内都有一个强大的核心城市，核心

城市的经济首位度高，能够以强大的经济辐射力带动周边地区发展。城市的经济首位度即城市GDP占本国经济总量的比重，一方面体现了该城市在本国的经济地位及经济贡献度，另一方面也体现了该城市龙头带动作用的大小。如表4-2所示，2012年智利圣地亚哥以47.46%的经济占比排在首位，首尔以45.78%居第二位，东京、巴黎、伦敦的GDP占比也在30%左右，墨西哥城占比达到22.67%，纽约为7.86%。从2005~2012年GDP占比变化趋势看，巴黎、伦敦呈现逐渐上升的趋势，纽约、首尔、东京维持相对稳定趋势。

表4-2　国际大都市GDP占本国经济总量的比重

单位：%

大都市	2005年	2006年	2007年	2008年	2009年	2010年	2011年	2012年
圣地亚哥	44.79	44.84	45.65	46.06	46.59	44.94	45.61	47.46
首尔	46.26	46.60	46.62	46.26	46.46	46.21	45.76	45.78
东京	32.17	32.15	32.09	32.52	32.33	32.14	32.30	32.02
巴黎	28.94	28.73	29.32	30.79	30.54	31.49	30.82	30.75
伦敦	26.42	26.08	26.74	27.14	27.14	27.33	27.96	28.29
墨西哥城	24.04	23.60	23.46	23.07	23.93	23.47	22.88	22.67
纽约	7.77	7.76	7.78	7.66	7.89	7.91	7.84	7.86
上海	4.94	4.82	4.62	4.40	4.31	4.16	3.92	3.73

资料来源：根据OECD网站数据整理所得。

与国际大都市相比，上海经济首位度较低，仅为3.73%；经济占比也呈明显下降趋势，由4.94%下降到了3.73%。由此，上海作为长三角城市群的核心城市，创新、服务功能仍然较弱，它对周边地区的辐射和带动作用略显不足。

（二）产业要素布局不尽合理，区域资源有待进一步整合

世界级的城市群都有一个明显的共性，即产业分工明确、错位发展，中心城市以现代服务业为主，制造业向周边城市转移，产业结构呈现"三二一"的模式。以伦敦城市群为例，它是以英国首都伦敦为中心，伦敦

—利物浦为轴线，由伦敦、伯明翰、谢菲尔德、曼彻斯特、利物浦等多个大城市和众多中小城镇组成的世界上较为发达的城市群之一，城市间产业分工十分明确：首位城市伦敦主要发展金融服务业；谢菲尔德则借助伦敦的区位和文化优势，重点打造创意文化产业中心，并将创意产业发展作为仅次于金融服务业的第二大支柱产业；曼彻斯特主要发展以电子信息为代表的新兴工业；伯明翰则主要承接来自伦敦及其他大城市转移出来的制造业，重点打造现代化制造业中心；而离伦敦中心较远的利物浦，则主要发展货运、客运和港口贸易。城市群内的产业分工合理，形成错位、协同发展的良好态势。

长三角城市群虽然得益于改革开放政策，经济发展迅速。不过，由于地方政府过度追求 GDP 政绩，仍然将工业作为发展本地经济、提高城市竞争力的重要途径。一方面，这造成了长三角许多城市的产业重复建设，同质化竞争严重，缺乏区域之间的协调发展。社科院研究报告显示，长三角整体的产业结构相似度系数逐年上升，甚至一度高达 0.79，上海与江苏、江苏与浙江的产业结构相似度达到 0.85 以上，在电子信息、石油化工、汽车及汽车零件、医药等行业领域都面临较为严重的同构性。此外，除了上海、杭州、南京等少数城市外，大部分地区还是主要集中于中低端制造业的发展，金融、贸易、商务服务等现代服务业、高科技产业的占比明显偏低。上海的第三产业也只占到64.90%，该占比远低于发达国家大都市，尚不及 1989 年纽约的水平，与 1988年巴黎的水平相比也低 8 个百分点。

（三）"大城市病"问题与中小城镇规模集聚不足并存

合理的城镇体系是支撑区域经济发展的重要空间载体。从发达国家世界级城市群的城市体系演变规律来看，往往呈现"金字塔"形，即形成了"一个世界级核心城市—若干区域性中心城市——一定数量的一般城市—数量较多的小城镇"的城镇体系。像东京、伦敦和洛杉矶等世界级城市群，都并非单中心的结构，而是在中心城市周边发展多个副中心，从而能够引导人口合理集聚，缓解中心城市的人口和交通压力。目前长三角城市群一方面面临着大城市人口、要素过度集聚造成的交通拥挤、环境污染等"大城市病"问题，如上海、杭州、南京等"大城市病"问题日趋严重；另一方面，中小城镇的人员和要素仍在流失，集聚能力较弱，城镇发展相对不均衡。疏散大城市功能，优化资源配置，提升中小城镇吸引力，是构建合理城镇体系的关键。

（四）生态环境问题日益突出，制约长三角的可持续发展

在全球生态环境日益恶化的背景下，低碳、绿色发展已经成为城市群可持续发展、提升竞争力的重要途径。国家颁布的《能源发展战略行动计划（2014—2020年）》《工业绿色发展规划（2016—2020年）》等相关文件，均对城市群的绿色、低碳发展提出了明确要求。有学者从资源、环境、绩效和经济4个角度构建了区域低碳协同发展评价的指标体系，并对国内京津冀、长三角、珠三角三大城市群的相关指标进行了具体的测算，结果发现：2006~2014年，长三角的经济发展协同度指标呈现明显上升趋势，但是资源和环境两方面的指标呈现波动趋势，整体上出现了一定程度的恶化，绩效指标的变动与"五年规划"的时间趋于一致，前三年较低，后两年有一定程度的回升。这也一定程度上说明国内城市群的发展是地方政府政绩的需求，发展一定程度上是以牺牲环境为代价，不符合可持续发展的要求。长三角城市群的生态环境与世界级城市群相比，也存在较大的差距。据有关部门的报告，2012年纽约的PM2.5年均浓度为14微克/米^3，2013年伦敦的PM2.5年均浓度为20微克/米^3，2014年东京的PM2.5年均浓度为15.8微克/米^3。2016年，上海的PM2.5年均浓度为45微克/米^3，南京为48微克/米^3，杭州为49微克/米^3，长三角城市群PM2.5年均浓度都远远高于国外城市群。比同一时段的广州和深圳的指标均高，2016年广州的PM2.5年均浓度为36微克/米^3，深圳为27微克/米^3。

第二节　推动京津冀城市群协同发展研究

京津冀城市群是在京津唐工业基地的基础上发展而来，是北方经济规模

最大、发展最具活力的地区，无论是历史和现实的行政区划交融，还是地缘上的临近，都决定了三地无法割裂而独立发展。然而由于传统行政体制、市场发育迟缓等因素的制约，京津冀城市群不仅在经济发达程度、市场化进程、经济外向度、区域合作一体化等方面一直与长三角、珠三角两大城市群存在一定的差距，而且城市群内三地的发展也极不平衡。

其实，京津冀协同发展问题由来已久，早在 2004 年国家发改委就正式启动编制京津冀都市圈区域规划，然而由于各种原因迟迟没有推出。2013 年 8 月，习近平总书记在北戴河主持研究河北发展问题时，提出要推动京津冀协同发展。此后，习近平总书记多次就京津冀协同发展作出重要指示，强调解决好北京发展问题，必须纳入京津冀和环渤海经济区的战略空间加以考量，以打通发展的大动脉，更有力地彰显北京优势，更广泛地激活北京的要素资源，同时天津、河北要实现更好发展也需要连同北京发展一起来考虑。他强调京津冀三地要打破"一亩三分地"的狭隘思维，通过统一规划，描绘首都经济圈一体化的发展蓝图，实现资源共享、产业对接、优势互补，将京津冀打造成为中国经济的"第三极"。

一　研究方法及数据来源

本研究以我国京津冀和长三角两大典型城市群为样本，运用综合指数来测算城市群的内部结构问题。目前测算区域差距的指标主要有变异系数法、基尼系数法、泰尔指数法，本研究采用了变异系数法的威尔逊系数进行测算。

（一）威尔逊系数法

变异系数是指总体中单位样本值变异程度的相对数，是绝对差异与平均值之比，它也被称为标准差系数。标准差是样本中的各变量值与其均值的离差平方的平均值的算术平方根，它能够准确反映地区经济指标的离散程度，标准差越大，各地区经济指标绝对差距越大。具体公式如下：

$$\mathrm{CV} = \frac{\sigma}{\bar{X}}, \ \ \sigma = \sqrt{\sum_{i=1}^{n} \frac{(x_i - \bar{x})^2}{n}} \tag{1}$$

威尔逊系数是在变异系数的基础上所延伸的，是一种加权变异系数，它描述了具有相同性质的标志值数列的离散程度，可以用来测算地区之间人均收入相对差异的大小。指标数值越小，表示各地区间人均收入相对差异越小，反之则表示收入相对差异越大。利用威尔逊系数进行计算相对较为简单，且相比其他的计算方法更容易理解，所包含的信息量也较为充分。其公式如下：

$$V_u = \frac{1}{x'} \times \sqrt{\sum_{i=1}^{n} \frac{(x_i - x)^2 \, p_i}{p}} \qquad (2)$$

其中，x'为背景区域人均 GDP，x_i为第 i 个地区人均 GDP，p 为背景区域总人口，p_i 为第 i 个地区人口。当然，人均 GDP 指标也可以用其他经济指标进行替换，如换为人均固定资产投资、人均进出口额等指标，以便全面地测算城市群区域发展的差异程度。

（二）研究单元和数据来源

为便于数据统计分析，本研究中京津冀城市群覆盖北京、天津两市和河北全省，长三角城市群覆盖上海市、浙江、江苏和安徽三省一市。统计数据全部来源于国家统计局网站和中国知网统计数据。

（三）变量指标的选取

本研究选取的指标主要包括 GDP、社会消费品零售总额、固定资产投资、进出口总额。为测算方便，本研究将四大指标归纳为收入水平、经济增长潜力、经济外向程度三大类，以此来衡量城市群区域差距问题。其中，人均GDP 用于衡量地区的收入差距，人均固定资产投资、人均社会消费品零售总额指标用于衡量地区经济增长潜力，人均进出口额则是对外贸易的重要指标，用以衡量地区经济的外向程度。

（四）两大城市群差异测度分析

根据公式（2）计算出 1993~2019 年京津冀和长三角城市群四项指标的威尔逊系数，具体数值结果见表 4-3。

表4-3　1993~2019年长三角与京津冀四项指标的威尔逊系数

年份	人均GDP		人均社会消费品零售总额		人均固定资产投资		人均进出口额	
	长三角	京津冀	长三角	京津冀	长三角	京津冀	长三角	京津冀
1993	1.129	0.482	0.581	0.676	0.582	0.595	0.908	0.780
1994	1.137	0.486	0.553	0.660	0.685	0.641	0.899	0.984
1995	1.078	0.461	0.544	0.631	0.715	0.610	0.902	0.962
1996	1.105	0.455	0.546	0.615	0.729	0.556	0.887	0.906
1997	1.077	0.463	0.551	0.614	0.703	0.526	0.879	0.907
1998	1.127	0.481	0.564	0.613	0.675	0.550	0.874	0.904
1999	1.026	0.493	0.539	0.616	0.616	0.523	0.866	0.903
2000	0.968	0.485	0.517	0.595	0.568	0.519	0.847	0.911
2001	0.907	0.504	0.504	0.594	0.549	0.553	0.835	0.906
2002	0.876	0.518	0.496	0.587	0.521	0.581	0.802	0.879
2003	0.861	0.518	0.487	0.575	0.462	0.574	0.800	0.876
2004	0.836	0.506	0.469	0.566	0.443	0.536	0.793	0.867
2005	0.809	0.498	0.446	0.592	0.430	0.486	0.755	0.873
2006	0.724	0.490	0.430	0.575	0.347	0.432	0.738	0.877
2007	0.652	0.481	0.410	0.559	0.279	0.404	0.728	0.875
2008	0.570	0.461	0.391	0.538	0.229	0.356	0.715	0.891
2009	0.497	0.453	0.378	0.521	0.192	0.332	0.709	0.888
2010	0.424	0.441	0.353	0.507	0.193	0.345	0.689	0.895
2011	0.327	0.424	0.332	0.479	0.227	0.346	0.683	0.899
2012	0.308	0.425	0.317	0.462	0.226	0.308	0.669	0.897
2013	0.278	0.427	0.306	0.441	0.235	0.286	0.653	0.887
2014	0.277	0.475	0.311	0.439	0.247	0.303	0.656	0.863
2015	0.284	0.483	0.307	0.598	0.256	0.320	0.654	0.842
2016	0.273	0.487	0.285	0.594	0.230	0.317	0.663	0.839
2017	0.266	0.499	0.278	0.590	0.233	0.253	0.649	0.848
2018	0.249	0.515	0.236	0.581	0.224	0.233	0.634	0.878
2019	0.247	0.515	0.226	0.573	0.217	0.275	0.619	0.894

如图 4-8 所示，从人均 GDP 威尔逊系数来看，1993 年长三角系数为 1.129，京津冀为 0.482，两者之间的差距相对较大，长三角系数值明显高于京津冀。然而经过 20 多年的发展，2019 年长三角系数值已经下降到 0.2 左右的水平，而京津冀系数仍然保持在 0.5 左右的水平，这说明长三角经济发展差距缩小程度非常明显，人均经济发展水平差距趋于收敛，而京津冀地区的差距仍没有明显缩小的迹象。

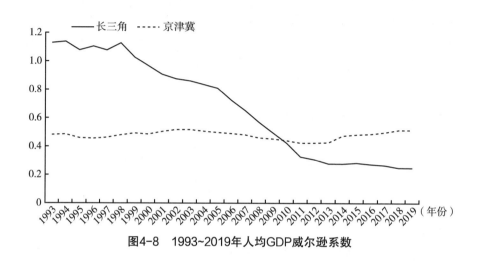

图4-8　1993~2019年人均GDP威尔逊系数

如图 4-9 所示，从人均固定资产投资指标来看，长三角差异系数的波动相对较大，1993~1996 年呈逐年上升趋势，1997 年之后呈现明显的下降趋势，到了 2009 年已经达到 0.2 以下（最低点），之后又略有扩大的趋势走向。京津冀的人均固定资产投资差异性变化相对稳定，总体呈稳中有降的趋势，在 1993 年时高于长三角，不过之后明显下降，1994~2000 年之前系数值明显低于长三角，不过，2002 年开始长三角的系数值下降明显加快，且一直低于京津冀，到了 2019 年京津冀的威尔逊系数为 0.275，长三角则为 0.217，总体而言，两大城市群在人均固定资产投资指标的均衡性方面差距较小。

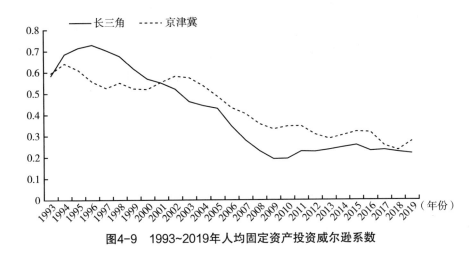

图4-9 1993~2019年人均固定资产投资威尔逊系数

如图 4-10 所示,从人均社会消费品零售总额来看,京津冀威尔逊系数明显高于长三角,从变动趋势来看,1993~2013 年呈较为明显的下降趋势,不过 2014 年止跌上扬,到 2019 年仍保持在 0.573,总体下降的幅度不大。相较而言,长三角威尔逊系数一路下降,下降趋势明显,从 1993 年的 0.581 下降到 2019 年的 0.226。这说明长三角的消费水平均衡性更高,京津冀的消费水平差距更大。

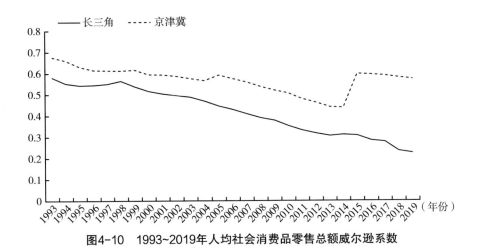

图4-10 1993~2019年人均社会消费品零售总额威尔逊系数

如图 4-11 所示，从人均进出口额威尔逊系数来看，长三角与京津冀的区域差距较为明显，且两者的相对差距一直在扩大。长三角威尔逊系数明显下降，已经由 1993 年的 0.908 降到了 2019 年的 0.619，反观京津冀仍保持高位稳定的态势，2019 年系数仍在 0.8 以上、接近 0.9 的水平，这说明从经济的外向程度来看，京津冀内部的差异性很大，而且近 20 多年经济外向程度没有明显改善的趋势。

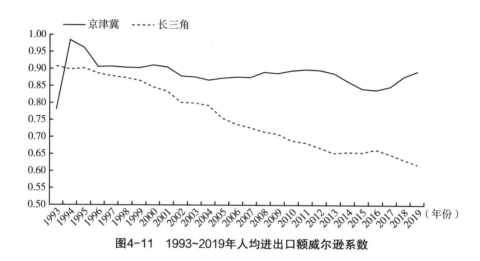

图4-11　1993~2019年人均进出口额威尔逊系数

综上所述，基于威尔逊系数测算方法对 1993~2019 年京津冀和长三角两大城市群的收入水平、经济增长潜力、经济外向程度三大方面的四项指标进行定量测算，揭示了区域差异程度及其历史变化态势，结果发现：由于安徽省与沪、苏、浙两省一市的发展差距较大，长三角城市群在人均 GDP 威尔逊系数初始水平上明显高于京津冀，但是，长三角经济发展水平差距缩小的速度更快、收敛程度更高，京津冀城市群的人均收入差距尽管有一定程度的收敛，但是缩小的趋势不太明显，甚至在 2017 年之后还有扩大之趋势。除此以外，人均固定资产投资、人均社会消费品零售总额和人均进出口额等指标威尔逊系数无论是初始水平还是最新数据，京津冀城市群都高于长三角，而且收敛的速度也小于长三角，这说明京津冀城市群的发展水平差异要大于长三角。无论是从发展均衡水平还是收敛趋势，长三角都明显优于京津冀。

二　京津冀城市群协同发展障碍的原因分析

与长三角城市群协同发展相比,京津冀城市群内部差距显著,而且未见明显的收敛趋势。京、津、冀三地间的经济发展差距较大,收敛趋势不明显,且在产业配套协作、城市群协同程度和整体竞争力方面也更显薄弱,存在着一系列制约京津冀城市群协同发展的因素。那么京津冀城市群发展主要存在哪些问题,影响协同发展的障碍到底有哪些?综合现有研究和实际情况,本研究认为主要存在着以下几个方面的原因。

（一）城市群产业协同发展的分工协作不足

京、津、冀三地在经济发展水平、工业化发展阶段等方面存在着明显差异,而且落差较大。从工业化发展阶段来看,北京已经进入了后工业化阶段,天津也正迈向工业化后期,而河北仍处在工业化的中期,三地的经济和产业发展水平落差大。根据经济发展规律,由于欠发达地区基础设施建设薄弱、公共服务水平低下,会影响和阻碍优质要素资源向该地区流动,降低其获取发达地区溢出效应的能力。很显然从京津冀城市群来看,河北在承接高端资源要素方面还存在着明显的短板和弱项,不仅难以吸引优质要素资源,反而被吸附。另外,从产业发展配套体系来看,河北的产业体系以冶金、建材等重化工业为主,与京、津两地门类比较齐全的工业体系相比,河北工业自成体系,导致其难以与京、津两地产业相配套,三地没有形成产业链上下游相关联的社会化分工。因而,京津冀城市群的产业互补协作能力差、配套生产水平低,呈现京、津两地更发达,河北则被边缘化的发展格局。

（二）城市群协同发展的利益分配冲突

城市群的共同利益是维系城市间的合理分工与协作的根本纽带,产业分工明确、利益分配合理的机制是城市群持续发展的根本。一种稳定可持续的城市群发展模式应该是建立在一定专业化分工基础上,形成以中心城市为主导的,具有层次结构,能够相互补充、相互促进发展的城市体系。京津冀城市群在发展中面临着产业同构化、同质化现象普遍,究其原因,行政区划与经济区划的割裂决定了城市群在经济发展中必定存在利益博弈问题，各地政府因地区利益的博弈行为在城市经济发展过程中热衷地方保护主义，大搞重复建设，从而造成城市群内产业结构同质化，阻碍了区域一体化进程（苗建军，2014）。

（三）城市群协同发展的体制机制障碍

受传统行政区划的影响，我国城市群在协同发展过程中面临着制度性障碍，这成为制约城市间产业协调与发展的障碍。首先，我国的财税分税体制使得地方存在强烈的地方保护主义，为保证税收设置贸易壁垒，加之国家缺乏有效禁止设置地区间贸易壁垒的条例，阻碍了商品、贸易要素的自由流动，阻碍了地区的一体化进程。其次，从城市群的发展和演化来看，城市群无论规模大小，城市发展都存在跨界需求，当前我国城市跨界发展需求与现实中条块分割、各自为政的行政区划相矛盾，并且城市群一体化发展的协调政策缺失，导致城市群的整体性不强、空间结构和产业结构不尽合理。现行的城市管理体制还未形成有效的城市群空间管理机制。以上这些因素共同构成了当前我国城市群发展的制度性障碍（崔大树，2003）。

（四）城市群协同发展的市场一体化障碍

按照新古典学派观点，市场是实现资源优化配置的有效手段，城市的发展及相互间协作关系的形成关键在于市场机制作用的发挥。然而，与长三角城市群的一体化程度高、民营经济活跃、市场主导力强相比，京津冀城市群存在着：市场发育程度太低，要素市场发育滞后；市场化进程相对缓慢，生产要素在区域内的流动不畅；民营经济发展迟缓，经济活动不活跃等一系列的问题，行政主导经济发展，国家政策性导向的固定资产投资和产业占比仍较高。显然，以行政手段干预市场经济发展容易导致区域市场割据，造成条块分割、各自为政的"地方保护主义"等贸易壁垒现象，使城市群内不仅达不成区域合作，更谈不上更高层次的产业融合和构建区域统一大市场格局。根据樊纲、王小鲁、朱恒鹏（2011）所著的《中国市场化指数》报告，市场化指数排名：浙江、江苏、上海位列全国三甲，而北京列第五，天津列第六，河北列第十七位，长三角的市场化指数普遍高于京津冀，市场化程度更高。

（五）城市群协同发展的激励不足

传统的行政区经济增长逻辑是以各自辖区为单元的，官员的晋升直接与辖区的经济增长、产业发展和社会服务相挂钩，这就造成各类资源在辖区内不断强化集聚。这种经济增长模式在区域经济发展的初期阶段并无大碍，但是，随着区域经济一体化趋势深化，在国际竞争大环境下，提升国家竞争实力需要借助巨型城市区域，打造一批世界级城市群势在必行，那么加强城市之间的产业、科技合作就迫在眉睫。但是这与传统的"辖区经济"相悖，化解这种冲突和矛盾，就需要引入鼓励地区合作的一体化激励机制，让地区和城市之间都有合作的动力，即并非相互间分享存量"蛋糕"，而是通过相互间合作，创造新增红利，创造更大的"蛋糕"加以分享。目前来看，京津冀城市群还缺乏这样的一体化激励制度安排。

三　推动京津冀城市群协同发展的政策建议

大都市圈一体化协同发展有其内在的形成机理，综合现有文献研究，本研究发现市场和制度是制约京津冀城市群协同发展的两大关键因素。推动京津冀城市群协同发展要从两大层面着手展开。首先，宏观层面，要通过加强理念认同、统一认识，构建城市群协调机制，化解城市群一体化过程中的利益冲突，形成合理的分配机制，破除条块分割的地方保护主义，为要素自由流动扫除障碍。其次，微观层面，要发挥企业微观主体的力量，尤其是激活民营资本，减少对市场的行政干预，利用市场机制推进一体化进程，同时在推进城市群协同发展过程中要更加注重城市空间的优化布局，使其朝着低碳、绿色、环保的集约高效的空间组织形态发展。

（一）树立协同发展全局观，提升城市群整体竞争力

城市群的竞争力是衡量城市群内各城市间协作程度的重要指标，要跳出狭隘的局部区域观，牢固树立"一荣俱荣、一损俱损"的全局观念。城市群内只有在基础设施、公共服务、区域政策等方面加强沟通与合作，才能形成合

力，提升城市群整体发展水平，提高对外知名度和名誉度，区域对外才具更大吸引力。因此，京津冀城市群要加强统一规划，明确圈内各城市的功能定位，实施错位发展战略。北京作为全国首都，立足丰富的行政、信息资源，打造全国的资源配置中心，并重点发展高新技术产业、知识性产业，将高能耗、高污染的劳动密集型产业转移出去。天津立足工业发展，利用海滨港口优势发展北方工业中心。河北应利用自身丰富的自然资源、农业资源，成为承接京、津两地转移产业的配套基地。这样才能防止城市群内的恶性竞争和重复建设，提高整体效益和水平。

（二）破除地方保护主义，构建区域协调机制

行政区域垄断、地方保护主义阻碍了城市间的合作与相互协作。各地政府在唯GDP政绩观的驱使下，不愿打破"一亩三分地"的狭隘区域思维。因此，弱化行政区域界限，推动一体化建设进程，打破经济区划与行政区划壁垒，使要素资源在地域空间内自由流动，是实现城市群内不同等级城市协同发展的关键。在此方面，京津冀城市群可以借鉴长三角城市群一体化建设经验。20世纪90年代，江、浙、沪两省一市达成共识，不断加强沟通与协作，江、浙两省都秉持与上海错位发展、服务上海的经济发展理念，地方政府在制定发展战略时充分考虑长三角的共同利益，并且遵循市场规律及企业微观主体的自主经济行为规律，允许企业主体跨区域的布局，江浙许多企业都在上海设立总部和运营中心，上海的部分低端产业也随着企业向江、浙两省周边区域外迁而实现转移。长三角城市群的快速发展得益于区域行政壁垒的破除，让生产要素跨地区自由流动，从而实现了产业的合理分工与互补，形成了协整效应，最终提升了城市群的整体发展水平。

（三）发挥微观主体作用，形成市场调节机制

市场是优化资源配置的手段，党的十八届三中全会指出要正确处理好政府与市场的关系，并进一步明确了市场在资源配置中的决定性作用。京津冀城市群协同发展的最大障碍是缺乏一个富有活力、统一的区域性大市场，由于体

制机制的束缚、地方政府的行政干预阻碍了要素跨区域的自由流动，要素效率低下，交易成本居高，地区经济互补不足。因此，一方面，要发挥市场主体的作用，充分激发广大中小民营企业的灵活性、创造性；另一方面，地方政府当务之急要进一步简政放权，实施权力负面清单制度，减少对经济的直接干预，重点加强基础设施建设，提供优质教育、医疗、卫生等公共服务，并且为民间力量积极投身创业提供良好外部环境。

（四）构建合理的城镇体系，优化城市群空间布局

京津冀城市群中的两个超级大城市以强大吸附力将周边的人才、资本、技术等要素资源聚集起来，却没有发挥应有的辐射功能。一方面是各类要素继续向京津地区聚集，两大城市规模不断扩大，"城市病"也愈演愈烈，另一方面是河北经济发展仍然滞后，"灯下黑""大树底下不长草"成为形容这一现象的代名词。在市场失灵的情况下，要发挥政府调控功能，通过多中心城市布局与规划，合理布局空间形态，构建层次清晰、等级完善的城镇体系，改变京津冀城市群现有不合理的城市布局和空间结构。当然，要综合考虑各地的资源禀赋、环境容量、发展潜力，并且在行政规划的基础上，以产业对接协作为主要抓手，理顺京、津、冀三地的产业发展链条，形成区域合理分工，打造城市群主导产业链，促进区域经济协调与发展。

（五）兼顾三地区域利益，探索建立合理分配机制

城市群协同发展的障碍直接表现为自身利益最大化与城市群整体利益最大化相悖，城市群的共同利益是维系各地合作的纽带和关键。京津冀城市群应该探索建立城市群内的横向利益分配机制，尤其是在跨地区投资与产业转移、资源开发与利用、生态环境保护与治理、生产要素流动与交易、重要产品生产与流通等方面，要建立合理、规范的利益分享或补偿的制度性安排。比如，河北环绕京、津，承担了北京、天津两地 80% 以上的工农业用水和生活用水，是京、津重要的生态屏障，为维护京津冀地区的生态环境，京津冀三地应建立生态补偿机制，要坚持"谁开发谁保护，谁受益谁补偿"的原则，形成京津冀城市群可持续发展的稳定性机制。

第三节　推动粤港澳大湾区协同发展研究

　　湾区作为一种特定的地域单元存在于海岸带地区，是一种自然状态，通常包括一个或若干个海岸线向内陆凹陷的相连海湾、港湾以及与海湾或港湾接壤的陆域地区和临近岛屿共同组成的滨海区域。湾区一般具有以下几个特征。第一，拥海。湾区具有避风、岸线长、腹地广等特点，更适合于建设大型港口，能够在一个很小的空间内形成港口群，为陆海联系的重要分岔口。第二，抱湾。湾区不仅具有由海岸凹入的内环型陆地，而且还有一片共享的湾区水体。这种"内环形＋共享水体"海陆共生的自然生态系统提供了最适合人类居住的环境，吸引大量高端人才云集，形成了包容性极强的移民文化。第三，合群。湾区依托共享水体在较小空间内形成非常狭长的圆形海岸线，使得湾区周边的城市群产生一种远远超过一般城市群的向心力，从而形成世界一流城市群，并推动城市和产业深度融合。因湾区衍生而来的经济效应被称为"湾区经济"，即以港口城市、滨海城市为依托，以湾区腹地为基础，发展形成的一种区域经济形态。一般而言，湾区经济具有几个显著的特征：拥有强大的产业集群带，形成强有力的经济核心区，具备完善的经济交通网络，拥有一大批科研与教育机构、创新性国际化领军人才，拥有广阔的经济腹地等。

一　粤港澳大湾区发展概况

　　粤港澳大湾区是由香港和澳门两个特别行政区、广东省的两个副省级城市（广州和深圳）以及其他 7 个地级城市组成的城市群。具体来讲，地域上大湾区城市群主要围绕珠江入海口，由香港、深圳、东莞、广州、中山、澳门、珠海（构成海湾），江门、惠州（作为海岸延长线），肇庆、佛山（作为通往内陆腹地通道）构成。根据 Wind 数据库数据，粤港澳大湾区的总面积为 56507.8km²，其中广东九地的总面积为 55368.7km²，占 98%。2020 年粤港澳大湾区的总人口约 7000 万人，GDP 为 12 万亿元，该地区人口总量、面积总量与 GDP 占全国的比重分别为 4.96%、0.59%、12.3%。粤港澳大湾区已经成为全国经济最活跃的地区，是继纽约湾区、旧金山湾区、东京湾区之后的世界第四大湾区，是我国建设世界级城市群和参与全球竞争的重要空间载体。

2005~2020 年，粤港澳大湾区内部的经济发展形势发生了较大变化，主要呈现内地城市的经济体量明显增大，港澳的经济地位有所下降。2005 年以来，大湾区 11 个城市中广东 9 个城市的 GDP 占比由从最初的 54.3% 上升到 2020 年的 74.3%，港澳 GDP 占比则从 45.7% 下降到 25.7%。2020 年大湾区 GDP 为 12.05 万亿元，其中，香港 2.18 万亿元，广州 2.50 万亿元，深圳 2.77 万亿元，为第一梯队；佛山 1.08 万亿元，东莞 0.97 万亿元，为第二梯队；澳门、惠州、中山、江门、珠海、肇庆为第三梯队（见表 4-4）。

表4-4 粤港澳大湾区的GDP情况

单位：亿元，元

指标	2020年GDP	2005年GDP	2020年人均GDP	2005年人均GDP	2020年GDP倍数（2005为基期）	2020年人均GDP倍数（2005为基期）
广州	25019.11	5154.2	135047.17	53809.3	4.9	2.5
深圳	27670.24	4950.9	159309.11	59811.6	5.6	2.7
东莞	9650.19	2183.2	92176.10	33276.9	4.4	2.8
佛山	10816.47	2429.4	114156.80	41883.7	4.5	2.7
香港	21808.02	14403.7	294953.28	248309.3	1.5	1.2
惠州	4221.79	803.9	70190.54	21687.1	5.3	3.2
江门	3200.95	801.7	66984.47	19539.8	4.0	3.4

续表

指标	2020年GDP	2005年GDP	2020年人均GDP	2005年人均GDP	2020年GDP倍数（2005为基期）	2020年人均GDP倍数（2005为基期）
肇庆	2311.65	435.1	56317.81	11499.8	5.3	4.9
中山	3151.59	885.7	71477.62	36380.5	3.6	2.0
珠海	3481.94	635.5	145645.80	43098.9	5.5	3.8
澳门	9155.1	990.9	548328.33	204605.4	9.2	2.67
广东9地	89524.33	18279.6	101256.16	35665.3	4.9	2.84
港澳	30963.12	15394.6	421640.81	226457.4	2.5	1.9
粤港澳	120487.45	33674.2	261448.48	70354.8	3.6	3.7

数据来源：Wind数据库与世界银行。

从人均GDP水平来看，粤港澳大湾区内部的经济发展水平差距较大，发展不均衡性较为明显。2020年澳门和香港人均GDP分别以548328.33元、294953.28元居粤港澳大湾区之首，广东九地中人均GDP最高的三地为深圳（159309.11元）、珠海（145645.80元）、广州（135047.17元），最低的三地为中山（71477.62元）、江门（66984.47元）、肇庆（56317.81元）。

二　粤港澳大湾区产业发展状况

（一）产业结构

湾区内城市的产业结构差异较大，以2020年粤港澳大湾区三次产业结构为例，香港、澳门的第三产业占比最高，分别高达93.6%、95.7%。广州、深圳、珠海的第三产业占比均超过50%，高于第二产业占比。东莞、佛山、惠州的第二产业占比最高，高于50%。中山、江门的第三产业和第二产业的占比相当，肇庆的第一产业占比最高，达到18.9%，显著高于其他城市（见表4-5）。

表4-5 粤港澳大湾区各城市三次产业结构

单位：%

城市	第一产业	第二产业	第三产业
香港	0.1	6.3	93.6
深圳	0.1	37.8	62.1
广州	1.15	26.34	72.51
东莞	0.3	53.8	45.9
佛山	1.5	56.4	42.1
惠州	5.2	50.5	44.3
澳门	0	4.3	95.7
中山	2.3	49.4	48.3
珠海	1.7	43.4	54.9
江门	8.6	41.60	49.8
肇庆	18.9	39.0	42.1

数据来源：基础数据来源于《中国城市统计年鉴（2020）》、香港特别行政区政府统计处和澳门特别行政区统计暨普查局。

（二）产业定位

粤港澳大湾区各城市的产业定位不尽相同。比如，香港——全球金融中心及物流中心；深圳——国际创新服务中心；广州——岭南文化中心及华南重工中心；东莞——全球IT制造业重地；佛山——现代制造业中心；珠海——国家级大装备制造业中心；中山——中国白色家电基地之一；澳门——世界旅游休闲中心；惠州——世界级石化产业基地；江门——国家级先进制造业基地；肇庆——传统产业转型升级齐聚区。粤港澳大湾区的产业带布局为珠江东岸知识密集型产业带、珠江西岸技术密集型产业带、沿海生态环保型重化产业带。西岸技术密集型产业带主要包括广州北部和南部—佛山—中山—珠海等西岸地区，以现代服务业（物流、外包服务、教育服务）、装备制造业（汽车、核电、风电、航空）、优势传统产业（家电、金属制品、纺织建材）为主。东岸知识密集型产业带主要包括广州东部和中部—东莞—深圳等东岸地区，以现代服务业（金融、专业服务、物流、信息服务、会展、文化创意）、战略性新兴产业、高科技产业（新能源、电子信息、新材料、生物医药）为主。沿海生态环保型重化产业带，主要包括惠州—深圳—珠海—江门等三角沿海地区，以现代服务业（金融、旅游）、先进制造业（石油化工、油气开采、医药生物）为主。香港的定位主要是全球金融中心、物流中心，为粤港澳大湾区提供企业融资、引进国际投资者，让湾区经济与环球经济接轨。澳门主要的定位是世界旅游休闲中心、葡语国家交流平台中心。香港和澳门主要起促进向外发展、加强对内融合的功能和作用。

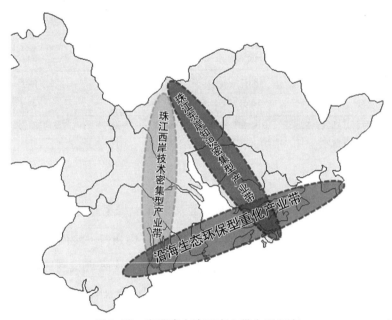

图4-12　粤港澳大湾区产业带布局示意

三　粤港澳大湾区协同发展面临的主要问题

（一）粤港澳大湾区东西两岸发展不平衡、不充分

从地理结构上来看，珠江东岸城市群由广州、东莞、深圳、香港、惠州组成，主要依靠香港特区优势，再加上广州和深圳两大核心城市，在经济、产业上的优势十分明显，迅速发展为超级城市群。2020年，广州、东莞、深

圳、香港、惠州五地的 GDP 高达 88369.35 亿元，占粤港澳大湾区 GDP 的
73%；而由佛山、肇庆、中山、江门、珠海、澳门组成的西岸城市群，虽然
有澳门，但澳门的经济体量和产业发展水平远不及香港，影响力也辐射不到
整个西岸城市群，所以西岸的经济发展相对缓慢，2020 年西岸六地的 GDP
只占粤港澳大湾区的 27%。从人均 GDP 来看，深圳是江门和肇庆的 2 倍以
上，香港更是江门和肇庆的 5 倍左右，大湾区内经济发展参差不齐，协调难度
极大。

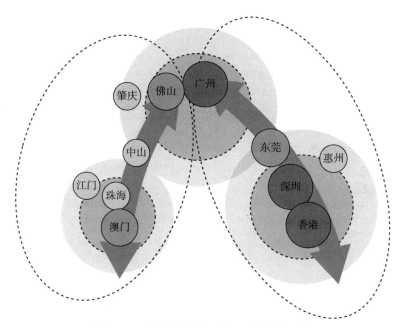

图4-13　粤港澳大湾区东西两岸分布示意

（二）粤港澳大湾区的经济与产业发展实力仍偏弱

由于统计数据所限，本研究以 2017 年的数据比较分析粤港澳大湾区与世
界级三大湾区的情况（见表 4-6）。2017 年粤港澳大湾区的经济总量为 1.5 万
亿美元，位居第二位，仅次于东京湾区（1.64 万亿美元），超过纽约湾区（约
1.24 万亿美元），大大超过旧金山湾区（0.80 万亿美元）。从人均 GDP 来看，

粤港澳大湾区仍处于末位，只有东京湾区的1/2、旧金山湾区的1/5、纽约湾区的1/3。从GDP增速来看，2017年，粤港澳大湾区增速为8.9%，列第一位，远远快于东京湾区（3.6%）、纽约湾区（3.5%）、旧金山湾区（2.7%），粤港澳大湾区仍处于高速发展阶段，发展潜力比较大，预计2030年将超过东京湾区。在产业发展方面，根据产业结构理论，成熟的区域或城市内的产业结构呈现"三二一"的模式。三大湾区的第三产业占比均在82%以上，说明产业结构的发展与布局已较为先进与完善，而粤港澳大湾区第三产业占比仅为55.6%，产业结构仍显低端，在主导全球资源配置、引领全球技术创新和带动全球产业升级方面，尚难以与三大湾区抗衡。

表4-6　2017年粤港澳大湾区与世界级三大湾区的基础数据对比

指标	粤港澳大湾区	东京湾区	旧金山湾区	纽约湾区
GDP（万亿美元）	1.5	1.64	0.80	1.24
人均GDP（万美元/人）	2	4.1	10	6
GDP增速（%）	8.9	3.6	2.7	3.5
第三产业占比（%）	55.6	82.27	82.76	89.35

数据来源：Wind数据库与世界银行。

从粤港澳大湾区各城市产业结构来看，香港、澳门以第三产业为主，占比90%以上，已经具备高度发达成熟经济体特征。广州、深圳、珠海呈现的是"三二一"型产业结构，其中广州和深圳的第三产业占比在50%以上，说明这几个城市已经进入后工业化阶段。中山、江门的第二产业和第三产业占比相差不大，说明其正从工业化的后期往后工业化阶段发展。东莞、惠州、佛山的第二产业占主导地位，占比超过50%，而肇庆较为特殊，第一产业占比高达18.9%，二、三产业的占比在整个粤港澳大湾区中排名最低，工业化发展相对滞后。所以，整体来看，粤港澳大湾区各城市在产业发展过程中存在明显的梯度差异。

（三）粤港澳大湾区的产业同构化问题突出

从产业内部结构来看，随着大湾区城市群的建设进程加快，香港、广州、深圳等特大城市的核心地位日益突出，香港继续大力发展金融服务业，巩固和提升其全球金融中心、物流中心的地位，澳门则定位为全球博彩旅游休闲中心，珠三角地区则分别形成了以广州为核心的传统制造业集群和装备制造业集群，以及以深圳为核心的电子信息产业集群，引领珠三角地区经济发展。产业同构化的增强会导致区域竞争激烈，影响大湾区的协同发展。根据覃成林、潘丹丹（2018）的研究，香港、澳门、广州、深圳四个城市两两之间产业结构相似系数均大于 0.85，显示出区域产业结构的高度趋同，但香港、澳门与珠三角其他城市区域产业结构趋同性不明显。除香港、澳门以外，珠三角 9 个城市的产业结构相似系数也均大于 0.8，其中东莞、深圳、惠州同属珠江东岸高端电子信息产业带，其产业结构相似系数 2008~2016 年九年的均值均大于 0.9；珠海、中山、佛山同属珠江西岸先进装备制造产业带，两两之间的工业结构相似系数均高于 0.8，表明这些城市之间也存在高度的产业结构趋同现象。而且从动态的角度，2008~2016 年珠三角 9 个城市的产业结构相似系数呈上升趋势。这表明珠三角区域分工不明确，城市之间没有准确的定位与分工，导致产业结构雷同、同质化建设引起恶性竞争等问题，进而难以形成动态比较优势和大湾区的核心竞争力。

（四）粤港澳大湾区经济、法律制度相异制约协同发展

粤港澳大湾区是在"一国两制"背景下的三税区、三法律、三货币的地区，与国际大湾区相比，粤港澳大湾区的运行机制有着明显不同。香港、澳门与其他城市在经济制度、法律体系、行政体系、社会文化等方面存在较大差异，这些是制约大湾区协同发展的主要障碍。主要体现在：一方面，粤港澳大湾区内部的经济体制复杂，特别行政区和自由港、经济特区、自由贸易试验区（南沙、蛇口、横琴）等多重经济区叠加，如果彼此协调不当，有可能产生恶性竞争，出现严重内耗的外部效应；另一方面，一国、两制和三个独立关税区构成了粤港澳大湾区独特的法律环境，湾区的法律服务与保障面临绕不过的

"区际法律冲突问题"，这也会阻碍经济合作的深化，提高大湾区协同发展的成本。另外，"一国两制"及多关税区体制下，还会阻碍大湾区各城市之间的人才、资金、信息等生产要素和资源的跨市流动。

四 世界成熟湾区的产业发展及分工状况

（一）纽约湾区——世界级高端现代服务业区

纽约湾区位于美国东北部大西洋沿岸平原，由纽约州、波士顿、华盛顿、康涅狄格州等31个州市联合组成，面积达3.3万平方公里，2015年人口约2018万人，占美国总人口的6.28%，第三产业占比达92%，制造业仅为8%，其产值却占全美的30%以上，城市化率达90%以上。纽约湾区从19世纪中期，在港口优势、技术创新、政策等内外因素推动下，快速发展成为世界湾区之首。目前，纽约湾区已经形成差异化布局的三大产业发展集聚区。纽约以金融业、电子无线通信、传媒业为主导，是全球最大的金融中心，代表企业有摩根大通、哥伦比亚广播公司、IBM等。新泽西则以制药业、专业技术服务业为主导，代表企业有默克、强生、惠氏。而康涅狄格以传统的军事工业和生物医药、金融保险业为主导，代表企业如联合技术、普惠、安泰保险、辉瑞。纽约湾区内的各城市分工协作，功能定位合理，形成了多元化和互补的产业结构。

（二）旧金山湾区——世界级现代高科技产业区

旧金山湾区，位于加利福尼亚州北部，占地面积为1.8万平方公里，2017年人口约为773万人，人均GDP高达10.8万美元，GDP占美国的4.3%，是世界上著名的高科技湾区，以环境优美、气候宜人、科技发达著称。知名的硅谷便坐落于此，谷歌、苹果、脸书等世界知名科技巨头总部都落户于此，同时还有多所著名科技研究型大学，如斯坦福大学、伯克莱大学。湾区行政区域包括9个县市，大致可以分为北湾、旧金山市区、东湾、半岛、南湾5个区域。旧金山湾区属于多核城市空间结构，旧金山市的主导产业是金融、旅游和生物制药；奥克兰市重点发展临港经济，装备制造也是主导产业；圣何塞以硅谷著称，信息通信、电子制造、航天航空、生物医药等高技术产业是主导产业，湾区内各个城市功能定位清晰，有效避免了城市间同质化竞争。

（三）东京湾区——世界级综合性高端工业区

东京湾位于日本本州岛关东平原南端，该湾区形成了以东京为中心、以关东平原为腹地，包括横滨、川崎、千叶等大中城市在内的多元城市空间结构，面积约为 1.36 万平方公里，2016 年人口约为 3643 万人，GDP 为 1.7 万亿美元，占日本 GDP 的 34%，第三产业占比为 82.3%。东京湾区内的各大城市功能定位合理、产业互补明显，有效地避免同质化发展而引起的恶性竞争。其中，东京既是政治中心也是经济中心，着重发展创新经济和服务经济，是湾区内的龙头；琦玉县是东京都的副都，重点承接东京都外围的行政、居住、商务职能；千叶县是商务与货运中心，拥有成田机场和千叶港口，重点发展临空经济，国际物流、港航物流是主导产业，同时也是机械、钢铁等产业聚集地；横滨凭借横滨港承担对外贸易功能，发展成为国际贸易中心；川崎拥有川崎国际港湾，主要承担着原材料和制成品进出口功能；京滨、京叶是全国最大的重工业和化学工业基地，钢铁、石油化工、现代物流、装备制造和高新技术等是主导产业；茨城则集聚了一大批高校和科研机构，信息产业是主导产业。历经百年的发展，东京湾区已经发展成为产业体系健全、服务功能完善、生态友好、生活宜居的世界一流城市群。

五　促进粤港澳大湾区协同发展的政策建议

（一）构建持久、有效、完善的城市协调与规划机制

湾区是跨行政区域的地理单元，是紧密相联的统一整体。构建起跨行政边界、以区域整体利益为目标的区域协调与规划机制，是促进大湾区健康、持续发展的关键。纽约湾区之所以成为世界湾区之首，很大程度上得益于其建立了持久、有效且完善的城市协调机制并进行了与时俱进的湾区规划部署。纽约市作为纽约湾区的龙头，其经济辐射的范围，远远超出了纽约市的行政边界，甚至是纽约州以外的城市，极大地促进了周边各个城市的发展。当然，随着其经济辐射范围的不断扩大，行政边界与经济功能区的冲突引发一系列问题成为

制约纽约湾区发展的瓶颈。针对这一问题，1921年纽约区域规划协会（简称RPA）应运而生，作为非官方和非营利性组织的纽约区域规划协会对纽约大湾区做过四次区域规划，历次规划都克服地方性城市规划的局限性，以实现湾区的整体繁荣与振兴为目标，大大促进了湾区的可持续发展。如今《粤港澳大湾区发展规划纲要》已经颁布，下一步的重点工作是如何按照规划纲要具体实施，真正推动规划纲要的落地，实现粤港澳大湾区协同发展及世界级城市群的繁荣发展，同时针对发展中遇到的问题，适时推出相对应的政策措施。

（二）明确粤港澳大湾区城市群的核心城市，合理分工

从世界三大湾区的发展历程和成功经验来看，只有湾区内各个城市分工合理并形成完善的城市体系，才能促进湾区的整体协同发展。湾区内至少有一个核心城市，作为湾区经济发展的领头羊，该城市应该具有高度的开放性和强大的经济辐射能力，从而带动周边城市的经济发展，作为领头羊的核心城市要处理好与边缘城市的关系，与之形成互补协作、共同发展的良好关系。以旧金山湾区为例，核心城市旧金山是国际贸易港口，工商业发达，也是美国西海岸最大的金融中心，其有优美的环境和适宜的气温，被称为"最受美国人欢迎的城市"，吸引着越来越多的高端人才和高科技公司。北湾是著名酒乡和美食之都，据称美国90%的葡萄酒都从这里生产。南湾是众多高科技公司总部所在地，世界知名的硅谷便坐落于此。东湾以奥克兰市为中心，产业以化工、机械等为主，是美国西部交通体系的中心，奥克兰港是美国西海岸的第一大港。半岛介于旧金山和南湾之间，二战后许多中产和富裕家庭迁移至此，全美房价最高的地区，半岛就占有3席。湾区内各个城市之间发挥各自的资源优势，错位发展，同时又整体协同发展，相互促进，这也是它能够成为世界三大湾区之一的重要原因。因此，可以参考借鉴旧金山湾区城市空间结构发展经验，依据《粤港澳大湾区发展规划纲要》，将香港定位为国际金融、航运、贸易中心和国际航空枢纽，将广州定位为综合性门户城市和科技教育文化中心，将深圳定位为全国性经济中心城市和具有世界影响力的创新创意之都，将澳门定位为世界性休闲旅游中心。对每个城市进行不同功能定位，就是希望各大城市发挥各

自的资源禀赋和区位优势，实现资源的优化配置和高效利用，有效地促进和带动湾区内各个城市以及区域的整体发展。

（三）扫除要素自由流动的制度性障碍，提升全球资源配置能力

全球资源配置能力是体现湾区城市群的国际竞争力和世界地位的重要标志。世界一流的湾区城市群往往具备要素流动自由顺畅、全球资源配置能力强大、创新能力突出等特点。粤、港、澳三地分属不同关税区，拥有不同货币体系、不同劳动力市场，具备了全球资源配置的基础，但是由于受到体制机制的影响，湾区内的资本、人口、劳动力流动受到一定限制，全球资源配置能力仍然较弱，目前仍以转口贸易为主。香港定位为全球贸易中心，但是在人才资源、科技资源、金融资源的全球配置方面较弱，对于中国内地和世界其他地区的影响辐射作用较弱。因此，要把粤港澳大湾区城市群打造成为世界一流的湾区必须进一步提升粤港澳大湾区的全球要素资源的配置能力，形成与粤港澳大湾区国际地位相匹配的全球资源配置地位。一方面，深化制度改革，去除各城市间要素自由流动的制度性壁垒，吸引全球要素，提升全球资源配置能力。在具体操作方面，要加强粤港澳之间的通关便利，完善人员签注政策，提升粤港澳货物通关便利化水平。另一方面，加强湾区内居民享受同等待遇的政策设计，让港、澳与在粤居民享受经济、社会、民生等各方面的同等待遇。

（四）建立协调组织机构，成立湾区自由贸易区联盟

由于湾区内各城市归属不同行政区域，在发展过程中难免会遇到冲突矛盾需要加以协调。世界一流湾区在发展过程中构建了官方或非官方的协调组织机构，比如，旧金山湾区为了避免湾区内各城市的恶性竞争，成立了旧金山湾区政府协会（ABAG）、海湾保护和开发委员会（BCDC）、大都市交通委员会（MTC）等；纽约湾区在20世纪20年代成立了纽约区域规划协会，多次承担了纽约大都市区的区域规划工作，成为推动纽约湾区协调发展的重要因素。而粤港澳大湾区相对于其他湾区，有着更为特殊的体制，所以三地存在着政治体制和法律法规的差异，这定会导致三地的融合发展存在障碍，所以可以成立诸如粤港澳大湾区协同发展委员会等协调组织机构，统筹处理湾区内协同发展的

问题，积极探索在"一国两制"背景下的湾区经济制度建设，促进湾区的共同发展。同时可以探索建立自贸区联盟，香港、澳门两个自由港，与深圳前海蛇口、广州南沙、珠海横琴三个自贸试验片区，可以成立"2+3"形式的自贸区联盟。香港、澳门作为自贸区先行者，可以带动其他三个自贸区的发展，进而辐射带动内陆腹地的城市经济发展。首先要加强湾区发展的顶层设计，对粤港澳地区法律法规方面的差异做出制度性安排，实现粤、港、澳三地在制度层面全面的对接。其次，扫除各类资源要素在湾区内自由流动的制度性障碍，让要素在三个自贸试验片区与港、澳之间便捷、有效、高效流动。最后积极探索建立湾区内的标准、认证的互认和对接机制，尤其是要做好"2+3"自贸区联盟内各项体系的全面对接工作。

第四节　长三角生态绿色一体化发展示范区制度创新探索

长三角城市群是我国经济发展最活跃、开放程度最高、创新能力最强的区域之一，在国家现代化建设大局和全方位开放格局中具有举足轻重的战略地位。2018 年习近平总书记宣布支持长江三角洲区域一体化发展并上升为国家战略，随后，党中央制定了长三角一体化行动计划和规划纲要，部署了建设长三角生态绿色一体化发展示范区（简称"示范区"）这一"先手棋"，为促进城市群一体化、全国区域协调发展和加快构建新发展格局探索路径并提供示范。自 2019 年成立以来，示范区紧扣"一体化"和"高质量"两个关键，围绕"不破行政隶属、打破行政边界"，聚焦规划管理、生态保护、土地管理、项目管理、要素流动、财税分享、公共服务、信用管理和体制机制的"8+1"重点领域，共计推出 73 项制度创新成果，实现了共商、共管、共建、共享、共赢，推进制度成果从"纸上"落到"地上"，实现从"各补短板"走向"共拉长板"，从避免"零和竞争"做到"合作共赢"，在深化"项目协同"的同时迈向"共同行为准则"。

一　创新城市群组织建设一体化

示范区不是传统造城思路，也不是过去的开发区模式，是一体化发展的国家试验田。示范区是一项前无古人的创新性工作，需要强有力的组织保障。通过两省一市的前期探索，示范区建立了"理事会＋执委会＋发展公司"三层次架构，形成"业界共治＋机构法定＋市场运作"三方治理格局。同时，以加强党的领导和党的建设为组织领导提供坚强的领导保障，以人大联动执法检查机制为组织授权提供合规的法制保障，以全员聘任管理制度的干部管理模式为组织运行提供高效的人事保障。

（一）组织构架：构建"理事会＋执委会＋发展公司"三层次架构

构建了"业界共治、三地轮值、统一决策"的理事会。两省一市 2019 年10 月联合成立示范区理事会，具有三个特点。一是业界共治。理事会不仅汇集了两省一市三级八方的政府部门[①]，突出政府作用和属地责任；还邀请了知名企业家和智库代表作为理事会特邀成员[②]，发挥类似公司独立董事的作用，为示范区建设贡献智慧力量。二是三地轮值。理事会的理事长由两省一市常务副省（市）长担任，实行"轮值制"。理事会定期召开工作会议，保障示范区建设有序推进。三是统一决策。理事会作为示范区建设重要事项的决策平台，研究确定示范区发展规划、改革事项、支持政策，协调推进重大项目。

设立了"机构法定、授权充分、精简高效"的执委会。执委会于 2019 年11 月正式揭牌，具有三个特点。一是机构法定。理事会下设示范区建设执行委员会（简称执委会），日常管理委托于上海承担，执委会成为示范区开发建设管理机构，即实现了"一个平台管实施"，并获得两省一市人大通过联合立

[①] 理事会由两省一市发展改革、自然资源、生态环境、交通、经济信息化、市场监管、财政、税务、人力资源社会保障、农业农村、文化旅游、教育、医疗等部门，以及苏州市（包括吴江区）、嘉兴市（包括嘉善县）、青浦区组成，突出政府作用和属地责任。

[②] 目前，理事会已邀请了 10 位企业家（如阿里巴巴技术委员会主任王坚、华为技术有限公司副董事长郭平、中美绿色基金董事长徐林）和智库专家（如上海市社会科学界联合会主席王战、江苏省政府参事沈坤荣、浙江清华长三角研究院院长王涛）。

法授权（2020年9月），明确执委会作为示范区开发建设管理机构。二是授权充分。执委会负责示范区发展规划、制度创新、改革事项、重大项目、支持政策的具体实施，重点推动先行启动区相关功能建设。三是精简高效。执委会有35位工作人员，全部由两省一市通过广泛遴选和竞争选拔产生。同时，执委会与两省一市理事会成员单位建立了高效的工作对接制度，设立更高层级的战略协同发展机构，建立多领域、多层次的协调发展机制，形成一张内畅外联的工作联系网。

搭建了"市场运作、企业运营、专业服务"的投资发展公司。发展公司[①]作为执委会成立的开发建设主体，通过企业化组织、市场化运作、专业化服务的模式，承担相应的重大基础设施、重大功能性项目、生态环境整治、社会公共配套等建设。示范区秉持"一个主体管开发"的理念，构建了"1+N"开发建设模式，其中"1"为发展公司，聚焦做示范区需要"统"的事情；"N"为项目公司，根据不同功能区域建设需求成立，由发展公司从资源、资金、管理等维度出发引入有资金实力、专业能力的大型龙头企业共同组建。

（二）组织领导：彰显以党建引领国家战略向纵深推进作用

建立党组和机关党委，加强党的领导和党的组织建设，是在党建引领下推动区域一体化建设的一项创新举措，为推进跨域党建工作创造了条件。执委会自成立之日起就坚持和加强党的全面领导。

凝聚工作合力。在两省一市组织部门、机构编制部门、省（市）级机关党的工作部门的关心指导和密切配合下，执委会跨前一步、积极争取，按照既符合规范又适度创新的原则，建立执委会党组、机关党委、机关纪委和党支部，并建章立制加快运转，切实加强党的领导和党的建设工作。

---

① 2021年5月，长三角一体化示范区新发展建设有限公司（简称长新公司）和长三角一体化示范区水乡客厅开发建设有限公司（简称水乡客厅公司）成立运行，真正做实了长三角一体化跨省域共投共建机制。以长新公司为例，这是长三角第一家由两省一市同比例出资、同股同权的市场主体，两省一市各自出资30亿元，注册资金共计90亿元。长新公司与三峡集团合资成立水乡客厅公司，注册资金100亿元。

明确操作办法。在执委会由两省一市共同设立、共建共管的原则下，进一步明确日常管理由上海承担的操作路径，尤其是明确了执委会党组和党组织的隶属关系，即归口上海市管理，为执委会建立和加强党的领导以及党建工作开展提供了具体抓手和操作办法。

规范有序运作。执委会党员干部来自两省一市，苏、浙两省党员均将组织关系转至上海，由机关党委统一教育、管理、服务，有利于加强执委会对选聘干部的集中统一领导，增强战斗力。党组、机关党委第一时间出台相应工作规则，建章立制，加强自身建设、加强党员教育管理、推进全面从严治党，不断提高党建工作水平。

党建与业务融合。执委会党支部推进党建与业务深度融合，把党建工作融入中心工作。各部部长兼任支部书记，落实"一岗双责"，结合部内工作会安排党支部集体学习内容，推动党建、业务同谋划、同布置、同落实，以推进重点业务工作为突破口，凝聚全体党员干事创业力量，实现双促进、双丰收。

（三）组织授权：构建"立法—监督"闭环的跨区域人大联动机制

作为一项重大改革，高水平建设示范区是离不开法治保障的，加强示范区法治保障工作是贯彻落实国家战略、保障重大改革举措落地实施的需要。示范区建设充分发挥人大立法、监督和促进作用，形成了从立法到监督的闭环，为推动示范区各项工作的深入开展提供法律依据。

开创区域协同立法。两省一市人大常委会共同研究立法问题和立法路径，共同向全国人大常委会上报请示、共同起草决定文本。2020年9月25日，沪、苏、浙人大常委会共同审议通过了《关于促进和保障长三角生态绿色一体化发展示范区建设若干问题的决定》。其中的"授权条款"，明确授权示范区执委会行使省级项目审批、核准、备案的管理权，共同行使控制性详细规划的审批权等权力。三地人大常委会联合做出法律性问题决定、首次开展实质性区域协调立法，为跨省域的示范区提供了跨省域的法治保障。

联动执法检查机制。执法检查工作依然秉持"在'协'字上做文章、在

'同'字上下功夫"，主要体现了"全程协同、跨域协作、上下联动、各方参与"的特点。在整个联动执法检查工作过程中，实现了"统分结合，同频共进"。"统"的方面，包括共同商定执法检查工作方案、共同召开视频启动会、联合进行实地检查和座谈、同步开展审议等人大监督制度的重要创新。"分"的方面，分头成立检查组、分头召开部门座谈会、分头起草执法检查报告，整个过程保持实时互动、信息共享、高效协同，确保执法检查工作同频共进。

（四）组织运行：以党管人才为基础确立新型法人治理结构

作为示范区理事会的执行机构，执委会由沪、苏、浙三方共同发起成立、共建共管，并在上海市登记为"其他类机构"，设立内设机构，核定人员额度，积极探索在坚守党的全面领导、党管干部、党管人才等基本原则要求之下，积极开展干部管理模式创新，探索实行全员聘任管理制度，市场化、差异化薪酬激励机制，积极建立干部互联互通平台。

实行全员聘任管理。执委会实行全员聘任制，通过选聘、招聘、特聘方式聘任工作人员，通过聘任合同确定与工作人员的聘任关系，并约定岗位职责、聘期以及工作目标、薪酬待遇、解聘条件等内容。其中，来自两省一市党政机关、事业单位和国有企业的选聘干部在执委会工作期间，采取"身份保留""档案封存"方式，人事、工资关系以及党组织关系转入执委会。

建立职位序列管理制度。针对选聘干部不同身份，在参照现行公务员职务与职级并行制度、企业人事管理制度的基础上，探索建立了执委会职位序列管理制度，设主任、副主任、部长、副部长、高级主管、主管、员工7个层次，每个职位设置若干职位等级，并对职数比例、晋升程序等做出了规定。

实行市场化、差异化薪酬激励。执委会实行薪酬总额管理，薪酬总额与示范区社会发展、财政收入增长、生态环境保护、制度机制创新等相挂钩，并设置薪酬"固定＋浮动"机制，体现了优绩优酬，同级可以不同酬，同岗可以不同薪。

构建干部互联互通平台。执委会可以面向两省一市各级党政机关、各类国有企事业单位选聘工作人员，也可以面向海内外公开招聘紧缺急需专业人才。两省一市党委组织部门将执委会选聘干部纳入两省一市干部人才比选范围，积极推动各级党政机关和各类国有企事业单位面向执委会定向选拔、调任或转任。

二　创新城市群发展规划一体化

建立空间规划、项目建设的一体化管理制度。示范区要建成一体化制度创新的试验田，必须坚持制度创新和项目建设双轮驱动，制度创新为项目建设提供重要保障，项目建设为制度创新提供应用场景和最佳实践。其中，高水平的规划和高要求的标准是推动"一体化"与"高质量"制度创新的重要保障。

（一）空间规划："一张蓝图管全域"与"一套标准管品质"

示范区一体化的难点之一，就是省际跨界区域规划底板不一致、规划标准不统一等问题。为解决这一问题，示范区理事会和执委会率先探索出"一张蓝图管全域"的国土空间规划体系，在此基础上，进一步实现了"一套标准管品质"的国土空间规划标准要求；并通过建立"跨区域的详细规划联合编审工作新机制"保障这一制度成果的实现。

"一张蓝图管全域"。示范区构建了以"总体规划—单元规划—详细规划"三级国土空间规划体系为蓝图的规划方案。示范区执委会积极谋划探索统一的"1+1+N"规划体系，即"示范区全域国土空间规划＋先行启动区国土空间规划＋综合交通、生态环境、水利、供排水、产业发展等专项规划"。这一规划体系实现了"三个统一"，即统一基础底板和用地分类，统一规划基期和规划期限，统一规划目标和核心指标。

"一套标准管品质"是指《长三角生态绿色一体化发展示范区先行启动区规划建设导则》（简称"导则"），是我国第一部跨省域的规划建设导则，为规划管理人员在规划建设、审批过程中提供依据，为规划设计人员编制规划和开展工程设计提供技术指导。

"跨区域联合编审机制"。执委会建立统一编制、联合审批、共同实施的规划管理体制，按照"共编共研共推共议"的工作思路和方法编制跨区域空间规划和专项规划，联合组建工作专班，省级职能部门共同牵头编制规划。这一机制，充分发挥规划引领和底线管控作用，针对跨省域控详规编制标准、审批流程不统一的问题，明确了统一的规划管控底线与标准。

（二）项目管理：构架了"规划—投资—审批"全方位的项目协同机制

《长三角生态绿色一体化发展示范区总体方案》明确提出探索项目跨区域一体化管理服务机制，赋予示范区开发建设管理机构省级项目管理权限，统一管理跨区域项目，示范区开发建设管理机构负责先行启动区内的项目审批、核准和备案管理。自示范区揭牌以来，示范区执委会会同两省一市谋划构架了"规划—投资—审批"全方位的项目协同机制，推进了一批重大标志性项目，不断提升示范区建设显示度。

1. 项目规划：重点区块功能构建和重大项目示范引领

自 2020 年底以来，示范区执委会会同两省一市发改部门谋划制定《长三角生态绿色一体化发展示范区重大建设项目三年行动计划（2021—2023 年）》（以下简称《三年行动计划》），通过制定并实施《三年行动计划》，按照"谋盘子、定重点、配资源、滚动式"的总体思路，突出生态绿色、一体化和高质量，重点推进有显示度、感受度、创新度的重大项目。

一是健全推进机制。示范区理事会各成员单位强化规划引领，主动支持示范区重要规划编制，加强示范区重大项目建设保障，合力推进示范区重大项目建设。示范区执委会发挥统筹、协调、督促作用，积极探索共同开发、共建共享机制。两区一县政府承担主体责任，加快推进重要规划编制和重大项目实施，实行项目清单管理、挂图作战，确保按期完成重大项目建设任务。

二是落实资源保障。两省一市省市两级相关部门加大重大项目资源保障力度，主动帮助解决项目推进中的资金投入、资源配置、土地指标等实际困难，共同保障项目顺利推进。两区一县优先推动《三年行动计划》重大项目落地，积极向上争取支持，及时解决重大项目推进过程中存在的问题。

三是强化实施管理。《三年行动计划》根据示范区年度投资计划进行动态调整、滚动更新，提高可实施性。鼓励市场主体采用 TOD、EOD 等模式参与项目建设，形成政府、市场和社会各界共建格局，探索"开发者联盟"合作运行模式。

2. 项目投资：制定了跨区域企业投资项目管理办法

依据相关法规和文件要求[①]，示范区结合先行启动区实际，制定示范区先行启动区跨区域企业投资项目管理办法，明确示范区先行启动区跨区域企业投资项目的立项、开工、建设全生命周期的管理办法，由示范区执委会负责先行启动区内跨区域企业投资项目的核准和备案管理，并履行核准和备案的事中事后监管职责。两区一县人民政府相关行政审批部门负责项目立项后各阶段的行政审批、过程监督管理和竣工验收工作。同时，还明确了平台的各类信息统一汇集成项目代码，并与社会信用体系对接，作为后续监管及推进"放管服"的基础条件，从而为企业投资项目全生命周期管理提供了抓手。

一是坚持跨域联动，统筹管理。依托国家和两省一市政务服务平台，构建示范区统一的项目在线审批监管平台，推进跨区域企业投资项目信息互联共用，实行跨区域项目统一受理、并联审批、实时流转、跟踪督办。

二是坚持放管结合，提升审批效率。依托统一的项目在线审批监管平台，推进企业投资项目告知承诺和容缺受理，探索推进企业信用信息全流程归集和信易批等优化营商环境举措，进一步打造示范区最优营商环境。

---

① 依据《企业投资项目核准和备案管理条例》《企业投资项目事中事后监管办法》，上海、江苏、浙江两省一市人民代表大会常务委员会《关于促进和保障长三角生态绿色一体化发展示范区建设若干问题的决定》，以及《长三角生态绿色一体化发展示范区政府核准的投资项目目录（2020 年本）》。

三是坚持分类管理，提升监管效能。按照"谁审批谁监管，谁主管谁监管"的原则，推进企业投资项目全生命周期管理和分层分类监管，强化企业主体责任和项目建设属地监管责任，探索推进委托监管和联合监管模式。

3.项目审批：搭建了一体化示范区投资项目在线审批监管平台

《长三角生态绿色一体化发展示范区总体方案》明确探索项目跨区域一体化管理服务机制，统一项目管理，示范区项目在统一的项目在线审批监管平台办理，实行统一受理、并联审批、实时流转、跟踪督办。作为国内首个跨区域投资项目在线审批监管平台，该平台具备在线填报、信息交互等功能。同时，结合平台的工作，进一步理顺了跨区域投资项目管理各方的工作边界。

一是独立运行，明确职责分工。项目在线审批监管平台作为国家固定资产投资项目在线审批监管平台的跨区域（省级）子平台，实现与国家信息中心平台直连，独立赋码，以便示范区项目直接纳入国家发展改革委项目库，争取专项资金扶持。为确保按时实现与中央及两省一市平台对接，由国家发展改革委投资司、国家信息中心、示范区执委会、两省一市发改委、两区一县发展改革部门组成工作组。

二是审批权限，做好流程分工。示范区内跨省域投资项目，除国家核准的事项外，由示范区执委会负责审批、核准及备案。非跨域项目按照"谁投资谁审批"的原则，两区一县按照各自权限属地审批、核准及备案。分阶段来看，按照"一个项目、一个路条、分段受理、多地联审、同评互认、联合验收"的原则，立项报批阶段，通过平台实现发路条，即"项目领码"。规划许可、施工许可阶段，建议按照属地原则，仍由当地行业主管部门"分段受理、多地联审"，涉及跨区域审批做到"同评互认"。竣工验收阶段，采取"属地验收"和"联合验收"相结合方式。

三是后续监管，增强信息透明。按照执委会统一项目管理的要求，利用平台大数据加强自动归集和统计分析，及时汇总掌握项目开工、建设进度、竣工等项目全过程信息，加强事中事后监管，提高透明度，对各个环节做到可检查、可考核。

三　创新城市群要素流动一体化

突破要素流动"看不见的壁垒"。示范区"一体化"与"高质量"发展，最大的堵点在于打破行政区边界束缚和要素流动"看不见的壁垒"，形成统一高效的市场体系。

（一）人才要素：示范区创新发展的主要内涵和关键突破点

产业的发展离不开人才的强劲支撑。人才发展既是示范区创新发展的主要内涵和关键突破点，也是要素流动的主要内容之一。

1. 人才规划：人才发展"十四五"规划及实施

考虑示范区的跨域特殊性和发展使命，《长三角生态绿色一体化发展示范区人才发展"十四五"规划》（以下简称《人才规划》）着眼于梳理示范区人才发展现状、区域人才发展不平衡与区域人才流动的体制性壁垒性问题，系统梳理示范区一体化人才服务、一体化人才评价、一体化人才流动机制等客观问题，从示范区人才高质量集聚、一体化发展、产才融合、共建一体化人才生态系统等四个维度明确发展路线和实施路径。

一是确立"一个目标"。根据示范区实际情况，在充分借鉴国内外相关城市群经验教训的基础上，提出了示范区整体打造"一池一区一高地"的目标。"一池"：以具有国际竞争力的人才综合生态系统，吸引集聚全球英才，共同打造上海大都市圈一流人才蓄水池。"一区"：深化区域人才管理改革，促进要素流动，构建现代化的人才管理体系，建设长三角城市群人才管理和改革创新的试验区。"一高地"：通过产才融合升级推动人才链、产业链、创新链、价值链的深度融合，推动资源协同支撑，服务于长三角一体化国家战略，打造全国产才协同发展的新高地。在总体目标之外，《人才规划》还从人才规模、人才水平、人才结构、人才投入、创新载体、创新能力等多个维度明确了示范区"十四五"人才发展的22个预期性目标。

二是实施"一起行动"。"围绕示范区人才高质量集聚，打造重点平台载体；围绕人才一体化发展，强化制度创新探索；围绕示范区产才融合，实施人才引育工程；围绕人才可持续发展，共筑人才最优生态"四项重点任务，每项又细分了具体的实施子任务，从示范区人才高质量集聚、一体化发展、产才融合、人才生态等四个维度入手，强化示范区制度探索，创新区域间人才共享和流动体制机制，构建人才链与产业链和创新链的深度融合，将示范区建设成为有吸引力、辐射力和影响力的人才发展试验区。

三是开展"一块建设"。经过梳理，《人才规划》明确了示范区"十四五"期间拟实施的 17 个重点项目，重点项目既包含了示范区人才联合激励、示范区职称联合评审等机制创新类项目，又包含了长三角可持续发展研究院、浙江大学长三角智慧绿洲、启迪科技信息产业基地等人才载体类项目，同时还包括了共享型科研平台等人才平台类项目。这些项目的实施主体不局限于执委会、三地政府，还包括有意向在示范区落地发展的科研院所和企事业单位等，同时，也根据项目的成熟程度分为近期和中远期两种类型。

2. 职称评定：探索建立统一的人才评价体系

主要内容和亮点是"三个明确，三个统一"。明确评审机构：统一组建示范区机械专业高级工程师职称联合评审委员会。办公室设在苏州市吴江区人力资源和社会保障局，评委专家由上海市、江苏省、浙江省具有高级职称的同行专家组成。明确评审标准：原则上不低于上海市、江苏省、浙江省相应高级职称评审标准。明确评审流程，统一实施。评审流程分为申报审核、组织评审、公示发证三个环节。示范区内注册的企事业单位中符合申报条件的专业技术人员均可参加，职称证书由两省一市人社部门制发。

3. 职业资格："跨域、互认、共享"的资格互认机制

2020 年 9 月 16 日，示范区执委会会同上海、江苏、浙江人力资源和社会保障部门发布《长三角生态绿色一体化发展示范区专业技术人才资格和继续教

育学时互认暂行办法》，针对示范区专业技术人员，围绕职业资格、职称和继续教育学时，突出"跨域、互认和共享"几个关键词，打破人才使用壁垒，完善人才流动机制。针对实施过程，执委会会同两省一市人力资源和社会保障部门制定了示范区专业技术人员职业资格互认实施细则，扎实推进人才要素在示范区内自由流动。实施细则中对二级建造师、初级注册安全工程师、二级造价工程师、二级注册计量师等由国家统一设置、各省区市自行实施的职业资格，从考试、注册和执业、管理和监督等方面明确了互认细则，主要体现了"统一、分类、细化"三个特点。在研究制定实施细则过程中，示范区执委会坚持"顶层设计＋分类实施＋数据互通"三层推进法。

4. 人才激励：高峰人才联合激励计划

为进一步加快示范区人才工作协同，展现示范区爱才惜才、留才重才的服务理念，示范区发布了高峰人才联合激励计划。此次计划的发布打破了人才的区域性，使人才能够跨区域享受同城化的人才待遇，对于提升区域整体人才吸引力提供了一个很好的借鉴思路。高峰人才联合激励计划聚焦示范区公共服务资源共享，提供"跨区域""全链式"人才联合激励，从"定制一张清单、实现四类服务"等方面进行了重点突破。"一张清单"，即定制《长三角生态绿色一体化发展示范区高峰人才联合激励清单》，清单采用常态化更新机制，形成集文旅休闲、社会保障、职业发展等各项服务于一体的人才联合激励体系。"四类服务"，即首批主要开放红色教育体验、传统文化感知、公共体育服务、休闲旅游观光等四类服务，人才可免费享受相关服务待遇。

（二）土地要素：探索跨区域统筹土地指标、盘活空间资源

构建弹性适应的规划实施机制，探索跨区域国土空间高质量治理，是增强执委会在示范区规划建设中的资源配置能力，牢牢把握一体化、生态绿色、高质量的发展方向的重要抓手；也是围绕示范区快速提高显示度，保障重大项目快速落地，实现项目建设和制度创新双轮驱动的现实需要。

探索示范区建设用地机动指标统筹使用机制。在梳理两省一市机动指标

管理要求的基础上，聚焦示范区一体化、生态绿色、高质量发展的核心目标，通过强化使用管控、规范申请程序、强化监测评估等方式，统一跨域规划建设用地机动指标的使用规则和管控要求，统筹三地土地资源，跨域相互赋能，共同推动示范区高质量发展。建立弹性适应的规划实施机制，实现有好风景的地方就有新经济。聚焦新经济、旷地型商办文旅、互联互通等功能性项目，提高规划实施管理的自适应性，优化规划实施路径，实现跨域生态优美区域低环境冲击、高质量发展的规划土地利用。建立周转指标机制，将机动指标"台账管理，核销使用"转变为"跨域统筹，持续赋能"，为确保具有显著辐射带动作用的紧迫项目快速落地建设，弹性适应未来规划实施的不确定性，探索一定空间的规划建设用地机动指标在示范区范围内统筹布局、跨域周转，并在周转完成后滚动使用、持续赋能。

不动产登记"跨省通办"工作机制。按照线上线下一体化原则，在示范区探索不动产登记"跨省通办"业务办理模式，深化"互联网＋不动产登记"应用。一是优先开展"互联网＋不动产登记"，高频不动产登记业务逐步纳入"互联网＋不动产登记"系统，提供"线上申请、信息共享、联网审核、网上反馈、线上缴费、电子证照"全流程全环节网上服务，实现异地申请、全地域全流程"网上办理"。二是在政务服务大厅设置"跨省通办"窗口，对未能通过"互联网＋不动产登记"实现的，通过"收受分离"模式，提供异地（申请人所在地）申请、属地（不动产所在地）受理、审核、资料寄送等服务，实现线下"异地申请、属地受理、无差别办理"服务。三是在示范区先行开展不动产登记高频业务"跨省通办"，研究探索跨省"金融信贷＋不动产抵押登记"实现模式，为下一步实现两省一市全域不动产登记高频业务"跨省通办"奠定基础。

（三）信用要素：打造了示范区公共信用一体化综合管理体系

深入开展示范区公共信用体系一体化建设，是全面展示示范区"一体化制度创新试验田"定位的重要窗口，将有效串联长三角生态绿色一体化发展示范区八大制度创新。2020 年，示范区初步制定形成了统一的公共信用信息数据归集标准和公共信用报告制度，为开展公共信用体系一体化建设打下标准规范基础。

为进一步推进示范区公共信用制度创新，示范区执委会基于前期工作，结合两区一县公共信用体系建设成果，依托示范区"智慧大脑"，打造了示范区公共信用一体化综合管理体系，初步建成示范区公共信用综合管理平台，实现了三地公共信用数据的统一汇聚和实时共享交换，同时基于示范区特色积极推动"信用＋审批"和"信用＋金融"两项跨区域应用，打造形成应用闭环，探索形成了"统一标准、打通数据、探索应用"的推进模式，并通过落地应用，逐步体现了公共信用提升社会治理效能的"奠基石"和"金钥匙"作用。

另外，示范区执委会依托示范区的特殊定位，在数据归集和信用应用两方面，充分发挥沪、苏、浙三地的开放性，通过开创性实施三地数据统一归集、审批流程嵌入和三地金融资讯信息共享等具体举措，实现了数据共享、业务协同和流程再造三大目标，塑造了示范区改革先锋的形象和信用高地的地位，为全国开展信用体系升级迭代提供了高价值的参照样板。

（四）创新要素：以知识产权保护为基础，促进科技创新资源跨省域流动

1. 知识产权：跨区域联保共治和管理服务一体化

作为国内首个跨省域强化知识产权保护的指导性文件，《关于在长三角生态绿色一体化发展示范区强化知识产权保护推进先行先试的若干举措》围绕积极推进知识产权联合保护、推进知识产权管理服务一体化、强化知识产权保护一体化制度保障等方面提出16条具体的先行先试举措。

在推进知识产权联合保护方面，提出要加强知识产权行政执法协作，推动知识产权司法保护协同，建立知识产权多元纠纷调解机制，推进知识产权服务行业自律，加强知识产权信用体系建设。制定文件过程中，突出"跨域一体"。推动跨区域联动执法监管，加大侵权违法行为联合惩治力度；探索知识产权案件跨区域立案机制，建立跨区域专业检察官联合受理会商机制；建

立跨区域"行刑衔接"机制，建立知识产权纠纷多元调解机制等。在跨行政区域和跨行业领域方面推进知识产权保护一体化，形成知识产权保护的合力。

在推进知识产权管理服务一体化方面，要求深化知识产权领域"放管服"改革，建立知识产权行政审批"绿色通道"，协同推进地理标志运用促进工作，加强"一体化示范区"品牌保护。利用国家知识产权局上海商标审查协作中心、国家知识产权局专利局专利审查协作江苏中心两个"国家队"资源，与两区一县在人才培训、案件判断、预警援助等方面开展合作，为示范区强化知识产权保护提供强有力的支撑。依托浙江、苏州、上海知识产权保护中心，支持两区一县设立保护中心、快速维权中心或设立分支机构，建立示范区知识产权快速预审、快速确权、快速维权的"绿色通道"。

强化知识产权保护一体化制度保障方面，强调要加强组织领导，壮大专业人才队伍，营造良好宣传氛围。明确要发挥知识产权行业组织作用，促进知识产权服务业发展，加快发展知识产权金融，强化审查协作中心溢出效应。

2. 科技创新券：跨省域促进科技创新资源流动从"单通"变成"双通"

长三角科技创新券（简称"创新券"）是利用长三角试点区域财政科技资金，支持试点区域内科技型中小企业向长三角区域内服务机构购买专业服务的一种政策工具。

创新券采用电子券形式。创新券服务范围一般包括企业在科技创新过程中所需要的技术研发、技术转移、检验检测、资源开放等服务。申领创新券的企业，原则上应当是注册在长三角区域内的独立法人，符合《科技型中小企业评价办法》（国科发政〔2017〕115号）的有关要求。使用额度方面，试点区域原则上按照每家企业每年使用创新券的额度不超过30万元，每次使用额度按照试点区域政策规定的服务金额支持比例予以确定。资金兑付方面，创新券通用通兑有两种模式可供试点区域选择。一是通用模式：企业申领、企业兑付。企业先全额支付服务费用，待服务履行完成后按核定金额兑付给企业。二是通兑模式：企业申领、机构兑付。企业支付部分服务费用，剩余部分以创新券方式兑付给服务机构。创新券最大的特点是把上海、江苏、浙江、安徽四地各自区域内的优秀创新资源导入同一平台，使青浦、吴江、嘉善的企业能够面向长三角购买科技创新服务，是加强企业帮扶的一次新探索，可以进一步深化产学研合作，加快科技成果引进转化，推动创新发展。

3.创新总部聚集区：以"四个聚焦"培育与集聚一批高成长性总部企业

作为国内首个跨省域推进知识创新型总部聚集区建设的方案，《长三角生态绿色一体化发展示范区知识创新型总部聚集区建设方案》明确提出抢抓长三角一体化上升为国家战略的重大机遇，全面贯彻长三角生态绿色一体化示范区决策部署，紧紧围绕"一田三新"、世界级滨水人居文明典范的目标定位，紧扣"高质量"和"一体化"两个关键词，聚焦"生态优先、数字经济、区域统筹、协调发展"，以生态优先、绿色发展、创新引领为导向，以组团式、特色化、标志性的小镇为主平台，加快培育和集聚一批技术创新、商业模式创新、功能创新的高成长性总部企业，构建一体化知识创新型产业体系，推进一批标志性工程建设，打造"一区三地"（"一区"为中国知识创新型总部聚集示范区，"三地"为江南水乡协同创新策源地、上海大都市圈产业创新承载地、总部经济生态圈建设样板地），建设具有国际竞争力的知识创新型总部经济发展高地。

（五）资本要素：促进资本自由流通，跨区域相互投资长足发展

1.数字人民币跨区域试点："聚焦重点、联动协同、稳步推进"

示范区数字人民币跨区域创新场景试点，可促进示范区各类要素跨区域自由流动，推进支付一体化和同城化；可为示范区发展提供金融活力及科创引力；可进一步凸显示范区创新赋能优势；可丰富数字人民币跨区域应用场景，推进一体化创新试点。

一是工作原则。提出"聚焦重点"（关注基本公共服务、政务服务、公共支付及联动消费领域）、"联动协同"（牢固树立"一体化"意识和"一盘棋"思想，加强跨区域分工合作）和"稳步推进"（分类实施、稳步推进，做好保

密管理等）三项工作原则。

二是组织架构。强化示范区执委会、青浦区和吴江区以及六家运营机构分工协作，成立联合推进工作小组、合作办公室和专项工作组，由执委会主任担任联合推进工作小组组长，执委会分管副主任及两区人民政府分管领导任副组长，由执委会营商和产业发展部部长任合作办公室主任。依托"三个层级"的组织架构，形成工作合力，精心组织实施，加强统筹协调，抓好工作落实。

三是场景分工。确定跨区域科技创新券、跨区域税费缴纳、特色供应链金融、特色联动商圈、特色生态旅游、特色绿色农业、跨区域公共交通、跨区域公共服务、跨区域公共支付、示范区财政资金十大试点应用场景，同时明确了十项工作任务完成时间节点及负责的运营机构。

四是工作要求。明确了"加强信息交流"、"强化推进落实"、"注重舆情管理"和"筑牢安全保障"四项工作要求。

2. 绿色金融发展

《长三角生态绿色一体化发展示范区绿色金融发展实施方案》强调充分发挥绿色金融对经济社会发展的强大推动力，加强跨省域、跨地区相互融合、相互促进、相辅相成的一体化绿色金融发展，助力示范区尽快实现碳达峰碳中和目标。

一是全面落实"碳达峰、碳中和"目标要求，坚持绿色低碳发展、跨域联动协同、服务实体经济、区域风险可控等四项基本原则，践行"绿水青山就是金山银山"的理念，加快推进示范区内生态环境共保联治，加强全域统筹、部门协作，建立跨省域、跨部门、跨机构协同工作机制和信息共享机制，创新绿色金融支持数字经济、创新经济、服务经济、总部经济、湖区经济等产业绿色转型升级模式，提升示范区经济发展的"含绿量""降碳量"。

二是围绕大力发展绿色信贷、推动证券市场支持绿色投资、创新发展绿色保险、发展绿色普惠金融、发展气候投融资和碳金融、培育发展绿色金融组织体系、构建绿色金融服务产业转型升级发展机制、建立绿色信息共享机制、加强绿色金融交流合作等 9 项主要任务，进一步完善绿色金融发展模式，将绿色金融打造成为示范区建设的新名片，进一步激发标杆效应，为构建新发展格局提供可复制可推广的绿色金融样板。

三是将示范区打造成为绿色金融产品和服务创新的先行区、气候投融资和碳金融应用的实践区、绿色经济高质量发展的样板区，实现绿色信贷、绿色债券、绿色股权融资等在社会融资规模中占比较快增长，绿色贷款不良贷款率不高于平均水平，高污染、高能耗行业贷款规模和占比逐年下降；扩大气候金融规模，深挖碳金融潜力，推动绿色低碳技术实现突破，开展低碳前沿技术研究，加快推广应用减污降碳技术，探索形成持续有效服务实体经济的绿色金融发展模式，建立示范区内跨区域绿色金融合作机制，形成行业标准明晰、技术创新领先、产品服务多元、组织体系完善的绿色金融体系。

3. 银行业机构同城化建设

作为国内首个跨省域银行业金融机构同城化建设指导性文件，《长三角生态绿色一体化发展示范区银行业金融机构同城化建设指引（试行）》，是继"示范区金融 16 条"后推进示范区金融领域制度创新的一项专项政策，围绕战略同城化、机制同城化、服务规范同城化、信贷投放同城化、公共服务和支付结算同城化、信息资源同城化、风险防控同城化等七个方面，引导和规范示范区银行业金融机构同城化建设：构建同城化金融协调机制，制定同城化金融服务规范，建立跨区域联合授信机制，拓展公共服务领域支付同城化，加强信息资源共用共享，强化金融风险联防联控。

（六）服务机制创新

示范区"跨省通办"综合受理服务机制。示范区"跨省通办"综合受理服务窗口的启动，为全国各地毗邻地区开展"跨省通办"贡献了思路、拓宽了内涵、丰富了形式，为群众跨区域办理个人事项提供了最佳路径。2020 年，示范区执委会印发了《2020 年一体化示范区推进"一网通办"集中落地工作要点》，明确了网上有通道、线下有专窗、自助有终端、通办有事项、标准有清单、创新有成果等 10 项具体工作任务。在此基础上，建设示范区"跨省通办"综合受理服务窗口，更是推进"一网通办"集中落地、贯彻落实国务院办公厅关于"跨省通办"指导意见的具体举措，是示范区优化营商环境、提升民生感受度的重要内容。目前政务服务"跨省通办"业务模式主要有全程网办、异地代收代办、多地联办三种。在受理形式上多采用设立专门窗口、网上平台登录等方式进行跨省通办的材料收取和办理，企业、群众进行跨省事项办理时先要比对所办事项是否在事项清单列表内，便利性、时效性较差。示范区"跨省通办"综合受理服务窗口融合了上述三种业务模式和两种受理形式，探索实现"跨省授权、全盘受理、一窗综合、同城服务"。具体为：三地相互授予政务服务受理权限，对属于本区域受理权限的所有个人事项都可通过示范区"跨省通办"综合受理服务窗口受理，实现真正意义上的政务"同城化"服务，为全国首创。

示范区标准管理办法。长三角一体化很大程度上是要在实施标准方面进行统一的探索。从宏观层面上讲，标准事关经济社会发展全局，从微观层面上讲，标准事关企业群众的生产和生活。示范区标准管理办法的出台很好地解决了统一标准的实施路径和管理方式等问题，在长三角一体化推进过程中具有基础性、关键性作用，在实施过程中容易形成可复制、可推广的经验，为在长三角区域内更大范围的推广奠定了基础。按照示范区建设2021年重点工作安排及责任分工，示范区要探索一体化推进的共同行为准则，研究形成示范区标准管理办法，探索制定重点领域跨区域标准，形成统一的标准发布路径和管理方式。9月16日，执委会联合沪、苏、浙市场监管局印发《长三角生态绿色一体化发展示范区标准管理办法》（以下简称《办法》）。作为全国首个跨区域标准管理办法，该办法主要有"两个创新、四个明确"，"两个创新"即创新提出了"限定区域实施的地方标准"的概念、创新提出了标准清单制度，"四个明确"即明确标准类型、明确责任分工、明确实施路径、明确管理方式。

四　创新城市群生态保护一体化

实施生态环境标准、监测、执法"三统一"机制。积极落实生态环境标准、监测、执法领域 56 项任务清单，在示范区基本构建比较完善的生态环境"三统一"制度体系。其中，重点完成大气等领域系列环境标准制定，推进大气、水、应急和污染源等 7 个生态环境监测监控统一网络建设，建立生态环境跨界执法互认机制，制定生态环境轻微违法违规免罚清单，进一步健全"三统一"制度体系，为跨界区域流域生态环境联保共治提供更有力的制度支撑和创新示范。

（一）生态环境标准：生态环境联保共治的标准基础不断夯实

示范区环评制度改革集成。系统集成和推行两省一市环评已有改革举措，充分发挥环评制度源头防控作用，持续提升环评制度效能，在进一步筑牢示范区生态环境安全底线、助推环境质量持续改善的同时，形成可复制、可推广的引领性制度范例，更好地示范引领长三角更高质量一体化发展。该指导意见围绕强化规划环评与项目环评联动、实施项目环评管理"正面清单"制度、做好环评与环境管理相关制度衔接、加强事中事后环境监管等环评审批制度重点环节，重点落实放管服要求，简化环评审批流程，促进项目环评提质增效，真正做到惠企惠民，突出了改革集成、示范引领、跨域协同等特点。

（二）生态环境监测：联合监测的技术支撑更加有力

生态环境监测监控统一网络。2021 年，两区一县生态环境部门牵头编制大气、水、应急和污染源等 7 个生态环境监测监控统一网络建设方案。在此基础上，两省一市生态环境厅（局）会同示范区执委会，对上述 7 个方案进行了集成提炼，联合印发《长三角生态绿色一体化发展示范区生态环境监测统一网络建设方案（2021—2023 年）》，采取"优势互补、共同研究、协同推进、共建共享"工作模式，在示范区建立协同的大气监测体系、完整的水环境质量监测监控体系，构建突发环境事件应急监测体系，建立主要污染源监测监控体系，使生态环境监测统一在示范区集成落地、先行先试。

示范区"一河三湖"环境要素功能目标、污染防治机制及评估考核制度。统一水体功能和水质目标。两省一市生态环境部门从国家、流域及地方层面，调研太湖流域及两省一市的相关法律法规、管理要求、规划计划体系等，梳理了"一河三湖"的功能定位及其差异。在此基础上，协调明确了示范区"一河三湖"主要功能和目标。坚持"生态优先、绿色发展"的高质量发展要求和一体化发展导向，针对重要水体总体功能目标，从夯实联合河湖长机制、明确污染防治重点工作、深化协同监测共享机制、完善共同执法会商机制以及细化协作应急处置机制等方面，建立了示范区重要水体水环境污染防治机制，确保"一河三湖"达到水环境功能目标，有效提升水生态功能。重点对功能目标完成情况以及污染防治机制落实情况进行评估，包括评估目的、评估对象、评估内容、评估方式以及评估工作责任分工。

（三）生态环境执法：跨界执法的制度保障更加坚实

生态环境联合监管统一执法。一是建立健全一体化制度，绘就统一执法蓝图。两省一市生态环境部门联合组建示范区执法一体化总体推进方案起草小组，并多次开展沟通对接和现场调研，及时编制完成示范区统一执法方案。二是组建综合执法队伍，打造统一执法施工队。两区一县生态环境部门成立统一执法工作协调联络组，2020年以来，已开展7轮跨界联合执法工作，标志着"三统一"中的"统一执法"率先进入实践阶段。三是统一自由裁量，明确统一执法作业标准。统一长三角生态环境行政执法自由裁量尺度，以"一把尺"标准实施协同监管。共同签署《协同推进长三角区域生态环境行政处罚裁量基准一体化工作备忘录》，并在示范区先行先试。四是探索执法互认，破解执法统一核心问题。浙江省生态环境厅先后牵头编制了《示范区生态环境保护综合行政执法人员开展异地执法有关事项意见》《示范区生态环境执法检查互认有关事项意见》，积极征求相关领域专家意见，并与生态环境部执法局、示范区执委会以及两省一市生态环境、司法、检察院、高院等开展专题对接，广泛听取意见。

跨界水体生态修复和功能提升工程一体化实施标准。本标准以生态修复和功能提升项目工程实践为基础，围绕跨域一体独有基因，按照绿色低碳、一体化和高质量发展的原则，梳理一体化实施过程中的建设需求，围绕共商一套标准的目标，提炼形成针对跨域水体生态修复和功能提升工程可复制可推广的一体化实施标准，是一体化制度创新在项目建设实践上的完善，对跨界水体生态修复和功能提升具有重要指导作用。共走一条绿色低碳路径，明确绿色低碳相关指标；共筑一道水安全防线，明确水安全相关指标；共保一个水生态系统，明确水生态相关指标；共建一处水活力空间，明确生态型植栽的种植标准，慢行系统宽度、色彩、材质标准和基础设施的技术参数；共护一方水环境健康，明确年径流总量控制率应不低于80%，综合污染物去除率应不低于70%，综合径流系数应不高于0.4，陆域范围综合径流系数不高于0.25等指标；共用一套基础体系，统一采用镇江吴淞基准高程和2000国家大地坐标系，明确陆域控制范围和水域湿地控制范围。

示范区重点跨界水体联保专项行动深化机制。2020年，上海市生态环境局联合水利部太湖流域管理局、生态环境部太湖东海局、两省一市生态环境和水利（务）部门、示范区执委会共同印发了《长三角绿色一体化发展示范区重点跨界水体联保专项方案》，以示范区和协调区47个跨界河湖为重点，建立完善重点跨界水体联保工作机制，提供制度创新和政策保障。2021年，为持续深入推进示范区重点跨界水体的联保共治工作，九部门联合发布了《长三角生态绿色一体化发展示范区重点跨界水体联保2021年行动计划》，提出了六个方面的12项具体工作，对2021年重点跨界水体联保共治深化机制进行了全面部署。目前，示范区联合河湖长制、联合监管等联保共治机制持续深化完善，联合执法、联合监测、联合防控机制实现常态化、制度化。

五　创新城市群公共服务一体化

高质量一体化发展的最终诉求是满足人民对美好生活的向往，公共服务一体化、均等化是高质量一体化发展的必然要求。基本公共服务是由政府主导、保障全体公民生存和发展基本需要、与经济社会发展水平相适应的公共服务，是公共服务中最基本、最核心的部分，是最基本的民生需求，也是政府公共服务职能的"底线"。

（一）公共服务标准化：强化区域基本公共服务标准和制度衔接

《长三角生态绿色一体化发展示范区总体方案》提出，要加强区域基本公共服务标准和制度衔接。以国家基本公共服务项目清单及两省一市清单为基础，加强清单内项目、标准、制度的对接和统筹，结合清单动态调整，选取若干项目试点实行统一标准。

项目清单标准。由于两区一县执行的政策、文件、标准各不相同，执委会公共服务和社会发展部在研究制定清单的过程中，明确以两省一市的公共服务项目清单为基础，形成了属地政府保基本民生，示范区执委会牵头彰显一体化高质量底色的格局。在财政可以支持的范围内，坚持"突出共建共享"的原则，先行梳理出一批共建共享实效性强、可行性高，且老百姓获得感强、满意度高的项目清单，作为基础清单。其中，"突出共建共享"的原则中，共建即统一标准、就高不就低，体现高质量元素；共享即"不破行政隶属，打破行政边界"，体现一体化元素。

项目清单领域。示范区执委会一方面对照国家标准，进一步细化充实示范区的相关服务标准和服务流程，确保清单内容落地落实，另一方面多次召集两区一县相关部门进行磋商，运用迭代推新的思维方式，积极收集生动案例，确保每个项目有质量、有创新、有价值。在各部门条线工作会议上，执委会将公共服务项目清单工作作为重点工作与各方积极沟通，对清单内容进行逐条增减、修改补充，形成了《长三角生态绿色一体化发展示范区共建共享公共服务项目清单》（第二批）（共13条），涵盖卫生健康、医疗保障、教育、文化旅游、体育、养老、交通、政务服务等八大领域，其中包括智慧互联网医疗共享服务、大肠癌免费早期筛查、老年人肺炎疫苗免费接种、门诊慢特病异地就医直接结算、异地就医结算全域免备案和异地医保基金联审互查、优质"云课堂"教育资源共建共享、养老资源共享等。

（二）公共服务便捷性：以社保卡为载体的居民服务"一卡通"

在"一卡通"工作推进中，执委会坚持走"政府指导＋市场导向＋技术突破"的推进路径，实现了文化体验零门槛、交通出行无边界、旅游观光惠全域、医保结算广覆盖的"同城待遇"与"一卡畅行"。

文化体验零门槛。文化体验方面，凭社保卡可进入示范区主要文化场馆参观或学习。截至 2021 年 6 月三地图书馆完成自身系统改造，并实现对接示范区社保卡持卡库资源，支持基于社保卡的身份认证体系，最终实现基于社保卡的示范区图书通借通还。

交通出行无边界。交通出行方面，主要工作目标是推进示范区实现社保卡刷卡乘坐公共交通。目前，嘉善、吴江两地已经发行了带交通联合标志的第三代社保卡，实现了示范区内各类公共交通刷卡乘车的目标。上海市第三代社保卡发卡较早，未加载交通联合密钥，因此暂时无法实现三地所有公共交通通行。通过示范区 5 路公交闪付乘车的改造，青浦社保卡已实现示范区 5 路公交刷卡乘坐，年底前社保卡刷卡乘坐模式将覆盖上海全市的公交、轮渡。后续青浦社保卡增加交通联合密钥的评估工作也在有序推进中。

旅游观光惠全域。旅游观光方面，主要工作目标是居民使用社保卡优惠游示范区景区，实现旅游观光"同城待遇"。目前示范区主要景区均已实现以社保卡认证示范区居民身份，居民可持社保卡优惠购票入景区。

医保结算广覆盖。医保结算方面，在上海市医保局和两区一县医保部门的共同努力下，示范区居民社保卡在异地就医方面也被赋予了新功能。除了就医自助挂号、付费等，示范区参保人员还可享受示范区内异地就医结算免备案，即示范区参保人员在示范区内的医疗机构合理就诊时，可直接刷卡无须办理备案，且待遇与在本地就诊保持一致。

（三）医疗服务一体化：推进医保便利共享和建立医疗检验检查"三个互"

示范区执委会会同两省一市及青、吴、嘉三地医保部门从示范区成立伊始，便积极推进示范区医保一体化建设工作，探索了医保"五个一体化"建设试点，积极推进医保服务的"三个率先"，搭建了示范区医疗机构检验检查报告互联互通互认工作机制，更好地促进长三角地区医保领域的协作融合，不断提升广大群众对示范区医保一体化发展的满意度和获得感。

医保服务"五个一体化"。示范区探索了医保服务"五个一体化"（信息一体化、服务一体化、保障一体化、共享一体化、管理一体化）建设试点，在示范区内率先实现医疗保障领域同城化，具体为五项工作：一是率先在示范区实现跨省医保直接结算免备案；二是率先在示范区实现跨省统一医保经办服务；三是率先在示范区实现医保异地结算项目广覆盖；四是率先在示范区实现"互联网＋"医院医保结算互联通；五是率先在示范区实现跨省异地医保基金联审互查。

医保服务"三个率先"。一是率先实现"医保电子凭证一码通"，群众就医更安心。依托跨省异地就医管理系统和长三角政务服务平台，通过申领国家医保电子凭证，示范区已实现参保人员异地就医结算"一码通"，参保人员使用医保电子凭证，无须携卡即可结算，减少窗口排队、反复跑腿，优化候诊查询、就诊、缴费、查报告、取药等就医全流程。二是率先实现"医保结算全域免备案"，群众就医更便捷。在示范区跨省异地就医门诊免备案基础上，完成扩大免备案范围至住院、门诊慢特病及"互联网＋"异地就医结算，示范区参保人员在示范区内定点医疗机构住院时，只需出示就医凭证即可直接就医结算，参保地不再对人员备案做查询校验，且本着三地同城化原则，示范区参保人员在示范区异地结算时，待遇与在本地就诊保持一致。三是率先实现"门诊慢特病直接结算"，重病保障更到位。在"尿毒症、血透腹透直接结算"先行试点的基础上，增加了老百姓需求集中的病种"恶性肿瘤"和"高血压、糖尿病"进行第二批试点，建立示范区门诊慢特病专用医保目录对照库，对三地试点病种的药品和诊疗目录国家编码的医保业务系统进行后台匹配关联，实现跨省域门诊慢特病医疗费用直接结算。

医疗报告"三个互"。实现医疗机构间信息的互联、互通和结果的互认共享，是减少患者重复检查检验、推进医院跨地域业务协同的基础，是打造智慧城市和数字政府的题中之义，亦是发展"互联网＋健康医疗"服务新模式的关键。示范区探索建立了医疗机构检验检查报告互联、互通、互认工作机制。一是检查报告跨域共享。基于上海长三角一体化平台中的检查资料共享服务，按标准实现对检查报告的实时共享调阅。二是检查结果跨域互认。通过以远程医疗协同平台为载体的体系建设，利用互联互通信息系统，凡属于互认项目且检验检查质量达到要求的，其检验检查结果在医疗机构间均具有相同的有效性。三是检查规范跨域共守。建立三地的互认目录、互认规则以及数据的因素保护机制，实现检查规范的跨域共守。示范区已实现公立机构间35个项目医学检验结果和九大类医学影像检查资料的互联互通；同时，也规范了医务人员的医疗行为，简化了患者就医环节，降低患者医疗费用，改善了患者就医感受，缓解了群众"看病难、看病贵"问题。

（四）教育服务一体化：深化示范区教师一体化培养机制

教师发展是教育发展的根本保障，更是新时代示范区教育高质量发展的源动力。示范区创新出台了教师一体化培养方案，方案强化了示范区内教师培养资源的共建共享、辐射引领和互通互认，为示范区教师融合式高质量一体化发展提供了纲领性文件，使"指向示范区教师发展新需求，达成'美美与共'教育发展新格局"工作往前迈了一大步，也为其他区域教师一体化发展提供了优秀的样本。

1.协同发展：突出资源共享、辐射引领和合作交流三大功能

示范区以教育高质量协同发展为目标，构建"智库共享、课程共建、轮值主持、名师联训、规培互通、学分互认、品牌联建"的一体化机制。

一是智库共享，名师联训，规培互通。建立示范区师训联盟专家库，充分利用示范区三地名师、名校长，以及各地专业培训机构资源，聘请高校和科研机构的专家教授入库，形成三地共享、满足全学段全学科师训的专家库。共建"示范区教育名师工作室"，三地各自推出若干名优秀教师，成立教育名师工作室，跨区域招收三地青年骨干教师为工作室成员，联合培养优质教育后备人才。共建示范区"教师发展示范基地学校"，统一标准，联合验收，定期研讨，开展新教师规范化培养、校本研修等方面的合作交流。

二是课程共建，轮值主持。依托师训联盟专家资源库，结合长三角教育一体化发展形势，突出示范区教师新时代发展的新需求，组织制定培训标准，建设培训课程资源，积极打造区域特色培训课程。优化特色培训课程，三地将各自成熟、优质的培训项目纳入一体化教师培训体系。联合推出并打造"示范区名优教师在课堂"系列活动，由示范区三地轮值承办。

三是品牌联建，学分互认。与北师大、华东师大、国家教育行政学院等国内顶尖教育院校、机构合作，联合打造示范区教师培养的若干个专业内设机构品牌，充分发挥教师培养的高端引领作用。将示范区联合开展的师训活动，纳入示范区各地的教师继续教育学分管理系统，促进示范区三地互认培训学分学时，进一步激发教师参与联合培养的动力。

2.培养机制：围绕"平台支撑＋资源共享"提升教师职业品位和教育能力

在示范区教师一体化培养机制建设过程中，示范区执委会坚持和围绕"平台支撑＋资源共享"，逐步推进实现示范区教师高质量一体化培养。

一是坚持平台支撑。高质量建设好示范区教师发展学院，充分利用示范区现有优质资源，强化资源共享、合作共建和辐射引领功能，促进示范区教师素养提升，对标示范区建设"生态宜居高地"和"全球卓越教育区域创新共同体"的发展愿景，做好教师高端发展培训和国际化教育视野拓展培训，满足区域高品质、多层次教育发展的需求。

二是坚持资源共享。以示范区教育一体化高质量发展为愿景，在尊重各地教师教育特色的基础上，协同发展，推进信息共通、资源共建、人才共育、成果共享，促进示范区教师队伍素质的整体提升。引领高端教师培训及示范区师训联盟专家库、特色培训课程、名优教师在线课堂等一体化教师培训资源做到严格的均衡共享。

六 创新城市群财税分享一体化

制定了"投入共担、利益共享"的财税分享管理制度。建立示范区跨区域财税分享机制是示范区一体化高质量发展的必然要求，是促进区域协同发展的制度保障，也是突出长三角系统集成和协同联动优势的重大改革创新举措之一。示范区出台《示范区跨区财税分享实施方案（试行）》，率先在区域范围内建立了跨区域联合开发机制和利益分配机制；通过共建共投、增量改革、记账管理、动态完善，优化了示范区内的跨区域交流合作，理顺了三地政府投入共担与利益共享间的关系，助推示范区产业协同发展和市场要素的自由流动。

（一）财税分享共同体：以"共同账"管理模式分享示范区范围内财税权益

推动税收征管一体化工作是创新跨区域财税分享机制的重要基础，实现涉税事项跨区域通办是推动税收征管一体化的关键举措。示范区执委会聚焦一体化推进过程中共建、共投关键领域，根据年度项目计划确定的跨区域项目，统筹新设企业税收用于示范区范围内共建项目的建设运营。

建立"共同账"定期报表制度。全面反映两区一县新设企业税收情况及税收分享权益情况。将青浦区、吴江区、嘉善县"水乡客厅"区域范围内新设企业税收的区（县）留成部分，以及由上海市、江苏省和浙江省三地政府或国有资本共同在示范区范围内主导出资成立的从事示范区跨区域相关工作并经执委会认定的企业或者组织产生的企业新增税收的区（县）留成部分纳入"共同账"税收分享范围。

聚焦重点领域重点区域的开发建设。以"水乡客厅"开发建设为重点，建立重点区域内共投共享示范机制，在保障示范区现有财力格局基本稳定的基础上，以聚焦一体化推进过程中的增量因素及溢出效应为撬动点，不断增强示范区统筹发展能力，逐步形成财税分享共识。

构建示范区跨区域经济合作的税收分享机制。构建以土地、资本以及人口等因子为纽带的共投共建共享体系，促进跨区域要素自由流动和高质量一体化发展。对协同招商、协同迁移、园区共建等不同类型合作模式，提出了跨区域税收分享的指导性方案，旨在促进示范区范围内产业协同发展，促进跨区域资源高效配置，优化产业布局，整合区域要素资源，缓解发展瓶颈制约。

（二）征管服务共同体：创新建立示范区智慧税务机制

示范区率先探索推进长三角一体化智慧办税服务场所建设，着力建立示范区智慧税务机制，以跨区域涉税服务为重点，以税收服务智慧化助力示范区及长三角区域一体化高质量发展。创新实践智慧税务建设，协同推进税收征管数字化升级和智能化改造，积极探索内外部涉税数据汇聚联通、线上线下办税渠道有机贯通、跨区域税收联合治理紧密融通，建成全国一流的智慧税务生态体系，有利于驱动税务执法、服务、监管制度创新和业务变革，有利于实现税收精确执法、精细服务、精准监管、精诚共治。

建立智慧税务联席会议制度。联席会议主席由三地税务局主要负责人按青浦、吴江、嘉善税务部门顺序年度轮值，非轮值期的主要负责人为联席会议组成人员，联席会议下设合作办公室，明确了联席会议具体职责。

推进智慧税务信息共享，精诚共治。推进示范区税务部门税务数据共享共用，开拓跨区域税务信息交换共享新模式，落实纳税信用共享机制，联合开展税收经济分析。

共同推进跨区域一体化纳税服务。提供统一的服务内容、服务标准。共同推出区域内融合办、预约办、容缺办、即时办等服务举措。优化智能化、个性化的线上线下纳税服务。设置跨区域导税辅导区、区域一体化智慧服务体验区、线下跨区域服务专窗和跨区域自助服务专区。推进长三角区域一体化智慧办税服务场所建设。以跨区域服务为重点，探索新型办税方式，拓展"非接触式"办税范围。

推进税收规范统一，精准执法。对照长三角区域行政处罚裁量基准和首违不罚清单，对纳税申报、发票使用等环节的轻微违法行为，统一税务处罚裁量基准，统一违法行为认定标准、处罚实施标准。协同推进集体审议、文书说理、案例指导等执法规范。开展税收政策执行标准统一工作。增强示范区内税收政策执行的适用确定性和执行规范性。推进示范区内登记管理、税源管理等环节的规范统一。

优化一体化营商环境。优化企业自由迁移服务，优化示范区内跨省（市）

涉税业务报验、房产土地税源管理等涉税业务全程网上办理。加大推广电子发票使用力度，推进长三角区域通办事项跨省（市）办理。

推进涉税风险联防联控精准监管。运用税务大数据资源，推进示范区风险监控指标、模型共建共享，完善风险预警信息的共享共用，统筹推进示范区风险管理项目协作，共享数据应用成果，交流风险管理模式，探索示范区风险项目协同共治。搭建示范区区域风险管理工作交流平台，探索涉税情报信息交流共享。

第五章

以中心城市为核心引领打造世界级城市群

纵观国内外城市化发展实践历程，世界级城市群往往拥有一个强大的中心城市，中心城市发挥巨大的辐射能力带动周边城市和地区发展，由此形成高度发达的城市化区域，这就是所谓的都市圈或城市群。因此，打造富有竞争力的中心城市、培育国际化大都市是打造形成世界一流城市群的关键所在。与国际大都市相比，我国大都市在科技创新、经济发展、资源配置方面还存在着一定的差距，因此，培育打造世界一流的国际化大都市和中心城市是具有重大战略意义的研究话题。

第一节　新时代培育打造世界一流大都市路径

城市是创新的源泉地，是推动世界经济增长最主要的空间载体。中国的城市化处于由追求速度向追求质量转变的发展阶段，发达国家处于城市化的成熟阶段，可以为新时代中国城市发展提供经验和借鉴。在比较分析中国大城市与国际大都市的差距中，进一步明确了中国城市高质量发展的方向，即要转变城市发展理念，以五个统筹为统领，发展内涵型城市，化解城市结构性失衡问题，疏散城市核心区非经济功能，实施城市群规划战略等。

一 21世纪城市发展面临挑战

城市是人类永恒的聚居区，是经济活动的空间聚集现象，是所有经济社会活动聚集在一个狭小的地理空间范围内的族群现象。国外学者 Meijers 和 Burger（2010）从地理空间视角将城市定义为一个连绵的建成地区。新经济地理学学派从经济活动的空间集聚视角定义城市，认为城市的出现是由规模报酬递增引起空间集聚效应而产生的结果，该学派打破了传统古典经济学空间均质性的假设。很显然，从形成机制来看，城市是非均质区域中的某个异质区域，由于存在特定的比较优势要素在一定的空间范围内集聚，从集聚一开始就不断吸附周边的要素资源进行自我强化，实现自我膨胀，并且当要素集聚到一定程度之后开始向周边区域产生辐射效应，由此不断蔓延而形成更广的城市化区域。

（一）21世纪城市的重要性

城市是创新的最主要源泉地，因为在一定的空间范围内集聚了众多的人口、产业要素，能够为人们创造良好的环境，实现知识自由流动。城市中人与人相互间交流与互动可以显著提高知识创造和创新的概率。事实上，如果城市没有提供相互学习的机会，提高生产率，那么人们就不会支付高地租留在城市。知识在城市中自由流动，为人们提供了相互交流的机会，知识外部性即知识溢出效应，解释了城市存在的原因，所以尽管大城市房价很高，人们还是愿意支付高成本留在大城市，正是因为地理邻近性为知识传播提供了便利性才促进了经济增长（Romer，1986）。21世纪初，随着信息技术突飞猛进，尤其是通信业兴旺发达，为经济活动分散化提供了便利性，要素资源分散化趋势愈加明显，于是有部分学者认为大城市已将日落西山，城市将会走向衰败，但是，Gaspar 和 Glaeser（1998）坚持认为尽管通信业日趋兴旺发达，人们交流方式更加多样和便利，但是人与人之间面对面的交流仍有极大的需要，面对面的交流会促进生产力的发展，通信交流方式无法完全替代面对面的交流，它只是一种补充而非替代，因此，城市仍将永久存在。Norman Sedgley 和 Bruce Elmslie（2011）更是认为美国的大城市在未来美国经济的发展中仍将起到中心主导地位。

对于中国而言，城市化仍然处于快速推进之中，2020 年中国城镇化率达到 63.89%，与前些年的快速增长相比，未来中国城镇化将进入增长速度相对缓慢与质量更加提升的阶段。根据联合国世界城市化展望报告，中国迄今为止已经拥有 6 个人口规模在 1000 万以上的超级大都市区以及 10 个人口规模在 500 万~1000 万的大城市，到 2030 年中国将会形成更多的超级大都市区。"大城市"这一形态仍是推动未来中国经济持续增长的最主要的空间载体。

（二）大城市发展面临诸多问题

城市作为一个要素集聚体，随着人口、经济要素在城市空间的过度聚集容易引发巨大的拥挤成本，造成人口拥挤、环境污染、犯罪率上升等一系列负面问题。从发达国家的城市化发展经验来看，纽约、伦敦、洛杉矶、东京等国际化大都市在 20 世纪 50、60 年代都曾出现过十分严重的"城市病"问题。相较于区域之间的长距离，城市的空间范围显得很小，所以学者们往往会忽视在城市这一较小空间范围内存在拥挤的可能性（Antonio Accetturo，2010），因而，过去国外学者对城市的拥挤效应研究较少。不过，进入 21 世纪以后，城市经济学家们对城市集聚与拥挤效应进行了多维度的研究。Henderson（2003），Brülhart 和 Mathys（2008），Brakman 研究发现城市产业集聚有可能给地方经济带来一系列的负面影响，并称之为拥挤效应（congestion effect）。诚然，城市是一个有特定范围的地理空间，要素在有限空间范围内的过度集聚往往会造成拥挤，引发负面效应，存在诸如以下几个方面的问题。一是人口拥挤，大城市的集聚经济、知识溢出效应、高工资，吸引了大量的人才聚集在此，人口密度不断增大，出现了人口拥挤现象。二是交通拥挤。城市规模不断扩大，中心区的地价上升，居民居住地与就业地不断分离，通勤时间不断增加，加之私家车进入道路的零成本，城市私家车数量不断增加，引起城市交通拥堵，从而导致大城市工作时间相对小城市的工作时间更少，因为花在通勤上的时间比较多（David Segal，1976）。

改革开放40余年以来，中国城镇化迅猛推进，取得了巨大的成就。但是在快速推进的过程中也出现了一系列的问题，诸如城镇化滞后于工业化、土地城镇化明显快于人口城镇化、城镇化重数量规模轻质量内涵等问题。更为严重的是，随着城市规模扩大、无序扩张，大量的城市出现了严重的"大城市病"问题。如王桂新（2011）、李国平（2013）、魏后凯（2015）、肖金成（2017）等对此问题都有研究和论述，他们认为"大城市病"产生的根源在于城市功能过多，是经济和人口的"过密"分布和不合理布局导致的。

与此同时，国内学者对中国城市规模与城市效率之间的关系存在争论。有学者认为，中国城市规模过大，集聚规模太大带来了很高的拥挤成本，集聚净收益下降。由于受到体制机制、治理能力以及资源分配等问题的影响，中国城市社会成本太高，城市空间承载能力下降，城市经济效率损失较大。如国内学者柯善咨等（2008）研究发现：中国城市就业空间密度过大引发明显的拥挤效应，进而导致生产率降低。也有部分学者认为目前中国城市规模并未达到最大限度，仍然存在进一步集聚的可能，人口和经济的集聚更加有利于经济增长。如周其仁（2015）认为密度高就会使分工更发达，能够提高生产率，同时人群聚集，可以降低信息成本、基础设施建设成本，中国城市化下半程很可能是由城市扩张向紧凑型城市转变。因此，新时代中国的城市应该借鉴已经经过城市化快速发展阶段的发达国家的经验，以发达国家城市化的发展趋势为导向，吸取经验教训，避免重走弯路，提高城市空间资源配置效率，实现新时代中国城市高质量发展。

二　发达国家城市化的经验与启示

（一）发达国家的大城市始终是人口集聚中心，人口仍然处于流入阶段

20世纪50年代开始，国外的大都市如纽约、伦敦、洛杉矶、东京都曾出现非常严重的"城市病"问题，经过半个多世纪的技术进步、管理水平提升、

城市治理等，这些城市（或都市圈）"城市病"问题得到明显改善，城市环境也不断改善，人口又不断回流到大城市，大城市人口规模不断扩大。发达国家所经历的"中心化—去中心化—再中心化"的城市化发展过程，更加清晰地证明了大城市始终是人口的集聚中心。从东京都人口变动可以发现发达国家城市化进程状况。东京都的人口变动经历了三个阶段：① 19 世纪 70 年代至 20 世纪 60 年代东京都的人口整体呈明显流入，东京都占日本的人口比重不断提高，由不足 3% 上升到了最高值 11%。其间，20 世纪 40 年代二战导致东京都的人口数量陡然下降。② 20 世纪 70 年代至 20 世纪 90 年代，东京都人口占比由 11% 下降到 9%。③ 2014 年东京都占日本人口比重超过 10%（见图 5-1）。总体而言，东京都的人口集聚现象十分显著，而且从未来发展趋势判断，人口集聚效应仍将持续，东京都仍然是人口的集聚中心。

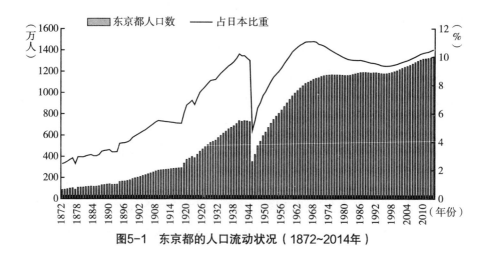

图5-1　东京都的人口流动状况（1872~2014年）

（二）发达国家大城市经济效率显著高于其他地区，仍然是经济增长的中心

大城市仍然是经济增长最快、生产率最高的地区。根据美国统计局调查资料，美国 75% 的人口居住在城市，而城市地区的面积只占国土面积 2%。与此同时，美国排名前 20% 都市化地区的劳动生产率是排名后 20% 地区的 2 倍。尽管发达国家城市"去中心化"趋势一再被提及，但是，时至今日美国西

海岸和五大湖区城市群不断崛起，纽约仍然是金融中心，其他地区和城市仍然无法取代，华尔街、派克大街、第五大道等知名的传统金融与社会活动场地仍显示着强大的中心地位。世界的城市化进程仍在继续，城市经济仍在增长，西方发达国家的大都市纽约、伦敦等在经历了 20 世纪 70 年代的黯淡岁月之后，已经复活，工资、人口以及房价在人口密集的中心区呈现稳健的增长趋势。

（三）发达国家城市发展进入了"大都市区"阶段，大都市区是国际竞争的主要空间形态

西方现代城市化进程可以分为三个阶段。①城市兴旺发达阶段。1945 年二战后百废待兴，大量需求刺激了直接和间接的投资，并且具有充裕的劳动力，同时得益于经济活动空间集聚带来的集聚效应，在二战后美国和欧洲兴盛的大批量、大规模生产的福特主义促进了工业大城市的发展和繁荣。②城市衰退阶段。到了 20 世纪中期以后，国际竞争、劳动力市场不协调、经济上滞胀等，导致经济不稳定，城市开始处于濒临"破产"的边缘。欧美发达国家的中心城市设施落后、建筑老旧、地价高昂，城市无法及时更新基础设施和完善公共服务，出现了以环境污染、交通拥堵、犯罪率上升为代表的"大城市病"问题。③大都市化阶段。20 世纪 90 年代，通信技术日益发达，距离消失、全球分散化趋势愈加明显，这似乎预示着城市将不复存在。事实上，全球化是促进城市增长和扩张的最主要原因。美国出现了制造业转移的"去工业化"趋势，后工业化时代的美国城市形态也发生了极大变化，中心城市的制造业逐步退化，生产性服务业增长，城市分散化与郊区化现象日益明显，美国城市迎来了大都市区化新模式，城市空间结构由单中心向多中心过渡，中心城市在区域经济中的地位有所下降，但其仍是大都市区的核心，中心城市的集聚效应仍然明显，当中心城市的集聚效益大于集聚成本时，人口和经济活动仍会重回中心城市。城市空间扩展不是单单扩大市辖区范围，而是实现城市与周边地区的联动发展，形成城乡一体化发展（陈恒、李文硕，2017）。

三 国内外大都市比较分析

中国城市问题研究专家加拿大不列颠哥伦比亚大学教授赛明思曾指出：研究中国城市问题，只有在与西方城市进行比较过程中才能得到有意义的结果。只有在与发达国家的大都市进行比较的过程中，我们才能发现差距，寻找差距根源，从而更好地推进中国城市建设。

（一）我国大城市经济效率远低于国际大都市，经济集聚效率低于国外

人均 GDP 水平是衡量城市经济效率的重要指标。受 OECD 统计数据所限，以下采用 2014 年人均 GDP 数据比较分析国际大都市经济发展水平。2014 年深圳、北京、上海的人均 GDP 分别为 19558 美元、13857 美元和13524 美元。纽约以 73091 美元位居榜首，巴黎、芝加哥、米兰、伦敦、洛杉矶的人均 GDP 都在 5 万美元以上，发展中国家的圣地亚哥和墨西哥城也在 2 万美元以上。中国人均 GDP 最高的深圳市约为纽约的 1/4，巴黎、伦敦的 1/3，东京的 1/2，不仅与发达国家大都市存在差距，还低于发展中国家的墨西哥城和圣地亚哥（见图 5-2）。

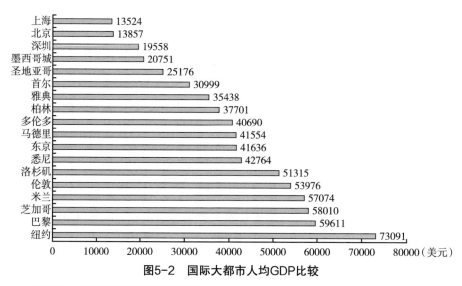

图5-2 国际大都市人均GDP比较

资料来源：根据OECD网站数据整理计算。

（二）我国大城市劳动生产率低于国外大城市

劳动生产率是衡量一个地区或城市生产率水平的重要指标，代表劳动者素质和质量，是城市经济发展到一定阶段的重要体现。从 OECD 统计数据来看，中国大都市的劳动生产率水平明显偏低。如图 5-3 所示，纽约市的劳动生产率为160141 美元，居于榜首，巴黎、米兰和伦敦劳动生产率都在 10 万美元以上，中国劳动生产效率最高的上海市仅为 28954 美元，不到纽约的 1/5，只约东京的 1/3、首尔的 1/2，远低于发达国家大城市，也低于发展中国家中的圣地亚哥和墨西哥城。

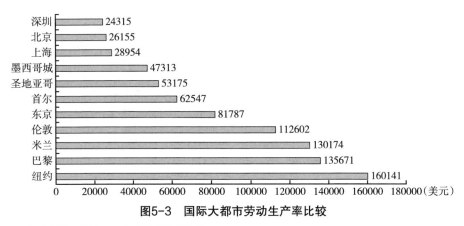

图5-3　国际大都市劳动生产率比较

资料来源：根据OECD网站数据整理计算。

（三）我国大城市核心区人口密度远超国际大都市

由于国内外大都市的人口数量与土地面积统计口径不一致，如果将人口密度直接比较将会出现较大偏差，为了让国内外大都市的数据具有可比性，本研究首先框定了具有可比性的城市面积，在同一基准上进行比较分析。

如表 5-1 所示，东京都市圈核心区的面积为 2190.9km²，人口密度为 6106人 /km²，北京市城七区的面积为 2275km²，人口密度为 6207 人 /km²，深圳都市圈核心区面积为 1997km²，人口密度为 5322 人 /km²。由此可见，核心区的人口密度基本相当，北京市的核心区人口密度高于东京都。东京都市圈的面积为 13562.1km²，人口密度为 2648 人 /km²，北京都市圈的面积为 16410.5km²，人口密度为 1310 人 /km^2，深圳都市圈的面积为 15803km^2，人口密度为 1496 人 /km^2。总体来看，我国大都市核心区的人口密度偏大，外围的人口密度偏低，这也是我国大城市拥堵现象极其严重的重要原因之一。

表5-1　国际大都市分圈层人口结构

类型	圈层划分	划分依据	空间范围	面积（km²）	人口（万人）	人口密度（人/km²）
东京都市圈	核心区	东京都	东京都行政区	2190.9	1338	6106
	大都市区	东京都市圈	东京都、埼玉县、千叶县、神奈川县	13562.1	3592	2648
北京都市圈	核心区	城七区	东城区、西城区、朝阳区、海淀区、丰台区、石景山区、通州区	2275	1412	6207
	大都市区	北京市	16个市辖区全域	16410.5	2151	1310
深圳都市圈	核心区	深圳市行政区划	10个行政区划	1997	1063	5322
	大都市区	深圳市及周边两市	深圳、东莞、惠州	15803	2365	1496

资料来源：根据统计数据计算所得。

（四）核心圈层经济占比低，经济贡献仍不足

分圈层结构分析经济要素分布能够更加精准地判断中国大城市与国际大都市的差距所在。如表 5-2 所示，上海都市圈中心区第三产业占比为 66.14%，北京都市圈中心区的第三产业占比为 72.11%，远低于巴黎、伦敦和东京 90% 以上的水平。上海内圈和外圈的第三产业占比竟然仅有 36.69% 和 38.93%，大大低于其他城市，北京的内圈和外圈的第三产业占比要高于上海，比例为 76.58%、52.02%，相对而言，北京的服务业与国际大都市的水平较接近。按照城市化发展路径，一般发展成熟的大城市的制造业占比偏低，高附加值、高科技、高智力的现代服务产业占比很高，发达国家的国际大都市产业一般都是金融、商业、保险、证券等高智力、高附加值的业态。分圈层产业结构比较分析发现，中国大城市在现代服务业发展上与国际大都市仍存在较大差距，离全球资源配置中心还有较远距离。

表5-2　国际大都市分圈层的经济结构比较

单位：%

区域	巴黎		东京		伦敦		上海		北京	
	第二产业	第三产业	第二产业	第三产业	第二产业	第三产业	第二产业	第三产业	第二产业	第三产业
中心	7.2	92.7	8.95	91.05	5.4	94.59	31.69	66.14	26.48	72.11
内圈	12.8	87.1	13.21	86.77	16.85	83.09	52.70	36.69	22.51	76.58
外圈	13.1	86.7	37.47	60.73	8.83	91.14	63.03	38.93	45.53	52.02

资料来源：巴黎、东京、伦敦数据来自OECD网站，http://www.oecd.org。上海市数据来自15个区县的2013年经济和社会发展统计公报。巴黎产业结构根据各产业机构人数比例计算所得，其他城市根据分产业增加值比例计算得到。北京都市圈产业结构采用北京市、张家口、承德、保定、廊坊市辖区的三次产业增加值比例的平均值进行处理。

（五）中国大城市将处于"城市病"集中爆发的阶段

2020年中国城镇化率达到了63.89%，与发达国家80%~90%的城市化率相比仍然存在明显差距，中国的城镇化已经进入了中后期阶段，呈现了新特征，即城镇化发展速度由快转慢、城镇化发展阶段由规模扩张转变为规模扩张与质量并重。前期中国城镇化发展受到抑制和改革开放后城市迅速扩张两重因素叠加，加之在城市化建设中，轻视了城市与经济、自然、科技协调发展的客观规律，导致中国城市发展的不平衡不充分问题十分突出，今后一段时间中国的"城市病"问题可能将集中暴露出来。

四　打造世界一流大都市的政策建议

（一）以五个统筹为统领，推进中国城市健康发展

思想是行动的先导。推动中国城市健康建设，要从发展理念、发展方式、发展模式上进行变革。2015年，中央城市工作会议提出了五个统筹，即"统筹空间、规模、产业三大结构，提高城市工作的全局性。统筹规划、建设、管理三大环节，提高城市工作的系统性。统筹改革、科技、文化三大动力，提高城市发展的持续性。统筹生产、生活、生态三大布局，提高城市发展的宜居性。统筹政府、社会、市民三大主体，提高城市发展的积极性。"五个统筹的

提出为中国城市健康良性发展提供了方向。未来中国城市的发展要由"三高"转向"三低"，即高耗能、高排放、高污染转向低能耗、低排放、低污染；城市发展方式要从过去由摇篮进入坟墓的线性发展模式转向摇篮再回到摇篮的循环发展模式；城市空间发展模式要从粗放、无序、非均衡的发展模式转向集约、有序、均衡的紧凑发展模式（李迅，2018）。

（二）提高城市集聚效率，发展内涵型城市

大城市具有显著的经济效率和环境治理的规模经济优势，城市高密度会使分工更加发达，人群聚集可以降低信息成本和基础设施建设成本，提高城市密度，建设内涵型城市是城市化的未来方向。一方面，通过城市精细化管理，提高城市空间承载能力。在城市规划中突出以人为本、精细化管理的理念，围绕"以人为本、服务为先"，完善城市治理结构，创新城市治理方式，提升城市社会治理水平。对标发达国家的城市更新、精明增长等城市新理念，借鉴发达国家城市规划和管理先进经验，合理布局城市功能，完善硬件配套设施条件，增强软性服务管理。另一方面，针对超大城市的"大城市病"问题，从优化城市内部资源配置入手，改变以城市整体为对象而进行的宏观调控政策，划分城市圈层结构，遵循人口和城市发展规律，在摸清城市各圈层结构资源分布状况的基础上进行精准调控，按照核心区、外围区、都市圈，改变城市的空间布局和资源的空间配置，重点对大城市核心区功能进行疏散，疏散城市非核心功能，给创新资源和人才资源腾出空间。

（三）做好城市功能"加法＋减法"，化解城市结构性失衡问题

当前中国城市发展中存在着超大城市超负荷运转，中小城市人口、资金等要素吸纳不足的结构性失衡问题。要合理划定城市功能，促进不同等级类型城市健康有序发展。一方面，做好"加法"，按照城市功能分区，优化超大城市的内部空间结构，由单中心向多中心转变，提高城市综合承载能力，防止功能过于集中的拥挤效应；另一方面，做"减法"，合理划定超大城市的功能，向周边中小城市疏散非核心功能，为更高层级生产要素腾出发展空间，也促进要素向中小城市流动，促进中小城市的发展。

（四）疏散城市核心区非经济功能，均衡配置公共服务资源

按照国际经验，大城市核心区是经济产出最高、经济效率最高的地区，是发挥经济功能最强大的地区。但是，国内北京、上海等城市的教育、医疗等公共资源在城市空间分布不均，核心区集中了大量优质的医疗、教育资源，过多非经济功能资源在核心区集聚造成了人口分布过度密集，非经济功能占据核心区稀缺的优质土地资源，对城市核心区的创新资源具有明显的挤出效应。与此同时，大城市核心区的教育资源仍处于稀缺状态，教育资源供给不足且分布不均衡。因此，要进一步增加医疗、教育资源的供给，同时，疏散核心区的非经济功能，根据城市人口分布均衡合理地配置公共资源。

（五）弱化城市行政边界，实施城市群规划战略

未来国家经济之间的竞争将以城市群为主体。进入 21 世纪以来，西方发达国家纷纷将城市群这一形态作为城镇空间发展的主要抓手。美国区域规划协会在 *America2050* 中规划了 11 个大城市群，日本政府则以 7 个都市圈为重点进行城市空间发展规划，与此同时，欧盟也有类似的城市群规划。要借鉴发达国家城市功能区的划定标准，弱化行政区边界，破除行政壁垒和条块分割的利益藩篱，打造以城市群、都市圈为形态的经济功能区，促进资源要素自由流动，降低交易成本，提高资源配置效率，扩大核心城市的经济腹地和辐射作用，加强城市间合作，打造城市联合体，设立权威的区域协调机构，推动城市群在基础设施、生态环保、产业布局、要素流动以及市场一体化等方面共建共享、协同发展。

第二节　基于城市效率评价的大城市发展路径

城市化发展方针决定了不同规模等级城市优先发展的政策取向，决定了资源要素的流向和城镇化空间布局。人均 GDP 和劳动生产率作为城市效率的评价指标，是判断和制定中国城市化方针政策的有效工具。

一　城市化发展路径演变及评价体系构建

中国城市化是在工业化和城市化进程中不断探索和发展演进的过程。历来有优先发展大城市还是中小城市的争论，因为城市化方针策略体现了优先发展不同规模城市的政策取向，直接决定了资源要素的流向，从而影响中国城镇和区域经济空间布局。纵观我国城市化方针政策演变，由"控制大城市规模"到"完善区域性中心城市功能"，到"以特大城市为依托，形成辐射作用大的城市群"，再转变为"以城市群为主体构建大中小城市和小城镇协调发展的城镇格局"。目前，国内已经形成了以中心城市和城市群主体空间形态为依托，综合带动区域经济发展的新型城镇化发展格局，中心城市和城市群已成为带动我国经济快速增长和参与国际经济合作与竞争的主要平台。

从国外城市化发展现状看，城市集聚带来的人口效应、规模经济和正外部性也是无可争辩的事实。根据美国统计局调查资料，美国 75% 的人口居住在城市，而城市地区的面积只占全国国土面积的 2%，人口集聚效应十分显著。集聚效应是规模经济和范围经济的外在表现形式，它能够显著提高经济效率，尽管如此，随着人口与经济要素在城市空间的进一步集聚，集聚过度引发了巨大的拥挤成本，人口拥挤、环境污染、犯罪率上升等一系列"大城市病"问题凸显。城市规模越大，拥挤成本随之上升，当前中国大城市出现了普遍较为严重的"大城市病"问题，关于这一问题，学术界有专门研究讨论。目前，有学者认为中国城市规模过大，城市就业空间密度过高，集聚规模太大带来了很高的拥挤成本，而拥挤效应导致生产率降低（柯善咨、姚德龙，2008）。也有部分学者认为中国城市规模并未达到最大限度，仍然存在进一步集聚的可能，人口和经济的集聚更有利于经济增长；但是由于城市管理方法不到位、政府干预过度、资源分配不合理等问题，城市社会成本提升、城市空间承载力下降，进而导致城市经济效率损失。与国际大都市相比，中国大城市的经济集聚能力尚显不足，明显低于发达国家大城市，对本国经济的贡献率明显偏低，未来仍需进一步强化。统计数据显示，智利圣地亚哥市的

GDP 占全国 GDP 比重达到 47.46%，首尔市 GDP 占比达到 45.78%，东京、巴黎、伦敦的 GDP 占比也在 30% 左右，纽约市也达到 7.86%；相较而言，上海、北京、深圳的经济总量占全国比重只有 3% 左右。当前中国大城市集聚程度不高、集聚效率低，而且还出现了严重的"大城市病"问题，如何制定合理的城市化发展方针政策，是优先发展大城市还是重点发展小城市，如何利用合理的空间形态优化中国区域经济空间布局，推动中国经济增长，值得深入研究。

从理论上看，城市化的发展不仅具有集聚经济，同时也存在拥挤效应，二者均会对城市效率产生影响。一般来说，城市集聚经济提升了城市效率水平（Glaeser，1998），而城市拥挤效应降低了城市效率水平（Antonio Accetturo，2010）。城市效率水平是城市集聚经济与拥挤效应相互作用的结果。藤田昌久（2016）利用空间经济学理论模型，解释城市空间结构以及城市区域结构，城市的形成在于规模扩张下向心力与离心力之间的博弈，寻求彼此间邻近带来的集聚经济与过度集聚而造成拥挤效应的平衡。依据 Antonio Accetturo（2009）对城市空间相互作用力的分析，主要存在静态与动态双形态的离心力与向心力，这四种驱动力表达了经济活动的空间分配，如表 5-3 所示。

表5-3　城市空间均衡四大作用力

作用力	离心力（Centrifugal）	向心力（Centripetal）
静态	通勤成本（低的纯收入），市场拥挤效应	规模经济、运输成本
动态	通勤成本（低的跨期溢出效应）	本地知识溢出

资料来源：Agglomeration and Growth:the Effects of Commuting Costs (Antonio Accetturo，2009).

一方面，集聚经济是提高城市效率的向心力，对城市效率具有促进效应。静态来看体现为规模经济（如人口规模、产业规模与资源共享等）（David Segal，1976；Ronald L.Moomaw，1983）与运输成本优势，即所谓的劳动力市场效应（Glaeser，1998）等方面；动态来看体现为学习机制下对技术创新的知识溢出效应（Aison R. Abel，Ishita Dey，Todd M. Gabe，2011）。关于集聚的经验研究，多数学者主要聚焦城市规模和产业规模决定了劳动生产率以及由集聚经济引起的技术外溢现象，较少涉及城市空间密度对城市效率的影响。相对来说，空间密度是比城市规模决定生产率更精确的因素（Ciccone，1996），即经济密度越高，知识外溢、劳动力池、专业化投入品等集聚效应更强，从而使生产率越高（陈良文等，2009）。另一方面，过度集聚则形成城市拥挤，而拥挤效应是降低城市效率的离心力，根源是资源过度集聚，造成资源配置过剩下的无效率现象。静态来看体现为市场拥挤与通勤成本（低的纯收入），即行业激烈竞争下利润的递减，熟练工人的纯收入不断降低，随之，劳动力供给减少，但是地租上升；动态来看体现为通勤成本（低的跨期溢出效应），即通勤成本提升下城市劳动力供应的减少，导致用于 R&D 的劳动力投入减少，阻碍了多样化生产和经济增长。关于拥挤的经验研究，多数学者主要聚焦于生产要素拥挤（唐根年等，2009）与产业集群拥挤（Brakman et al.，1996；曾亿武等，2015）。李敏、刘和东（2008）以行为生态学为研究视角，构建生物社群关联度指数模型，研究产业集群内部及产业间关系，认为拥挤效应是产业集群潜在风险之一，产业集群的拥挤效应是因为产业集群超过了最优规模，内部密度过大导致成本增加或利润减少。城市化过度拥挤则会引发人口拥挤、交通拥挤与环境污染等一系列社会问题（Edward L.Glaeser，2007），进而增加了生活成本与通勤成本。

综上所述，国内外学者对城市化发展中的集聚经济、拥挤效应，以及其对城市效率的影响分别进行了研究，但鲜有将两者结合起来纳入分析框架中的，尤其是拥挤效应对城市效率造成的损失研究，把拥挤效应纳入实证模型的并不多见。目前，我国经济正处于由中高速发展向高质量发展转变的攻坚期，对于如何优化区域经济空间布局，提高空间资源配置效率问题的研究更为迫切。本研究正是弥补现有文献之不足，以国内 285 个地级市为样本，选取了集聚经济、拥挤效应的代理变量，把集聚经济与拥挤效应一同纳入分析框架，通过构建集聚经济、拥挤效应与城市效率的理论框架，对影响城市效率的因素进行实证研究，重点考察拥挤效应纳入模型后的影响程度，模型主要采用了标准面板数据模型，在总体回归的基础上，按照分城市规模的样本数据进行了分别回归，并在实证分析的基础上提出相应的对策，为实现中国城市经济的高质量发展提供建设性对策。

二 理论模型与研究设计

（一）模型构建

参考（Ciccone，1996，2002）有关城市集聚经济对城市劳动生产率模型，基本模型如下：

$$q_i = \theta_i \left[(n_i H_i)^\beta k_i^{1-\beta} \right]^\alpha (Q_i / A_i)^{(\lambda-1)/\lambda} \tag{1}$$

其中 q_i 表示城市单位面积产出，θ_i 表示城市全要素生产率，n_i 表示城市单位面积就业人数，H_i 表示平均人力资本水平，k_i 表示单位面积的物质资本投入，Q/A_i 为城市总产出／城市总面积，表示空间产出密度。α 表示单位资本和劳动的规模报酬，由于 $0<\alpha \leqslant 1$，说明边际生产率递减，即表示存在"拥挤效应"。β 表示人力资本和物质资本的要素贡献率，λ 表示产出密度弹性，当 $\lambda>1$ 时，本地化经济表现为外部性，产业集聚对城市经济效益产生贡献。

产业集聚是集聚经济的重要表现之一，因此，Ciccone 只是考虑了产出密度，为了表现产业经济对城市生产率的影响，参考柯善咨（2014）的做法，加入了工业集聚指数 S_i，以此来表征产业集聚经济影响生产率的变化。

$$q_i = \theta_i \left[(n_i H_i)^\beta k_i^{1-\beta} \right]^\alpha (S_i^\gamma g_i Q_i / A_i)^{(\lambda-1)/\lambda} \tag{2}$$

其中，S_i 表示工业集聚指数，即城市工业部门在全国工业部门中所占的比重。g_i 表示工业占全市经济的比重。

假设城市内经济活动的空间分布是均衡的，城市总产出即每单位面积产出乘以城市总面积，即（2）式乘以城市行政面积 A_i，得到以下总产出函数：

$$A_i \times q_i = A_i \theta_i \left[(n_i H_i)^\beta k_i^{1-\beta} \right]^\alpha (S_i^\gamma g_i Q_i / A_i)^{(\lambda-1)/\lambda} \qquad (3)$$

$$Q_i = A_i \theta_i \left[(n_i H_i)^\beta k_i^{1-\beta} \right]^\alpha (S_i^\gamma g_i Q_i / A_i)^{(\lambda-1)/\lambda} \qquad (4)$$

$$Q_i = A_i \theta_i \left[(N_i H_i / A_i)^\beta (K_i / A_i)^{1-\beta} \right]^\alpha (S_i^\gamma g_i Q_i / A_i)^{(\lambda-1)/\lambda} \qquad (5)$$

两边同除以 N_i，得到：

$$Q_i / N_i = \theta_i^\lambda \left[H_i^\beta (K_i / N_i)^{1-\beta} \right]^{\alpha\lambda} (N_i / A_i)^{\alpha\lambda-1} S_i^{\gamma(\lambda-1)} g_i^{(\lambda-1)} \qquad (6)$$

为了克服异方差问题，对所有的解释变量和被解释变量取对数。令 $y_i = Q_i / N_i$ 和 $k_i = K_i / N_i$，因此，计量方程可以写成如下模式：

$$\ln y_{it} = \lambda \ln \theta_{it} + \beta_1 \ln H_{it} + \beta_2 k_{it} + \beta_3 \ln n_{it} + \beta_4 \ln S_{it} + \beta_5 \ln g_{it} + \varepsilon_{it} \qquad (7)$$

（二）变量选取

1. 城市效率的变量选取。在实证研究中，学术界一般采用人均 GDP（柯善咨、赵曜，2014；等）与劳动生产率（苏红键，2013；等）来衡量城市效率。本研究选取人均 GDP 来表示城市效率，为了验证模型的稳健性，还将使用劳动生产率作为被解释变量加以验证，城市劳动生产率则使用城市职工平均工资来表示。

2. 集聚经济的变量选取。集聚经济对城市经济效率的影响，主要从两个视角进行刻画：一是集聚规模，二是集聚密度。其中，集聚规模主要采用人口规模来表示，即市辖区年末总人口数（万人）。集聚密度主要涉及就业密度与产业密度两个指标，前者更好地反映了劳动力要素的空间集聚程度，采用市辖区劳动力就业总数除以行政区面积来表示；后者更好地反映了产业分布的空间集聚程度，采用工业集聚指数来衡量，其公式为工业集聚指数 =（市辖区工业增加值 / 全国工业增加值）×（市辖区工业增加值 / 全市地区生产总值）。

3.拥挤效应的变量选取。城市拥挤效应主要包括交通拥挤、环境拥挤，还有由人口拥挤造成的社会负面效应，如犯罪率提高，不过由于缺少犯罪率等相关指标的统计数据，只考虑交通拥挤和环境拥挤，暂不考虑拥挤效应造成的社会成本。其中，交通拥挤采用每辆车的道路面积（道路面积/汽车保有量）来表示，该指标反映每辆汽车拥有的道路面积，数值越小表示拥挤程度越高；环境拥挤采用单位GDP的污染排放量来表示，即每万元GDP的工业二氧化硫的排放量（吨），表示单位产出的污染排放强度，用来刻画城市环境污染的拥挤效应。

4.控制变量的指标选取。考虑对城市效率水平的其他影响因素，本研究主要选取了以下几个控制变量：一是公共基础设施，采用城市每万人公共汽车数和人均道路面积两个指标来衡量；二是对外开放程度，依据梁婧等（2015）的研究基础，采用各地级市的人均当年实际使用外资金额来表示；三是人力资本，参考范建勇等的研究，采用每万人中含各级学校的专任教师数来表示；四是人均资本存量，因地级市数据缺失，故引用单豪杰测算分省份资本存量，然后以各城市当年占本省份GDP水平份额乘以资本存量水平，得到各市的资本存量初始水平，之后利用资本存量计算公式推算得到各地级市的资本存量水平。

（三）数据来源和处理与描述性统计

1.数据来源和处理。本研究以中国地级市为研究单元，选择样本为中国285个城市。受限于数据可得性，为了保证样本指标口径一致性和数据质量，选择了2003~2018年的历史数据，同时，剔除了少数民族自治州、拉萨、毕节、铜仁等城市数据。指标数据大部分来源于EPS数据库，数据库中缺失的数据则查阅了各省区市的年度统计公报和统计年鉴，仍无法搜集的缺失数据使用Stata软件的插值法进行补齐处理。

2.描述性统计。如表5-4所示，运用Stata软件对各个变量进行了描述性统计，分别从均值、标准差、最小值和最大值等几个方面做了数据统计。

表5-4　变量描述性统计

变量	变量名称（单位）	观察值	均值	标准差	最小值	最大值
pgdp	人均GDP（元）	4560	48065.58	101000	1231	642000
wage	劳动生产率（元）	4560	37953.46	20147.28	1969.57	150000
pop	人口规模（万人）	4560	141.746	183.826	14.08	2465
labdensity	就业密度（万人/平方公里）	4560	0.036	0.05	0.000469	0.576
indid	工业集聚指数	4560	0.004	0.005	0.000017	0.076
caroad	道路拥挤度（平方公里/辆）	4560	0.681	0.826	1.159	20.702
poll	单位GDP二氧化硫排放量（吨/万元）	4560	0.128	0.499	0.319	7.6019
pbus	每万人公共车辆（辆/万人）	4560	7.267	7.024	0.098	115.006
proad	人均道路面积（平方米/人）	4560	10.552	7.507	0.02	108.37
pfdi	人均外商直接投资（百美元/人）	4560	206.812	348.287	0.04089	3614.85
ter	人力资本（人/万人）	4560	31.673	322.102	0.061	385.8014
pcap	人均资本存量（亿元/万人）	4560	164000	401000	734.232	4011487.282

（四）城市规模的界定

为了考察不同规模城市的集聚经济、拥挤效应对城市经济效率的影响，本研究对285个地级城市样本进行了划分，由于使用市辖区的数据，人口规模主要根据市辖区的人口数量进行衡量，因此在划分城市规模时，本研究结合2014年国务院印发的《关于调整城市规模划分标准的通知》中城市规模等级划分标准，结合市辖区人口规模状况，按照2018年各地级市的市辖区人口规模划分城市规模等级如表5-5所示。考虑数据样本太小容易导致计量回归结果偏差，因此，本研究将特大城市和大城市归并为大城市一类。以下按照大城市、中等城市、小城市三个类别的城市经济效率影响因素进行回归分析，比较不同人口规模等级城市的经济效率影响因素的差异性。

表5-5　按市辖区人口规模划分的城市规模等级

单位：个

序号	城市类型	划分标准	城市数量
1	特大城市	辖区人口500万人以上	15
2	大城市	辖区人口100万~500万人	143
3	中等城市	辖区人口50万~100万人	87
4	小城市	辖区人口50万人以下	40
合计			285

三　城市集聚经济与拥挤效应的衡量

以下主要阐述了国内285个地级市集聚经济及拥挤效应的表现、内容，以及其与城市效率之间的关系。综合来看，适度的集聚能够显著提高城市效率，过度集聚会带来巨大的拥挤成本，即直接或间接成本，导致城市效率下降。

（一）集聚经济与城市效率的提升

集聚经济主要通过规模效应与密度效应两大效应对城市效率产生影响。规模效应一般用城市人口规模加以衡量，密度效应一般用就业密度和产业集聚度来衡量。

1. 规模效应与城市效率的提升

随着城市规模扩大，人口规模也就越大，城市效率水平也逐渐提升。由图5-4可初步判断，城市规模（人口规模）与城市效率之间存在正相关关系（Edward L.Glaser，2007；柯善咨、赵曜，2014），且回归结果通过显著性检验。

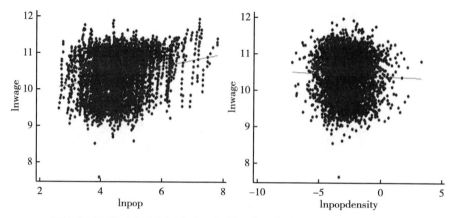

图5-4 2003~2018年城市人口规模、人口密度与劳动生产率散点图

注：横轴分别为人口规模的自然对数（lnpop）和人口密度的自然对数（lnpopdensity），纵轴为劳动生产率的自然对数（lnwage）。

资料来源：根据EPS数据库数据计算所得。

2. 密度效应与城市效率的提升

城市规模大，人口密度高，劳动力更加密集，劳动力间可以实现知识共享，可以发挥劳动力知识溢出效应，因为知识传播具有一定的范围和半径，溢出效应只在有限的空间范围内发挥作用。

①就业密度与城市效率。图 5-5 分别是我国地级市人均 GDP 与就业密

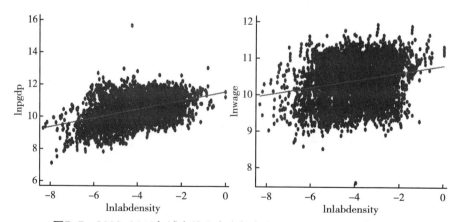

图5-5 2003~2018年城市就业密度与人均GDP、劳动生产率散点图

注：横轴为就业密度的自然对数（lnlabdensity），纵轴分别为人均GDP的自然对数（lnpgdp）和劳动生产率的自然对数（lnwage）。

资料来源：根据EPS数据库数据计算所得。

度散点图、劳动生产率与就业密度散点图。可初步判断，就业密度与城市人均 GDP 存在显著正相关关系，就业密度与劳动生产率也存在显著正相关关系；同时在回归分析中也通过显著性检验，即两者存在相关关系的零假设下的弃真概率小于 0.001。

分城市规模就业密度。就业密度采用市辖区单位就业人数 / 行政面积（万人 / 平方公里）来表示。如图 5-6 所示，大城市的就业密度显著高于地级市和中小城市平均值，地级市就业密度平均值高于中小城市，小城市就业密度最低，与现实情况一致。从变化趋势来看，2003~2018 年，无论何种规模的城市就业密度均呈现先上升后下降的趋势，历史峰值基本均处在 2015 年左右。

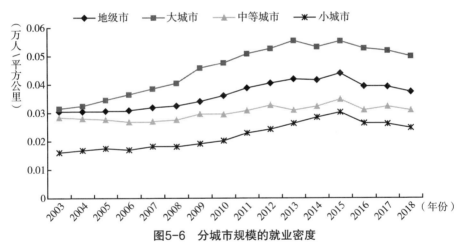

图5-6　分城市规模的就业密度

资料来源：根据EPS数据库数据计算所得。

②产业集聚与城市效率。图 5-7 分别是我国地级市人均 GDP 与产业集聚度散点图和劳动生产率与产业集聚度散点图。产业集聚度与城市人均 GDP 存在显著正相关关系，产业集聚度与劳动生产率也存在显著正相关关系；同时在回归分析中也通过显著性检验，即两者存在相关关系的零假设下的弃真概率小于 0.001。

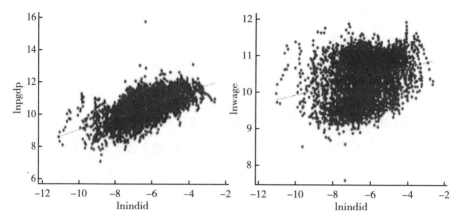

图5-7　2003~2018年城市工业集聚度与人均GDP、劳动生产率散点图

注：横轴表示产业集聚度的自然对数（lnindid），纵轴分别表示为人均GDP的自然对数（lnpgdp）
和劳动生产率的自然对数（lnwage）。

资料来源：根据EPS数据库数据计算所得。

　　分城市规模工业集聚指数。总体来看，城市规模越大，工业集聚指数越高，城市规模与工业集聚指数成正比。大城市工业集聚指数明显高于中小城市，由于大城市工业集聚指数高直接拉高地级市的平均值，全国地级市的平均值高于中小城市，小城市工业集聚指数最低。从变化趋势来看，大城市的工业集聚指数逐渐下降，中小城市工业集聚指数逐渐有所上升（见图5-8）。

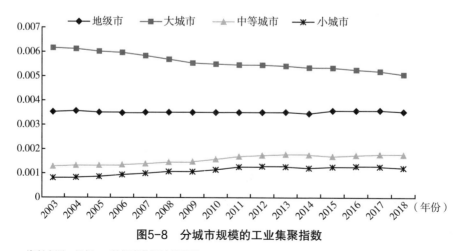

图5-8　分城市规模的工业集聚指数

资料来源：根据EPS数据库数据计算所得。

（二）拥挤效应与城市效率的损失

城市拥挤效应主要是城市空间资源有限造成的密度过大而带来的效率损失。城市拥挤效应可以通过交通拥挤与环境污染等指标加以衡量。

1. 交通拥挤与城市效率的损失

交通拥挤是困扰城市发展的重要问题，是"大城市病"的突出表现之一。造成交通拥挤的根源在于，城市道路面积增加的速度远远落后于汽车数量增长的速度。根据 EPS 数据库数据统计，2003~2018 年全国地级市汽车数量年均增长 15.9%，明显高于城市道路面积年均 8.36% 的增速。对此，本研究采用每辆车拥有的道路面积来衡量城市交通拥挤状况，即城市道路面积/汽车数量。一般来说，该数值越小，表示单位车辆拥有道路面积越小，反映了城市交通状况越差，即城市拥挤程度越大。图 5-9 分别是我国地级市人均 GDP 与单位车辆道路面积的散点图和劳动生产率与单位车辆道路面积的散点图。可以初步判定，单位车辆道路面积与城市人均 GDP 存在显著负相关关系，与劳动生产率也存在显著负相关关系。随着城市汽车拥有量的不断增加，城市道路面积无法跟上汽车数量增加的速度，城市单位车辆拥有道路面积不断下降，即城市交通拥挤程度的增加反而有助于城市效率水平的提升。这可能是由于从城市公共基

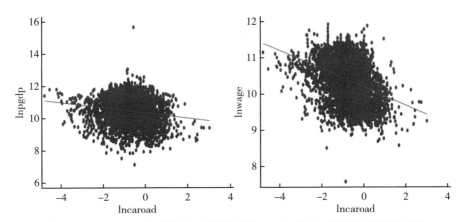

图5-9 2003~2018年单位车辆道路面积与人均GDP、劳动生产率散点图

注：横轴表示单位车辆道路面积的自然对数（lncaroad），纵轴分别表示人均GDP的自然对数（lnpgdp）和劳动生产率的自然对数（lnwage）。

资料来源：根据EPS数据库数据计算所得。

础设施角度看，无论是道路面积增加还是汽车数量增加都反映了城市公共设施条件的改善，能够促进城市经济的发展。

分城市规模来看，不同规模的城市单位车辆道路面积数也呈显著的快速下降趋势。全国 285 个地级市的平均单位车辆道路面积数由 2003 年的 1.347 平方公里 / 万辆下降到了 2018 年的 0.422 平方公里 / 万辆。特大城市的单位车辆道路面积低于大城市的平均水平，不过，大城市的单位车辆道路面积大于中等城市和小城市（见图 5-10）。

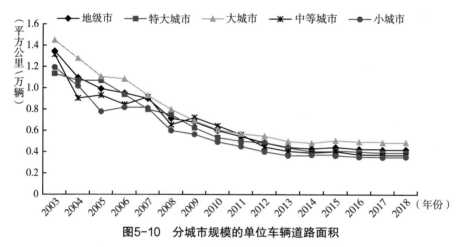

图5-10　分城市规模的单位车辆道路面积

资料来源：根据EPS数据库数据计算所得。

2. 环境污染与城市效率的损失

城市的环境污染也是城市发展的重要问题，是体现环境拥挤效应的重要因素。鉴于数据的可获取性，本研究采用单位 GDP 二氧化硫排放量来评价不同规模城市的环境拥挤状况。单位 GDP 二氧化硫排放量是衡量城市经济产出过程中污染排放数量，是从另外一个视角去衡量城市产出效率的重要指标，计算公式为：污染排放总量（吨）/GDP（万元）。可以初步判断，单位 GDP 二氧化硫排放量越高，越不利于人均 GDP 与劳动生产率水平的提升，即城市环境拥挤程度越高，城市效率就越低（见图 5-11）。

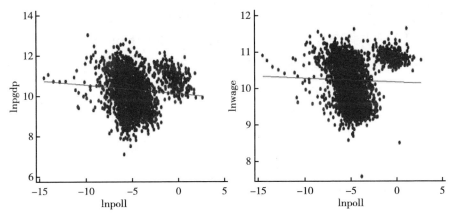

图5-11　2003~2018年单位GDP二氧化硫排放量与人均GDP、劳动生产率散点图

注：横轴表示单位GDP二氧化硫排放量的自然对数（lnpoll），纵轴分别表示人均GDP的自然对数（lnpgdp）和劳动生产率的自然对数（lnwage）。

资料来源：根据EPS数据库数据计算所得。

再观察分城市规模的单位 GDP 二氧化硫排放量，如图 5-12 所示。从纵向趋势来看，2003~2018 年，无论是大城市、中等城市还是小城市，全国 285 个地级市的单位 GDP 二氧化硫排放量平均值都呈下降趋势。从横向差异来看，大城市的单位 GDP 二氧化硫排放量最小，之后是中等城市，小城市的单位 GDP 二氧化硫排放量最高。大城市、中等城市的单位 GDP 二氧化硫排放量在

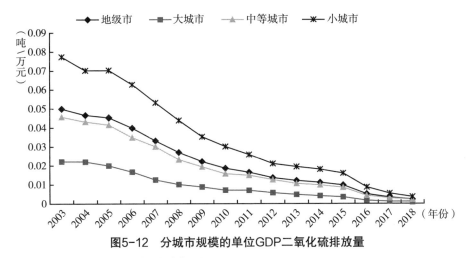

图5-12　分城市规模的单位GDP二氧化硫排放量

资料来源：根据EPS数据库数据计算所得。

全国平均水平以下，小城市的单位 GDP 二氧化硫排放量在平均水平以上。小城市由于污染水平较高，单位 GDP 二氧化硫排放量下降速度最快。综合来看，虽然从二氧化硫的排放总量来看，大城市是数量最高的，但是单位 GDP 的污染排放量却最小。一方面可能说明了大城市的污染治理具有显著的规模经济效应；另一方面或许是由于大城市的环境保护要求更高，经济产出效率更高，而且大城市的科技水平更高，污染治理的水平更先进，可以规避污染排出的负效应。

四 模型实证结果分析

（一）单位根检验

为防止伪回归问题，需要对变量进行单位根检验，如果含有单位根，则变量序列非平稳，可能存在伪回归。单位根检验方法主要有 LLC 检验和 Fisher-ADF 检验，原假设为含有单位根，如表 5-6 结果显示，所有变量都通过 0.01 的显著性检验，说明这些变量序列平稳，不存在单位根，都是零阶单整序列。

表5-6 单位根检验结果

变量	LLC检验	Fisher-ADF检验
lnpgdp	−25.7830***	1683.8169***
lnwage	−22.2121***	1654.8534***
lnpop	−22.7145***	1061.2144***
lnlabdensity	−2.5026***	1032.3216***
lnindid	−19.3318***	1758.6043***
lncaroad	−30.5846***	1967.9987***
lnpoll	−12.1882***	1489.6223***
lnpbus	−25.2319***	1881.8905***
lnproad	−30.5846***	2050.4630***
lnpfdi	−17.3015***	1497.0862***
lnter	−4.0328***	1253.1735***
lnpcap	−8.4288***	1149.7336***

注：*表示p<0.1，**表示p<0.05，***表示p<0.01。

（二）不包括人口规模二次项的模型实证分析

对于面板回归，需要判断采用随机效应还是固定效应，根据 hausman 检验，P 值等于 0.000，通过了显著性检验则拒绝了原假设为随机效应，因此，本研究采用面板数据的固定效应模型。从表 5-7 中的模型（1）和模型（2）结果来看，解释变量与被解释变量之间关系呈现高度一致性。

表5-7 城市效率的影响因素面板数据回归结果

变量	模型（1） 人均GDP（lnpgdp）	模型（2） 劳动生产率（lnwage）
lnpop	1.220*** （23.99）	0.389*** （10.07）
lnlabdensity	0.156*** （6.97）	0.0641*** （5.61）
lnindid	0.298*** （5.38）	0.0738** （2.61）
lncaroad	−0.104*** （−3.59）	−0.125*** （−8.45）
lnpoll	−0.0617*** （−8.20）	−0.0673*** （−7.86）
lnproad	0.227*** （4.28）	0.184*** （6.79）
lnpbus	0.154*** （5.07）	0.105*** （4.08）
lnpfdi	0.0267*** （6.90）	0.0327*** （7.24）
lnter	0.161*** （5.34）	0.247*** （6.06）
lnpcap	0.166*** （6.94）	0.360*** （29.46）
_cons	3.599*** （7.14）	5.248*** （20.40）
R^2	0.28	0.58
N	4560	4560

注：（ ）内为 t 统计量，*表示p< 0.1，**表示p< 0.05，***表示p< 0.001。

实证结果如下。一是集聚经济的衡量指标（人口规模、就业密度与工业集聚指数），无论是对人均 GDP 的贡献还是对劳动生产率的贡献，均呈现显著的正向效应，且通过 1% 水平显著性检验。这说明城市集聚经济对城市效率具有促进效应。二是拥挤效应的衡量指标（道路拥挤度与单位 GDP 二氧化硫排放量），无论是对人均 GDP 的贡献还是对劳动生产率的贡献，均呈现显著的负向效应，且通过 1% 水平显著性检验。随着城市规模的不断提升，城市环境污染越来越严重，并不利于城市效率的提升；而城市交通拥挤程度提升，城市的经济产出将随之提升。三是城市的集聚经济对城市效率的正向贡献，明显大于城市的拥挤效应对城市效率的负向抑制，这表明未来中国城市发展的城市群政策仍具有巨大的发展潜力。具体来看，在城市集聚经济方面，①城市规模（人口规模）对城市效率的影响为正向效应，表明城市规模的提升，更有利于城市效率的提升。相较于劳动生产率，城市规模对人均 GDP 的贡献水平明显更高。城市规模增加 1 个百分点，人均 GDP 增长 1.22 个百分点，而城市平均工资水平增长 0.389 个百分点。国外类似研究发现，城市人口规模的集聚经济对城市劳动生产率的正效应基本保持在 2.7%~8%（Segal，1976），本研究结果明显高于这一区间。这说明中国城市人口规模的扩张对城市劳动生产率的提升明显优于国外。②就业密度对城市效率的贡献显著为正，这很好地解释了城市就业人口密度越大，城市经济越发达，验证了马歇尔的劳动力池效应，城市劳动力密度越大，知识溢出效应越大。相较于劳动生产率，就业密度对人均 GDP 的贡献水平明显更高。就业密度增加 1 个百分点，城市平均工资水平增加约 0.0641 个百分点，而人均 GDP 增长约 0.156 个百分点，是前者贡献的 2 倍多。③产业集聚经济对城市效率的影响呈现显著正相关，这表明产业上下游企业的集聚，强化了劳动力市场效应，有助于降低企业生产成本，发挥产业的规模优势，进而促进城市效率的提升（Henderson，1986）。相较于劳动生产率，工业集聚对人均 GDP 的贡献水平更高。工业集聚指数每提升 1 个百分点，劳动生产率的提升达到 0.0738 个百分点，而人均 GDP 提升达到 0.298 个百分点，约是前者贡献的 4 倍。

在城市拥挤效应方面。①单位 GDP 二氧化硫排放量对城市经济效率的影响显著为负，结论符合预期。说明随着城市规模扩大，城市产出不断提高，城市的环境污染也随之增加。单位 GDP 二氧化硫排放量对人均 GDP 与劳动生产率的影响弹性基本相同，分别为 -0.0617 与 -0.0673。②单位车辆拥有的道路面积对城市效率的影响呈现负向效应，结论符合预测结果，即城市单位车辆拥有道路面积越小，城市交通越拥挤，城市的经济产出越高。说明尽管随着城市规模越来越大，汽车拥有量越来越大，城市交通拥堵越来越严重，但是汽车拥有量的增加对城市发展和生产率提高具有促进作用，便利性带来的正效应大于拥挤效应。人均 GDP 产出与劳动生产率在道路拥挤度方面的影响弹性分别为 -0.104 与 -0.125。城市拥堵的成因是多方面的，主要有以下两个方面。一是从宏观层面看，随着我国经济发展和人民生活水平提高，汽车保有量迅猛增长，仅次于美国，排名世界第二。汽车保有量的增长速度远远高于城市道路面积增加速度，造成城市道路负荷过重，交通拥堵日益严重。二是居住与就业的空间错配。可以以早晚高峰单侧道路占比反映城市的职住分离状况，因为工作区与居住区的分离将在单侧拥堵的潮汐道路上表现出来。

在控制变量方面。①人均资本存量对人均 GDP 产出与劳动生产率的影响呈现正向影响，均在 1% 检验水平显著，促进效应弹性分别为 0.166 与 0.360，与苏红键、魏后凯（2013）研究结论一致。这说明固定资本投资仍然是推动我国城市经济增长的主要驱动力。②人力资本对人均 GDP 产出与劳动生产率的影响呈现正向影响，均在 1% 检验水平显著，促进效应弹性分别为 0.161 与 0.247。这说明城市集聚下的学习机制所驱动的人力资本仍是城市经济发展的重要驱动因素。③人均外商直接投资对人均 GDP 产出与劳动生产率的影响也显著为正，均在 1% 检验水平显著，促进效应弹性分别为 0.0267 与 0.0327。④公共基础设施对人均 GDP 产出与劳动生产率的影响显著为正，均在 1% 检验水平显著；其中每万人公共车辆的促进效应弹性分别为 0.154 与 0.105，城市人均道路面积的促进效应弹性分别为 0.277 与 0.184。说明城市公共基础设施的建设与提升对城市效率具有显著促进效应，尤其是人均道路面积对城市效率的贡献更大。

（三）加入人口规模二次项模型

从模型（3）和模型（4）回归结果来看，加入人口规模二次项后，人口规模系数为正，均通过 1% 水平显著性检验；人口规模的平方项为负，在模型（3）与模型（4）中分别通过 1% 水平显著性检验。说明城市规模（人口规模）对人均 GDP 与城市劳动生产率的影响均呈"倒 U 形"关系，即城市规模与城市效率之间存在"倒 U 形"关系。在考虑人口规模二次项的情况下，城市规模对城市人均 GDP 产出和城市劳动生产率的正向影响明显提高。在模型（3）中，人均 GDP 对城市规模的弹性为 3.645，比模型（1）的弹性 1.220 高出了2.425。在模型（4）城市劳动生产率对城市规模的弹性为 0.491，比模型（2）的弹性 0.389 高出了 0.102（见表 5-8）。

表5-8　城市经济效率与城市规模的非线性关系

变量	模型（3）人均GDP（lnpgdp）	模型（4）劳动生产率（lnwage）
zlnpop	−0.355***（−17.94）	−0.110***（−10.64）
lnpop	3.645***（25.35）	0.491***（6.53）
lnlabdensity	0.101***（4.65）	0.0810***（7.12）
lnindid	0.315***（5.89）	0.0687*（2.46）
lncaroad	−0.134***（−4.79）	−0.115***（−7.91）
lnpoll	−0.0454***（−6.22）	−0.0211***（−4.55）
lnproad	0.214***（4.18）	0.188***（7.03）
lnpbus	0.101***（4.08）	0.121***（4.78）
lnpfdi	0.0601***（5.59）	0.0179***（5.18）

续表

变量	模型（3） 人均GDP（lnpgdp）	模型（4） 劳动生产率（lnwage）
lnter	0.0293*** （4.98）	0.0630*** （5.40）
lnpcap	0.264*** （11.15）	0.329*** （26.58）
_cons	7.465*** （7.87）	6.508*** （23.23）
R^2	0.33	0.59
N	4560	4560

注：（ ）内为 t 统计量，*表示p<0.05，**表示p<0.01，***表示p<0.001。

（四）分城市规模的城市效率影响因素的实证分析

整体来看，分城市规模的城市聚集经济与拥挤效应对城市效率的影响效果与前文回归结果基本保持一致，这进一步验证了理论预期。

分城市规模来看，在城市集聚经济方面，小城市的集聚水平的提升对城市效率的促进作用最高，之后是中等城市，最后是大城市。具体来看，以模型（8）至模型（10）为例，①人口集聚效应对城市效率的正向效应，小城市的弹性系数为0.886，显著高于大城市和中等城市的0.252和0.340。②就业密度对城市效率的正向效应，小城市的弹性系数为0.0916，显著高于大城市和中等城市的0.0315与0.0794。③工业集聚对城市效率的正向效应，小城市的弹性系数为0.146，显著高于大城市和中等城市的0.107与0.122。这说明相比大城市与中等城市，小城市的人口聚集、工业集聚以及就业密度更有利于促进城市效率水平的提升，这将是未来政策导向的重要考量因素。进一步验证了"以城市群为主体构建大中小城市和小城镇协调发展的城镇格局"发展路径的正确性。

在城市拥挤效应方面，①大、中城市的道路拥挤指标对城市效率的边际效应大于小城市。以模型（8）至模型（10）为例，大城市弹性系数为-0.149，中等城市为-0.0807，小城市为-0.0643。说明城市规模越大，道路拥挤程度越高，对城市效率降低作用越大。②环境拥挤效应对城市效率的不同衡量指标的负向边际效应在不同规模城市呈现差异。以人均GDP为城市效率衡量指标，环境拥挤效应负向弹性大小由高到低分别为大城市（-0.0793）、小城市（-0.0769）与中等城市（-0.0708）。说明大城市的环境拥挤现象最严重，对城市单位产出影响最大；同时，小城市环境拥挤的负效应也比较大。这与小城市高能耗、粗放式的产业结构有关，同时也受到小城市环境治理能力和治理水平的影响。以劳动生产率为城市效率的衡量指标，环境拥挤效应负向弹性大小由高到低分别为小城市（-0.0741）、中等城市（-0.0607）与大城市（-0.0185），不同规模城市的差异较为明显（见表5-9）。其中，小城市与中等城市的环境拥挤现象最严重且影响水平基本相当，这可能与中、小城市所处的工业化阶段相关，主要承接高污染、资源消耗型产业；而大城市明显低于中小城市，这与大城市产业逐步转向高端、绿色、智能制造业，以及现代服务业占比更高有关。

表5-9 不同规模等级城市经济效率面板数据固定效应回归结果

变量	人均GDP（lnpgdp）			劳动生产率（lnwage）		
	模型（5）	模型（6）	模型（7）	模型（8）	模型（9）	模型（10）
	大城市	中等城市	小城市	大城市	中等城市	小城市
lnpop	1.102*** （17.56）	1.242*** （12.54）	1.694*** （7.71）	0.252*** （10.72）	0.340*** （4.68）	0.886*** （5.91）
lnlabdensity	0.0707* （2.11）	0.296*** （9.26）	0.191* （2.22）	0.0315*** （9.20）	0.0794*** （3.39）	0.0916*** （0.83）
lnindid	0.303*** （4.10）	0.364*** （4.23）	0.402*** （4.08）	0.107*** （3.87）	0.122*** （5.28）	0.146*** （6.29）
lncaroad	-0.0364 （-0.78）	-0.128*** （-3.42）	-0.223* （-2.50）	-0.149*** （-8.52）	-0.0807** （-2.94）	-0.0643*** （-3.63）
lnpoll	-0.0793*** （-5.62）	-0.0708*** （-6.24）	-0.0769** （-2.92）	-0.0185*** （-4.69）	-0.0607*** （-4.73）	-0.0741*** （-6.21）
lnpcap	0.231*** （6.60）	0.149*** （4.33）	0.111*** （4.27）	0.390*** （29.74）	0.341*** （13.57）	0.355*** （9.19）

续表

变量	人均GDP（lnpgdp）			劳动生产率（lnwage）		
	模型（5）	模型（6）	模型（7）	模型（8）	模型（9）	模型（10）
	大城市	中等城市	小城市	大城市	中等城市	小城市
lnter	0.217*** （4.29）	0.0545*** （1.57）	0.512*** （3.64）	0.152*** （7.99）	0.131*** （4.52）	0.203*** （6.49）
lnpfdi	0.105*** （5.91）	0.0619*** （3.98）	0.0503*** （4.62）	0.0626*** （5.94）	0.0101*** （0.88）	0.0392** （2.86）
lnpbus	0.158*** （2.19）	0.239** （3.16）	0.232*** （6.63）	0.112*** （4.15）	0.132*** （5.02）	0.156*** （4.12）
lnproad	0.106*** （4.24）	0.198** （2.76）	0.451** （2.99）	0.164*** （5.13）	0.254*** （4.83）	0.138*** （5.08）
_cons	2.333*** （3.69）	5.462*** （6.41）	4.578* （2.48）	5.623*** （23.74）	4.438*** （7.11）	5.848*** （7.18）
adj.R^2	0.316	0.342	0.175	0.738	0.474	0.504
N	2240	1600	720	2240	1600	720

注：（ ）内为t统计量，*表示$p<0.1$，**表示$p<0.05$，***表示$p<0.01$。

五 研究结论与政策建议

本研究构建了集聚经济、拥挤效应与城市效率的理论框架，针对国内285个地级市，选取了集聚经济、拥挤效应的代理变量对模型进行实证分析，在整体样本回归分析的基础上，按照分城市规模的样本数据分别进行实证分析，研究结论及政策建议如下。

（一）主要结论

城市集聚经济对城市效率具有显著促进效应，而城市拥挤效应对城市效率也呈现负向效应。城市的集聚经济对城市效率的正向贡献，明显大于城市的拥挤效应对城市效率的负向抑制，这表明未来中国城市发展以大城市、城市群为主体的空间形态仍具有积极意义，大城市仍具有巨大的发展潜力。另外，城市规模对人均GDP与城市劳动生产率的影响均呈现"倒U形"关系，即城市规模与城市效率之间存在"倒U形"关系，存在最优城市规模。

分城市规模来看，①小城市的集聚效应水平的提升，无论是人口规模集聚还是工业产业集聚，对城市效率的促进作用均明显大于大城市与中等城市。大城市与中等城市的集聚效应对城市效率的促进作用基本相当。②城市道路拥挤效应对城市效率的影响系数显著为负，这说明城市道路越拥挤，越会造成城市效率的损失，其中大城市与小城市的城市道路拥挤效应明显高于中等城市，大城市是集聚过度下的拥挤，而小城市则是集聚不足下的拥挤。③城市环境拥挤效应对城市效率的负向影响在不同衡量指标下存在差异。从人均 GDP 来看，其影响程度由高到低分别为大城市、小城市与中等城市，影响程度差别不大，影响系数处于 –0.08 至 –0.07 区间；从劳动生产率来看，其影响程度由高到低分别为小城市、中等城市与大城市，影响程度差别较大，其中大城市对城市效率的负向影响明显小于中小城市。

经过以上的实证结果表明，我国城市规模尚未达到历史最优水平，城市发展的集聚效应仍具有巨大的发展空间。相比大城市来说，进一步提升小城市的集聚经济可更好、更快提升国民财富（人均 GDP）以及提升城市劳动生产率水平。可见，未来小城市将会是中国经济发展的新增长点。当然，在提升城市集聚经济的同时，我们也要看到城市过度集聚与集聚不足所引发的"城市病"问题，中国的城市存在结构性失衡的问题，对此也要采取有效的政策措施加以修正。

（二）政策建议

首先，构建以北京、上海与深圳等城市为中心的特大城市都市圈，进一步强化经济集聚功能，提升其在国际城市都市圈中的竞争力。发达国家城市化经历了"中心化—郊区化—再中心化"的发展阶段，也形成了以纽约、伦敦、巴黎、东京与首尔等为中心的特大城市都市圈。相比之下，中国大都市对本国经济的贡献率明显偏低，大城市的经济集聚功能有待强化。以我国人均 GDP 最高的深圳市为例，深圳人均 GDP 约为纽约的 1/4，巴黎、伦敦的1/3，东京的 1/2，而且还低于发展中国家的墨西哥城和圣地亚哥。因此，要建立以城市效率为评价指标的城市竞争考核制度，以城市效率倒逼国内城市提升国际竞争力。

其次，弱化城市行政边界，进一步推进以特大城市为依托，以城市群为主体构建大中小城市和小城镇协调发展的城镇格局。当城市扩张到一定规模，城市的经济效率将逐渐下降，而且城市经济效率具有显著的溢出效应。城市行政边界存在贸易壁垒，会导致较高的交易成本，城市经济边界扩张受限，不利于资源自由流动和高效配置。欧盟、美国、日本等国家或地区十分重视对城市功能区的划定，并以此为标准开展人口、经济、社会数据普查，同时加快着手制定城市群规划，如美国区域规划协会制定了 *America2050* 空间规划战略。因此，我们要借鉴发达国家城市功能区的划定标准，弱化行政区边界，以大都市圈、城市群为规划对象，破除行政壁垒和条块分割的利益藩篱，打造以城市群、都市圈为总体形态的经济功能区，促进资源自由流动和高效配置，降低交易成本，扩大核心城市的经济腹地和辐射作用，促进城市间相互合作，形成城市联合体，达到协同效应。

然后，避免城市摊大饼式的发展模式，朝着集约型城市路径发展。针对部分超大城市由于过度集聚造成的"大城市病"问题，要加强城市内涵建设，从城市个体出发，优化城市内部资源配置，提高城市的运行效率。周其仁（2015）认为城市高密度会使分工更加发达，人群聚集可以降低信息成本和基础设施建设成本，提高城市密度，建设紧凑型城市是城市化的未来方向。中国城市必须走内涵式发展道路，朝着集约型、紧凑型方向发展。

最后，优化城市空间结构，由单中心结构向多中心结构转变。空间结构对城市空间承载力和城市运行效率的影响已经取得共识。Antonio Accetturo（2010）研究认为考虑城市通勤成本，城市长期稳态经济增长率将下降，对称型的城市空间结构比单一集聚型的城市具有更高的效率。因此，未来城市空间布局要考虑多中心结构，分散单一中心的功能，防止功能过于集中出现的拥挤效应。"多中心"选择适当的空间重点规划建设新城，分别承担不同的城市功能，分散交通流量，缓解交通压力，提高城市效率。

第三节　优化资源空间配置，提升大城市效率路径

城市是承载人口、资本、土地、公共物品及公共设施等基本要素的空间集聚体。城市要素在空间范围内的配置均衡性、合理性，不仅影响着城市资源的利用效率，而且直接影响和决定着城市发展及功能。随着要素在城市有限空间内不断集聚，可能会出现一系列负面效应。过去遵循以生产空间为导向、忽视人的城镇化和生活质量的城市发展理念，造成了职住分离、交通拥挤、公共配套服务不足、公共服务空间分布不均等问题。

城市空间结构是城市各种要素在空间上的分布和组合特征，它既是城市经济结构、社会结构、自然条件在空间上的投影，也是城市经济和社会发展的空间形式。空间结构是各种要素聚集与配置的空间表现，是城市空间布局的相对均衡状态，它体现了城市各种功能活动在空间上的分布形态，而这种空间布局直接影响着城市运行效率。

一　城市资源空间配置的理论框架

合理的城市功能布局，体现为能够为城市内就业、教育、生活、娱乐等的需求主体提供便利性，减少资源供给者与需求者的空间不匹配问题，最大限度地提高资源空间配置的效率。空间视角下的城市资源供需关系及其典型问题，可由图5-13表示。

（一）"供给—需求"视角下的城市资源空间布局

城市空间可分为经济功能区与非经济功能区。经济功能区主要是指承载产业要素和经济活动的空间，具体包括中央商务区、轻重工业、批发零售等商业活动在城市空间的布局；非经济功能区主要是指承载非经济活动的空间，包括行政区、公共服务区和居住区。

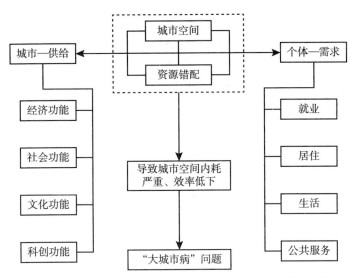

图5-13　基于"供给—需求"视角的城市资源空间配置逻辑框架

1.城市资源的供给

在城市资源的供给方面，随着社会分工不断细化，城市形态和功能形态不断演化。作为资源供给者，现代城市主要承担经济功能、社会功能、文化功能、科创功能等职能。

经济功能。从历史发展维度看，促进经济增长、创造就业是城市承担的重要职责，经济功能是城市承担的主要功能之一。城市的经济功能是指城市在不同的空间范围内具有经济效能和发挥经济作用，包括集聚功能、生产功能、服务功能、创新功能和辐射功能。

社会功能。除了组织生产性活动之外，城市还承担着非经济功能，主要为居民提供教育、医疗、养老等公共服务。教育是人力资本提升的最重要渠道，医疗是为居民提供生活保障和保健功能，养老服务也是城市居民的必要需求。

文化功能。随着经济和生活水平提高，物质生活得到满足后，人类精神文化生活需求日趋旺盛。城市承担着休闲、娱乐等文化功能，体育馆、图书馆、大剧院、美术馆等城市公共休闲娱乐设施，可满足城市人口文化需求。美国著名城市理论家刘易斯·芒福德曾说过城市不只是建筑物的群体，它更是各种密切相关、经济互相影响的各种功能的集体，它不单是权力的集中，更是文化的归集。

科创功能。创新、创造是人类进步的源泉，也是推动城市发展的源动力。大城市聚集了大量的高素质人才、科研院所和创新型企业，是创新源泉地和聚集地。城市的活力在于创新，单一生产功能的城市往往会衰退，如20世纪后期，美国的底特律、巴尔的摩、克利夫兰都出现了萧条现象，而具备创新活动的城市不断崛起，如美国硅谷、飞机制造中心西雅图、宇航工业中心休斯敦等创新城市兴起。

2. 城市资源的需求

城市作为各类要素的集合体，是满足城市人口就业、居住、生活休憩、教育、生活服务等需求的空间载体，合理的城市规划能够在空间上及时有效地满足居民各类需求。

就业。就业是城市提供的重要功能之一，人们愿意生活在大城市，最重要的是能够获得多样选择、丰厚报酬和人岗相宜的就业机会。一般而言，由于规模经济和范围经济，要素在空间范围内的集聚可以显著提高经济效率。城市作为各类要素集聚体，是产业集聚中心，创造了大量的就业岗位。

居住。古代历史上的城邦是随着人类发展而形成的人口聚集地，现代城市为人类提供了功能更趋完善的居住地，也正是人群的聚集才形成了城市这一空间形态，城市居住区是城市的有机组成部分。

生活。城市现代生活吸引了大量人群聚集。商业繁华、生活便利，是广大城市人口的重要期待，不过随着城市规模的扩大，商业功能区布局的分化，城市人口的出行时间和成本不断增加。

公共服务。除了经济功能之外，城市还承担了人民群众所需的公共服务职能。教育、医疗、社会保障等功能，都是城市人口生活的重要组成部分。与农村比较，大城市能够提供更加优质的教育和医疗资源，这也是大城市生活成本很高，却仍然不断吸引人才流入的重要原因。

（二）城市资源空间配置的成本—收益分析

城市的空间结构状况直接反映了城市空间要素的配置和利用状况。城市发展中的经济、交通、环境问题都与资源空间配置和要素分布直接有关。城市资源空间配置均衡性、合理性，不仅影响着城市资源的利用效率，而且直接影响和决定着城市功能发挥和可持续发展。

1. 城市集聚的成本—收益原理

按照经济学理论，城市空间结构本质上是成本—收益原则下形成的均衡状态。

在收益方面，城市集聚经济，即集聚效应，体现在两个方面：一方面是集聚规模，要素资源在空间范围内的集聚，城市存在着空间集聚规模报酬递增效应，符合经济学的规模经济和范围经济特征；另一方面是密度效应。随着要素密度增大，投入产出比将增大，生产邻近性带来正外部性，以及一定范围内高密度专业化生产活动能够提高劳动生产率。不过，随着经济活动集聚程度不断提高，也会出现拥挤（Congestion）。比如，在一定空间范围内，随着城市居民数量逐渐增加，平均成本不断下降，但是一旦超过临界点，居民数量增加所带来的平均成本不断上升，即出现了拥挤。从经济学视角看，拥挤是由于要素集聚过度，城市能够维持拥挤的状态，是因为各项要素集聚总的边际收益仍然能够抵消边际成本，毕竟集聚对于企业和居民都有正外部性，微观主体从城市集聚经济中获得知识溢出效应以及更高的工资等边际收益。

在成本方面，城市资源配置也存在着成本以及低效率状态，主要表现在以下两方面。一是空间距离导致通勤成本、中心区地价上升。城市规模不断扩大，居住地与就业地不断分离，城市居住、就业、消费职能在空间上分离推高了通勤成本，在资源收益既定条件下，成本上升降低了资源配置效率；二是制度成本，即公共服务资源的供给随着城市人口的集聚而呈"之"字形增加，在社会资本参与公共事业程度低的制度下，公共服务资源供给受到政府的决定性影响。这种情况使公共服务供给难以自发、及时跟上城市不断增加的需求，尤其是在"新"城市人口集中居住的城市外围区，公共服务功能的空间分布呈现非均衡化。

2. 城市资源空间配置均衡的评价原则

城市资源空间分布决定了就业者、消费者的活动轨迹和流向，直接影响个体的时间成本，城市居住地到功能区（工作地、学校、医院、商业、文化娱乐等）的距离、出行时间。各功能区布局合理化程度，直接影响城市时间和空间的利用以及运行效率。科学、合理、均衡的城市资源空间分布要求能够通过要素资源的合理配置实现城市空间经济的最优发展。因此，城市资源空间配置要遵循一点：应该考虑城市资源空间分布是否与城市功能相协调，即在空间结构上，城市资源的供给布局要与城市人口数量相匹配。

经济功能区与非经济功能区的均衡存在差异。经济功能区具有明显的专业化集聚特征，工厂、商业街、中央商务区等通常连片分布，共享基础设施和外溢效应。但是，对于非经济功能区而言，医院、行政区、学校等公共服务和行政设施通常具有服务半径，呈点状分布，而且，由于公共服务的特殊属性，其供给数量并不随着城市人口的集聚而线性增加。另外，居住区住宅资源供给数量随着城市人口的集聚而线性增加，但受竞价地租原理的影响，在均衡状态下很难与经济功能区融合布局。这两方面因素综合影响，加上城市过度集聚的成本因素，导致城市资源空间配置不均衡的典型问题出现。

（三）城市资源空间配置失衡的典型问题

城市资源供给与居民需求在空间上的不匹配，会引发"空间失衡"问题，导致要素空间流动增加，城市内耗严重，拥挤效应突出，造成直接经济损失和间接社会成本，降低城市运行效率。

一是"空间错配"问题，造成城市内耗严重。资源要素在空间范围内的配置不合理导致各类要素在空间范围内的流动量显著增加，就业、商业、教育、医疗与居住地不一致，造成大量要素跨区域流动，人流、物流显著增加带来严重的城市内耗问题。其一，职住分离严重。产业与居住空间布局不合理、不匹配，导致就业与居住地的空间分离。以北京市为例，城市空间结构呈现明显的职住分离特征，很多上班族上班区域集中在中关村、西二旗、望京和国贸等三环以内，居住在回龙观、天通苑、门头沟、通州、燕郊和大兴等五环外区域，北京的平均通勤时间和通勤距离分别为 52 分钟和 19.2 公里，位居全国第一，其中，居住地在燕郊的平均通勤时间更长，甚至达到 90 分钟。其二，通勤潮汐问题突出。在城市交通方面出现大量通勤潮汐现象，导致交通流量在时间和空间分布上的极不均衡，不仅给通勤者带来较差体验，而且给城市交通管理者带来较大压力，尤其是某一时间段内交通流量巨大，给城市交通规划设计带来挑战。无论是职住分离还是通勤潮汐问题都是城市资源配置的低效率现象，带来巨大城市内耗。

二是要素过度聚集，导致拥挤成本增加。随着城市化进程加快，要素资源在空间内过度集聚，容易引发交通拥堵、环境拥挤，加上城市空间规划不合理，资源空间配置失衡，进一步叠加拥挤效应，将带来直接经济成本和间接成本。其一，直接成本。主要包括职住分离给通勤者造成的通勤成本和时间价值成本。其二，间接成本。拥挤给整个城市造成的经济社会成本，交通拥堵的汽车油耗成本、环境污染成本，以及新增的道路基础设施和城市管理成本。

三是空间规划布局不合理，城市效率低下。城市空间规划和功能布局不合理将降低空间承载力，造成城市效率损失。其一，城市空间承载力下降。城市空间结构是城市人口和厂商在城市不同经济活动中重新配置和组合土地资源及要素的过程，并随着城市功能结构、集聚内容、集聚主体等外部关系变化而不断更替演变。空间规划和功能布局不合理会造成城市有限空间的要素承载力下降，使城市在未达到集聚最优效率时就出现拥挤问题，降低集聚效率。其二，资源空间配置失衡，导致经济效率降低。当城市资源供给与需求在时间和空间上不一致，就会出现资源空间错配问题，降低经济行为主体的效率和资源配置效率，进而降低城市整体运行效率。

二　城市资源空间配置的案例分析

考虑上海作为超大城市的典型代表，相关数据可得性稍强，结论较有代表性，本研究将上海市作为样本案例分析城市资源空间配置状况。借用定量方法测算上海市就业、公共资源与人口分布的均衡性，以此来反映城市资源空间配置合理程度。由于缺乏街道数据，以下采用上海各区数据进行分析，首先将上海市划分为核心区和外围区两个圈层结构，其中，核心区包括黄浦区、徐汇区、长宁区、静安区、普陀区、虹口区、杨浦区、宝山区、闵行区、浦东新区、闸北区（2015 年并入静安区）。外围区包括嘉定区、金山区、松江区、青浦区、奉贤区、崇明区（2016 年崇明县改区）。

（一）城市资源与人口布局空间匹配分析方法

参考库克（Cooke）和霍尔泽（Holzer）的方法，本研究运用职住分离和公共资源两个指标来衡量资源空间布局与人口分布状况。职住偏离度公式为：就业与人口分布偏离度＝（就业占比份额－居住人口份额）/居住人口份额。由于缺乏详细的街道的居住人口和就业分布，在此只能以区（县）为地理单元考察职住分离和公共资源—人口偏离度，以此判断城市资源空间配置合理程度。偏离度的数值绝对值越大，表示偏离程度越高。如果负数表示居住人口需求大于就业或公共服务资源供给，公共资源相对稀缺，正数表示公共资源供给份额大于人口份额，资源供给充裕。

（二）就业资源与人口布局空间匹配分析——职住分离

由于没有最新的统计数据，以下以 2012 年上海市各城区的城镇单位就业人数占全市人口数为例来分析上海市职住分离状况。核心区城镇单位就业人数占全市人口数比重为 74.7%，核心区常住人口占全市人口数比重为 70.7%，两者相差 4 个百分点，城镇单位就业人数占比与常住人口占比基本相当，说明上海市的职住相对平衡。分区县来看，静安区、黄浦区、嘉定区、徐汇区、长宁区、浦东新区的就业占比明显高于常住人口占比，其中，静安区、黄浦区的职住偏离度甚至高达 169.64% 和 141.44%，说明这两个区的就业密度大，职住偏离度大。闸北区、松江区职住偏离度较小，绝对值为 5% 左右，说明职住相对平衡（见图 5-14）。根据数据结果，上海市核心区的就业份额远超过常住人口份额，说明核心区的就业密度大，外围区的就业密度小，与现有大城市核心区产业、经济要素高度集中现象相一致。

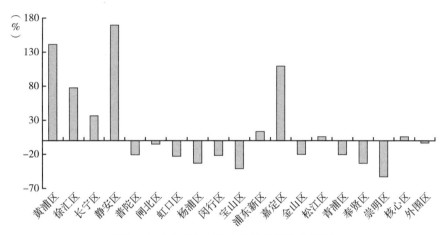

图5-14　2012年上海市各区县职住偏离度

资料来源：根据EPS数据库数据整理。

（三）公共服务资源与人口布局空间匹配分析

公共资源与人口在城市的空间分布能够反映公共资源空间配置合理化程度，只有提供与人口数量相匹配的公共服务资源才能满足城市人口的需求，一旦某一地理单元（区县、街道）的人口占比大于公共资源的占比，就会出现公共资源短缺问题，在此称之为公共资源空间配置失衡，即"空间失配"问题。在此可以借用反映就业与人口空间分布的职住分离衡量指标来测算城市内部公共资源配置状况。城市公共资源主要是与人们生活息息相关的学校、医院、公共设施等。本研究主要以常住人口占比与学校、卫生机构、卫生机构床位和卫生专业技术人员的占比进行比较分析。

在此借用职住偏离度的公式来定义公共服务资源与人口分布的偏离度。公共服务资源与人口分布偏离度＝（公共服务资源占比份额－居住人口份额）/居住人口份额。居住人口用常住人口表示，公共服务资源用教育、医疗指标来表示，数据更新到2018年，全部来源于Wind数据库。

1. 上海市公共服务资源空间配置测度

总体上，如表5-10所示，上海市核心区与外围区常住人口占比为70.2%、29.8%。核心区的小学、中学数量占全市的比重略高于常住人口占比。从卫生机构、卫生机构床位和卫生技术人员数量分布看，核心区卫生机构占比略低于常住人口占比，但是床位和卫生技术人员占比高于常住人口占比，差距约为10个百分点，说明上海市核心区的医疗资源相对集中，聚集了较多的教育和医疗资源。

表5-10 2018年上海市分圈层人口与公共资源占比情况

单位：%

指标名称	常住人口	小学	普通中学	卫生机构	卫生机构床位	卫生技术人员
核心区	70.2	74.1	71.6	64.6	81	82
外围区	29.8	25.9	28.4	35.4	19	18

资料来源：根据Wind数据库数据整理所得。

2. 上海市教育资源空间配置状况

从小学与人口偏离度来看（见图5-15），黄浦区、徐汇区、静安区、虹口区、崇明区的偏离度为正且在30%以上，说明小学数量占比明显高于常住人口占比，这些区的小学相对充裕。普陀区、松江区、青浦区、奉贤区的偏离度为负且绝对值在20%以上，这些区的小学占比低于常住人口占比，小学相对稀缺。长宁区、杨浦区、闵行区、宝山区、浦东新区、嘉定区、金山区的偏离度绝对值较小，说明小学与常住人口空间分布相对均衡。

从中学与人口偏离度来看（见图5-15），黄浦区、静安区、虹口区、金山区、崇明区的偏离度为正且在20%以上，说明中学占比大于常住人口占比，这些区的中学相对充裕。嘉定区、松江区、青浦区的偏离度为负，绝对值达20%及以上，说明中学占比低于常住人口占比，这些区中学相对稀缺。徐汇区、长宁区、普陀区、杨浦区、闵行区、宝山区、浦东新区、奉贤区偏离度绝对值较小或接近10%，说明这些区的中学与常住人口分布相对均衡。

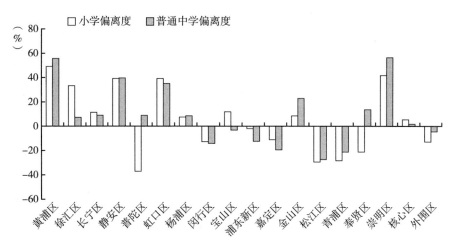

图5-15 2018年上海市分区教育资源—人口偏离度

资料来源：根据Wind数据库整理，"—"表示偏离度为负。

3.上海医疗资源空间配置状况

从卫生机构与人口偏离度来看（见图5-16），黄埔区、徐汇区、长宁区、静安区、金山区、青浦区、崇明区的偏离度为正且达到30%，其中，黄浦区和崇明区高达90%以上，说明卫生机构占比远大于人口占比，这些区的医疗机构充裕。普陀区、杨浦区、闵行区、宝山区、浦东新区、松江区的偏离度为负且绝对值在20%左右。虹口区、嘉定区、奉贤区的偏离度绝对值较小，说明卫生机构与人口规模分布相对均衡。

从卫生机构床位与人口偏离度来看（见图5-16），黄浦区、徐汇区、长宁区、静安区、虹口区、杨浦区的偏离度在60%以上，其中，黄浦区偏离度高达250%左右，与常住人口占比相比，这些区卫生机构床位相对充裕。闵行区、宝山区、浦东新区、嘉定区、松江区、青浦区、奉贤区、崇明区偏离度为负，绝对值高于20%，这些区卫生机构床位相对短缺。普陀区、金山区的偏离度绝对值较小，床位与人口布局相对均衡。另外，卫生技术人员偏离度，与卫生机构床位偏离度保持高度一致。

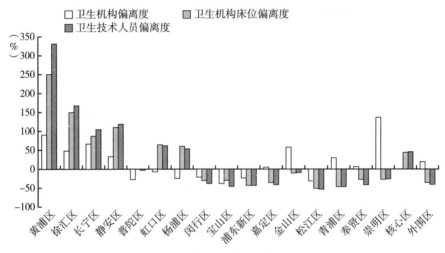

图5-16　2018年上海市分区医疗资源—人口偏离度

资料来源：根据Wind数据库数据整理，"—"表示偏离度为负。

上海市核心区集中较多的医疗资源，无论是卫生机构、床位还是卫生技术人员都集聚在核心区，外围区的医疗资源布局相对较少，绝大多数外围区处于相对稀缺状态。尤其从三甲医院分布来看，核心区聚集了40家优质医院（见图5-17），占比高达90%以上，优质医疗资源在核心区的聚集，容易造成本地和外地就医人口在核心区聚集。上海是长三角、华东地区高端医疗资源集中地，核心区布局过多的优质医疗资源会加剧核心区的拥挤效应。

根据以上分析，上海市核心区与外围区的就业、公共服务资源布局与人口分布不均衡，核心区聚集了较多的就业和教育、医疗资源，外围区资源相对稀缺，尤其是非经济功能的公共服务资源在核心区过多聚集，一方面增加人口

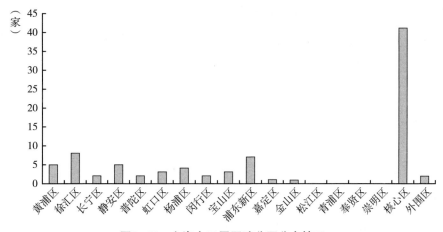

图5-17 上海市三甲医院分区分布情况

资料来源：根据网上公开资料整理。

向核心区的流动，造成严重拥挤效应；另一方面，也挤压了经济活动空间，抬高了核心区土地成本，不利于城市创新。

三 主要结论及政策建议

本研究在回顾了古典经济学和新古典经济学关于城市空间结构理论的基础上，以城市微观主体为研究对象，构建了城市资源空间配置的逻辑框架，阐述了城市空间均衡理论，并以上海市为案例，定量测算了城市资源空间配置状况，验证了就业、公共服务资源布局与人口分布的不均衡性，针对大城市的"空间失配"问题，提出应对策略，研究结论以及政策建议如下。

（一）研究结论

一是从城市内部探究影响城市运行效率的因素和机理，构建了基于城市资源"供给—需求""资源—人口"两个维度的逻辑框架，发现资源需求和供给在空间内的非均衡导致要素资源流动量增加，带来了严重的拥挤效应，增加了直接经济成本和间接社会成本，降低了城市运行效率。

二是利用基于"资源—人口"匹配原理的测算方法，以上海市为研究案例，运用职住分离测算方法分析了就业、教育和医疗在城市空间的分布，发现核心区的就业和公共服务资源较充裕，其占比明显高于常住人口占比，外围区的资源分布较少，尤其医疗资源在空间圈层结构上分布极不均衡，核心区资源过于聚集，拥挤效应较为突出。

（二）优化城市资源空间配置的对策建议

1. 转变城市规划理念，实施更加精细的规划尺度

以往城市规划中通常用总量指标、千人指标衡量城市发展，缺少对微观个体的关注，侧重城市实体空间，轻视行为生活空间；注重宏观层面的生产空间规划，轻视个体生活空间，偏重空间规划，轻视时间规划；偏重微观社区的设施规划，轻视社区生活规划，容易导致城市便利性不足。因此，要转变陈旧的城市规划理念，注重"以人为本"思想，把以人为本、尊重自然、传承历史、绿色低碳理念融入城市规划的全过程。实施精细化规划，规划尺度从县、市、区一级下沉到乡镇、街道、小区（组、团）一级；改变只重视城市经济单一功能，更多关注人文社会领域，打造注重人居质量、能源与环境、社会文化的高品质城市。

2. 推动人口和城市资源统筹协调布局，实现资源供需空间均衡

一是按照圈层结构合理配置资源。按照城市核心区、中心区、外围区划分城市圈层结构，综合考虑人口的静态与动态流动状况，以人口存量和人口流入量来规划各类要素的供给规模，提供与分区人口规模相匹配的医疗、教育等公共服务，既要防止"短缺"，也要防止过度集聚的"拥挤效应"。二是基于空间行为的城市生活圈规划，有效推进公共服务均等化布局。以满足人的需求为出发点，精细设计道路交通、公共设施、公共服务配套，提高商业、生活、工作便利性，减少居民工作、就医出行时间，降低交通流量，缓解城市交通拥堵和减少环境污染。另外，承担全国优质高端医疗功能的卫生机构和知名综合性医院应该布局在邻近综合性交通枢纽的外围圈，方便外地就医者，减少人员流动量，降低城市损耗。三是打造"15分钟社区生活圈"。针对居民就业、就学、购物、医疗、教育、娱乐等日常生活需要，设计人们一日活动遍及的区域范围，以此作为空间规划单元，积极探索便捷的城市生活圈规划，打造"15

分钟社区生活圈",在步行 15 分钟范围内,配置生活所需的基本服务功能与公共活动空间。

3.优化城市空间结构布局,提高城市资源供给水平

一是规划多核、多中心空间结构城市。单中心城市容易造成要素聚集、功能过度集中的拥挤问题,要打造多核、多中心城市,尤其要疏散要素过度集聚的核心区,优化城市功能布局。二是深入推进产城融合、职住一体。按照就业与居住空间相匹配的原则规划经济功能区,建设新型产城融合区,提供邻里中心等配套服务,统筹生产生活生态"三生融合",打造宜居宜业宜游的区域创新发展新空间。三是运用大数据技术进行城市规划。在城市规划管理过程中改变传统的以静态数据和空间大尺度规划配置要素的模式,运用大数据技术手段精准监测人口动态,精准定位人群聚集信息,分析提取多源时空数据,进行居民时空行为分析和城市功能分区研究。完善智慧社区建设,实施网格化管理,合理划分社区静态与动态网格,融合网格化技术体系、精细规划技术体系与规划动态化技术体系,实现社区管理与服务智能化。

4.加快城市公共交通道路改革,着力降低通勤成本

职住分离是全世界城市存在的普遍现象,其背后是和专业化集聚相关的客观规律,改变城市资源布局的成本极高。在此情况下,可以通过降低通勤成本来降低城市交易成本,着手进行城市公共交通存量和增量改革。一是要增加城市道路面积,加大路网密度。根据《中共中央国务院关于进一步加强城市规划建设管理工作的若干意见》,在依据法律法规和尊重民意的基础上逐步探索和稳步推进街区制改革,增大路网密度,优化街区路网结构。二是要利用现代信息技术提升城市交通管理水平。运用大数据工具做强"城市大脑",建设智慧城市,构建智能化的交通指挥和管理系统,优化交通流量和红绿灯的设置,根据人流、车流合理设定智能化的城市交通,提高城市车辆和人员流通效率。三是要优化公共交通的"最后一公里"。优化城市公共交通,打造便利交通干线,建设城市轨道交通、高架路、BRT 等

多种形式的交通方式。打通堵点、连接断点、畅通梗阻，满足市民出行"最后一公里"需求，重点对大城市核心区的地铁进行加密，方便居民便捷出行，提高公共交通的使用率和通行效率，减少噪声、空气污染和城市拥堵等问题。

第六章

畅通城市群循环发展，加快构建
新发展格局

加快形成以国内大循环为主体、国内国际双循环相互促进的新发展格局，是根据我国发展阶段、环境、条件变化做出的重大战略决策，是关系我国发展全局的重大战略任务。新发展格局是进入新发展阶段，我国迈向第二个百年奋斗目标的一项长期、主动的战略路径选择，是指引中国经济社会发展的重要行动纲领。新发展格局将深刻影响我国区域经济空间布局。构建新发展格局的关键在于经济循环畅通。当前，城市群已经成为承载发展要素的主要空间形式，很显然，从空间治理层面看，城市群是经济循环畅通的主要空间载体，抓住了城市群这一空间主体就抓住了构建新发展格局的关键。

第一节　城市群是构建新发展格局的重大战略枢纽

一　城市群是构建新发展格局的空间载体

从空间实现形式看，城镇化是加快形成新发展格局的空间战略路径。任何经济活动都需要在一定的空间范围内实现，要素流动和价值实现都需要空间加以承载。城镇化既能够创造巨大需求，也能够提升有效供给。进入新发展阶段，中国的城镇化处于中期向后期过渡的阶段，仍具有较大的增长潜力。然而，空间是非均衡的，不均衡是普遍的，要素空间分布极不均衡既是客观规律，也是国内外现实。作为城镇化的主要空间形态，中心城市和城市群已经成为承载发展要素的主要空间形式。对于我国而言，中心城市和城市群是承载要素、推动创新、促进增长的主要空间载体，国内 19 大城市群以 25% 的土地集聚了 74% 人口，创造了 90% 的 GDP，未来 2030 年 2 亿新增城镇人口约 80%将分布在 19 个城市群。习近平总书记指出，发展动力极化现象日益突出，经济和人口向大城市及城市群集聚的趋势比较明显。因此，未来具备优势的城市群地区仍将会处于要素集聚阶段，无论是从现实可能性，还是未来必要性来看，中心城市和城市群是构建新发展格局、畅通国民经济循环的主要空间载体。

（一）城市群的集聚功能

国内大循环的核心要义就是扩大内需，而城市群作为核心空间尺度，不断促进经济要素集聚，依托自身强大的产业、产品和服务供给能力和中高收入人群集聚形成的强大消费市场，形成超大规模的市场优势，率先形成需求牵引供给、供给创造需求的更高水平的动态平衡，进而辐射和带动全国产业结构和消费结构同步升级，促进国民经济良性循环。

（二）城市群的一体化功能

市场一体化是构建新发展格局的基础，能够为新发展格局提供保障条件，而城市群应当是市场一体化的主体空间形态。城市群一体化是拓宽城市群空间、促进内部循环的重要抓手，通过一体化打通行政壁垒和市场壁垒，消除"碎片经济"特征，增强产业分工和市场分工，逐步形成统一超大规模市场和先进制造业集群，提高经济循环质量和发展水平。

（三）城市群的创新驱动功能

城市群是以创新发展带动新发展格局的主平台，城市群的优质公共服务有利于创新人才集聚和高新技术产业集群培育，可以促进补强供应链和产业链。中央提出推进京津冀协同发展、长江经济带发展、粤港澳大湾区建设、长三角一体化发展，打造创新平台和新增长极，而目前我国城市群中国家级高新区具有 4 万～6 万美元人均 GDP 的创新增长极功能，城市群合作可以加速城市创新网络拓展和创新"飞地"分工合作。

（四）城市群的国际化功能

构建"双循环"新发展格局是面临内外发展趋势的必然选择。一方面，依托国内强大市场，畅通国内经济大循环，为我国经济高质量发展提供战略支撑；另一方面，我国应当为世界经济复苏做出贡献，以扩大内需来连接国内国际两个市场。从全球范围来看，我国城市群的快速发展加快形成了越来越多可以参与高水平国际分工的"城市平台群"，主动参与国际大循环的能力不断提升。不仅可以加强更高层次、更大密度的全球功能性网络体系，使北京、上海、深圳等引领性城市在国际经济、贸易、金融、科技合作中发挥更大作用，提供全球经济社会循环的稀缺"公共服务"，也有利于更好地将出口型全球化战略转变成基于国内市场的全球化战略。

二　城市群是畅通经济循环空间主体

构建新发展格局的关键在于经济循环的畅通无阻，就是要打通国民经济循环体系中各环节的堵点，实现生产、流通、分配、消费各环节的全面畅通。从空间治理层面看，新发展格局就是要促进各地区、各产业之间的分工协作和贸易流通，畅通整个国民经济循环；就是要优化国土空间布局，实现各类要素在国内各区域之间的自由流动；就是要打通板块、省域、城市、城乡等不同区域空间之间的经济循环，畅通区域之间生产要素配置循环，加强区域、城乡等不同级次的产业联接融合，加快构建统一开放、竞争有序的现代市场体系。构建新发展格局，还要畅通国内大循环与国际大循环相互促进，立足国内大循环，以超大市场规模优势形成全球资源要素引力场，促进内外需、进出口、引进外资和对外投资协调发展，加快培育参与国际合作和竞争新优势。因此，从空间实现形式看，构建新发展格局的重点在于城市群，城市群是人口聚集、产业集聚、科技创新、对外开放的主要功能平台，畅通循环的关键在于推动城市群一体化发展，抓住了城市群协同发展和一体化，就牵住了新发展格局的"牛鼻子"。

从循环机制来看，新发展格局内涵的主体应当是国内国际两个市场在生产、分配、流通和消费等环节的高质量循环，其重点在于推进城市群一体化发展，架构起新发展格局的空间支撑。但从目前进展来看，城市群一体化仍存在着制约条件。一是体制机制需要进一步畅通。城市群一体化需要地方政府在合作红利和竞争红利两者之间更加偏好于合作红利，关键是打破地区之间的行政壁垒，但从当前运作来看，政策畅通层面有待进一步加强。尤其是在公共资源领域，需要有效衔接。二是发展动机需要持续巩固。城市群一体化的动力在于一体化为各个地区带来足够大的发展空间，能够吸引各个地区加快体制机制协调、加速信息共享、加强资源互补等。但从目前城市群发展的状况来看，城市群一体化的利益空间并未对各地区形成强有力的吸引。城市之间的互惠互利并没有充分体现，城市群发展的合作效益机制还不健全，缺乏有效的机制支撑，各城市主观能动性需要进一步激发。三是内部需求结构相对不平衡。就东、中、西部三个区域而言，东部地区发展相对较快、西部地区相对较慢，西部地区收入水平较低、公共服务不健全、人才不断流失等问题，一定程度上导致了国内市场分割。同时，城市群内部中心城市与外围城市的需求也存在结构性不平衡。

三 城市群一体化需破解的"四难"问题

从近年来城市群一体化推进的实践来看，城市群一体化需要破解"四难"。一是管理协调体制机制难。城市群一体化涉及多个区域主体，统筹大家的合作，不能增加"爸爸式"垂直行政主体，成本和利益公平分配在平等主体之间确实难以实现。二是制定跨区域规划难。跨区域规划是推进城市群一体化的前提与基础，制定规划本身就是对资源的整合与优化配置，在多元城市主体间就是利益博弈，而且跨区域规划的制定在我国规划体系内本身就是制度创新，属于"新鲜事物"。三是要素市场一体化难。在推进城市群一体化过程中，实际上要素市场分割比商品和服务市场分割更明显，土地、人才、资本等要素流动具有明显的行政壁垒和区域色彩，甚至优质企业的跨区域流动也很困难。集聚要素、培育产业、"聚沙成塔"是城市核心竞争力所在，城市间对创新资源、产业资源的"项目竞争"是极其激烈的。四是公共服务一体化难。公共服务一体化的目标是标准化、均衡化，而支持公共服务标准化、均衡化的财政资金却是差异化的、非一体化的，教育、医疗、社保等公共服务是城市的核心利益，可能是城市群一体化中比较难以攻克的堡垒。

四　构建城市群畅通循环的协调合作机制

一是架构起"实体化运作"的有效合作机制，切实推进"战略大整合"。可以推广长三角区域合作办公室、长三角生态绿色一体化发展示范区执委会，以及成渝都市圈由省级层面牵头召开两月一次的调度会等实践，构建起城市群一体化发展的实体化运作机构，打破行政壁垒，保证政策互联互通，确保城市群战略目标的实现。二是完善要素市场的一体化配置，促进"最小公约数"的流动。以科学合理的城市群综合发展规划为基础，加快推进城市群功能区和毗邻合作区的土地指标交易、农村集体土地入市模式探索、产业引导基金跨区域投资、高层次人才和职业资质跨区域认定等制度创新。如构建统一开放的人才市场，吸引国内外高层次尖端人才，有效推进人力资源、就业信息等共享，促进人才服务一体化。针对高层次人才探索新的协同管理机制，譬如户口不迁、关系不转、身份不变、双向选择、能出能进的人才柔性流动机制。做好人才服务保障工作，包括人才培训、职称互认等，充分打通人才流通中的壁垒，使人才资源能够在城市群中得到合理有效配置。三是建设创新协同的产业体系，打造世界级创新集群和先进制造业集群"最大公倍数"。加强城市群基础研究、重大科技基础设施和战略性新兴产业集群整体布局，加快建设城市群创新网络体系，建立关键技术领域的协同攻关机制，联合提升原始创新能力，集中突破一批"卡脖子"技术。充分重视科技市场建立，推进科技成果跨区域更为有效的转换。完善城市分工体系，中心城市侧重于研发创新，外围城市侧重于生产流通。充分重视"创新飞地""产业飞地"的作用，鼓励各城市通过"创新飞地""产业飞地"来推进区域高质量协同发展，加强政策协调、规划保障，增强"创新飞地"在城市间的辐射带动作用。四是完善基础设施，打造一流营商环境，发挥城市群"网络效应"。在基础设施方面，有序推进互联互通的交通网络建设，构建现代综合交通网络。在政务运行方面，加快数字化改革，以城市群大数据和数字技术赋能"一网通办"，加快推进重点领域的智慧应用，加快城市群政务数据资源共享共用。在公共服务方面，创新跨区域服务机制，推动医疗异地结算、社保异地办理、档案异地查询等项目。

第二节　发挥不同区域等级城市群的战略功能

城市群是畅通经济循环的主要空间载体，是国内大循环的战略支点，是畅通国内国际双循环的战略枢纽。由于各类不同区域等级的城市群的区位条件、资源禀赋、产业基础等情况不一，在构建新发展格局中要分类指导，发挥不同城市群的差异化功能，在服务和融入新发展格局中做出各自的贡献。

一　立足城市群区域定位，实施各有差异的开放战略

从优化城市群空间格局来看，就是要实现东、中、西、东北板块不同城市群之间的互联互通、上下贯通、运转畅通。比如，东部地区的京津冀、长三角、珠三角、山东半岛、海峡西岸 5 个城市群，在新发展格局中的功能定位主要是内联大陆、外联国际，是联通国内和国际市场、国内和国外资源的国际性大通道，是国内国际大循环相互促进的战略枢纽。中部地区的山西中部、中原、长江中游 3 个城市群，主要起着承东启西作用，是实现东、西板块要素流通、产业转移的大通道，是促进国外和东部地区产业和要素畅通的战略

枢纽。天山北坡、呼包鄂榆、宁夏沿黄、兰西、关中平原、成渝、黔中、滇中、北部湾9个城市群，既是区域性中心，也是沿边开放的"桥头堡"，是内陆面向中亚、东南亚实现要素畅通循环的战略枢纽和国际大通道。东北地区的哈长、辽中南两个城市群是内陆面向东北亚开放的高地，承担着畅通国内与东北亚地区循环的战略枢纽和国际大通道功能。新发展格局要求不同区域板块之间的城市群要积极融入和服务新发展格局，发挥比较优势，加强创新合作、产业协作，实现资源共享、功能互补，对标对表世界一流城市群，携手并进、强强联合，为赢得国际竞争新优势、加快形成新格局提供强大支撑、做出重大贡献。

二 立足城市群功能定位，集聚差异化资源要素

国家"十四五"规划明确提出，要"优化城市群内部空间结构""形成多中心、多层级、多节点的网络型城市群"。当前，我国已经形成了京津冀城市群、长三角城市群、珠三角城市群、中原城市群、成渝城市群等诸多城市群，集聚起物流、人流、资金流、信息流等资源，提高了各种资源要素流动的畅通性和便利性，形成了统一的要素市场和产品市场，实现了大城市、中小城市和小城镇的协调发展。不同区域等级的城市群有不同的定位，在新发展格局中起到差异化的作用。譬如，京津冀、长三角、珠三角等头部城市群正在向世界级城市群迈进，加强全球经济循环的枢纽功能，集聚全球高端资源，发挥全球化高质量公共服务功能；成渝、山东半岛、辽中南、关中平原、哈长、北部湾、山西中部等城市群应当发挥生活成本较一线城市低、生活宜居等优势，吸引人才、产业集聚，完备区域产业链供应链，做大做强特色产业；呼包鄂榆、滇中、黔中、兰西、宁夏沿黄等城市群需要进一步发挥自身优势，实现差异化发展，推进新型城镇化，促进功能区战略实施。但从城市群发展实际来看，城市群一体化仍旧面临行政壁垒、同质化发展、要素循环不畅、产业协同程度不高、内部公共资源差距大等问题。还是需要从体制机制、发展规划、要素市场、产业空间布局、公共服务等方面打破壁垒，推进城市群高质量一体化发

展，形成不同能级城市群之间的协调发展、联动发展，共同架构新发展格局的有力支撑。

三 立足城市群发育程度，发挥差异化资源配置功能

从城市群发育程度看，京津冀、长三角、粤港澳大湾区等城市群综合创新能力强、城镇体系较为完善、功能分工较为明晰、产业链供应链相对完备、市场化程度较高、对外开放性较强、现代化基础设施网络体系基本形成，可以认为是相对成熟的城市群，也是具有世界影响力的城市群。在京津冀协同发展、长三角区域一体化发展、粤港澳大湾区建设等重大战略引领下，这些地区应进一步提升创新策源能力和全球资源配置能力，打造引领高质量发展的第一梯队，要做全国科技自立自强的开路先锋、全国产业创新发展的领头雁、全国扩大内需的强劲动力、联系国内国际市场的枢纽桥梁，力争率先在畅通经济循环上取得新突破。在中西部和东北有条件的地区，以中心城市为引领，以都市圈建设为带动，通过深化体制机制改革和政策创新，以城市群一体化重大平台载体和工程建设为牵引，促进基础设施高效便捷互联互通、产业分工协作和区域市场一体化建设等，进一步提升城市群功能和综合承载力，加快培育一批在全国范围和区域层面有影响力的城市群，形成高质量发展的重要区域，打造全国新发展格局的重要节点和战略支撑。

第三节 发挥城市群"四大中心"功能，
打造畅通循环主阵地

改革开放以来，尤其是加入世贸组织，国内融入国际大循环之后，"两头在外"的模式成为推动中国经济增长的巨大引擎。国内各地区、各大城市的立足点和战略重点是瞄准国际市场，尤其是欧美发达国家的市场，纷纷融入和服务国际大循环，积极参与国际分工，谋求国际产业链价值链地位。新发展格局下，以国内大循环为主体培育和赢得国际竞争的新优势，加快培育完整的内需

体系，畅通国内大循环，形成强大的国内市场成为未来推动中国经济发展的重大战略选择。由此，区域空间形态也发生了转变，中心城市、都市圈、城市群的战略重点方向也将发生变化，由"两头在外"模式、以融入和服务国际大循环为主体，转变为立足国内大循环，以满足国内需求为战略重点，国内国际双循环相互促进的发展模式。城市群是人口聚集、产业集聚、科技创新、对外开放的主要功能平台，集聚了内需消费中心、科技创新中心、现代物流中心、对外开放中心四大功能，在构建完善内需体系、优化供给体系、畅通流通体系、提升开放水平等方面起着重要作用，是畅通"双循环"的战略支点和重要枢纽，是构建新发展格局的主阵地。

一 夯实内需消费中心功能

城市人口主要集中在城市化地区，尤其是中心城市、超大城市、特大城市、国家中心城市、都市圈和城市群地区。城市群既是高收入群体的聚集地，也是引领消费时尚的前沿阵地。比如，长三角城市群核心城市上海拥有最广阔的消费市场、最强劲的消费活力、最齐全的消费品牌、最前沿的消费时尚和最优良的消费环境，可以媲美纽约、伦敦、巴黎、米兰、东京等国际知名消费之都，全球品牌在这里集聚、成长，使之成为引领消费的风向标。

首先，要发挥城市群扩大内需、促进消费的核心引领作用。要践行《中华人民共和国国民经济和社会发展第十四个五年规划和 2035 年远景目标纲要》中提出的"培育建设国际消费中心城市，打造一批区域消费中心"。完善市内免税店政策，规划建设一批中国特色市内免税店。很显然，打造这类高端消费中心的重点区域仍将是发达的城市群地区。在刺激消费、扩大内需具体措施方面，一是要提升传统消费，主要是破除制约消费的体制机制障碍，比如超特大城市的汽车限购政策，要推动汽车等消费品由购买管理向使用管理转变。二是培育新型消费方面，运用大数据、人工智能等新技术赋能产业发展，鼓励发展定制、体验、智能、时尚消费等新业态新模式，引领消费潮流。三是大力发展服务消费。大城市的公共服务数量与质量仍然是短板和弱项，与人民美好生活需要存在一定差距，教育培训、医疗健康、养老托育、文旅体育等消费需求旺盛、发展潜力巨大，需要提质扩容。

其次，发挥投资对优化供给结构的关键性作用，处于人口流入状态、具有优势条件的城市群将是未来重点投资区域。一方面，要加快补齐城市基础设施、公共安全、生态环保、公共卫生和防灾减灾等领域短板，强化铁路、公路、桥梁等传统基建。另一方面，要大力发展 5G、人工智能、大数据中心、新能源汽车充电桩等新型基础设施，在城市群、都市圈适度超前建设和布局基础设施，通过重大工程建设畅通内部基础设施和要素联系。建设新型智慧城市，统一规划建设物联网感知设施、通信系统等公共基础设施，推进市政公用设施、建筑等的物联网应用和智能化改造。

二 增强科技创新中心功能

城市始终是经济增长的中心，是科技创新的源泉，国内城市群是国家创新基地、科研院所、高等院校和企业科技力量的聚集地。要把具有人力资源、产业基础和科技创新等优势条件的城市群打造成为创新的策源地、我国实现科技自立自强重要的战略支撑。按照"十四五"规划和 2035 年远景目标纲要，在城市群重点地区布局国家战略科技力量，组建一批国家实验室，重组国家重点实验室，建设重大科技创新平台，支持北京、上海、粤港澳大湾区形成国际科技创新中心，建设北京怀柔、上海张江、大湾区、安徽合肥综合性国家科学中心，支持有条件的地方建设区域科技创新中心。强化国家自主创新示范区、高新技术产业开发区、经济技术开发区等的创新功能。加强都市圈、城市群的科技合作，推动科技创新券通兑通用、产业园区和科研平台合作共建，共建研究—研发—应用创新链和产业创新中心，联合打造创新城市群（都市圈）和科创共同体。

三 完善现代物流中心功能

构建现代化流通体系是新发展格局的重要支撑，是畅通国民经济循环的重要一环。城市群是主体空间形态，是现代物流体系的关键枢纽和重要节点，是商品要素的集散中心，起着集聚与发散的功能。因此，要深化流通体制改革，畅通商品服务流通渠道，打通阻碍城市群内部、城市群之间、城市群与非城市群之间的商品要素流通的堵点、淤点，提高流通效率，降低交易成本。有效破除地方保护、行业垄断和市场分割，促进形成不同地区和行业标准、规则，加快构建国内统一大市场。强化物流基础设施建设，按照"十四五"规划和 2035 年远景目标纲要，围绕建设现代化都市圈目标，建设城际铁路和市域（郊）铁路，打通各类"断头路""瓶颈路"，推动城市内外交通有效衔接，提高基础设施连接性和贯通性。城市群是建设现代物流体系的重要空间载体，要统筹城市群地区的物流枢纽设施、骨干线路、区域分拨中心和末端配送节点建设，完善国家物流枢纽、骨干冷链物流基地设施条件。加强国际航空货运能力建设，优化国际物流通道，加快形成内外联通、安全高效的物流网络。完善现代商贸流通体系，在城市群地区重点培育一批具有全球竞争力的现代流通企业。

四　提升对外开放中心功能

城市群是对外开放、进出口贸易、引进外资和对外投资的中心主体，是建设贸易强国，形成全球资源要素强大引力场的主要空间载体，是联通国内大循环与国际大循环的重要枢纽，是加快培育国际合作和竞争新优势的空间主体。新时代大城市要实行更加开放的人才政策，构筑集聚国内外优秀人才的科研创新高地。要加强国际城市间的经贸交流，上海、广州、北京三大城市要办好中国国际进口博览会、中国进出口商品交易会、中国国际服务贸易交易会三大展会，积极发挥展会平台功能。城市群要发挥"引进来"和"走出去"的主体功能，充分调动微观主体的积极性，以高水平双向投资高效利用全球要素资源和市场空间。一方面，要打造市场化、法治化、国际化的营商环境，全面优化外商投资服务，支持外资加大对中高端制造、高新技术、传统制造转型升级、现代服务等领域的投资，支持外资企业设立研发中心、参与或承担国家科技计划项目。另一方面，要为国内企业"走出去"提供强大支持，完善境外生产服务网络和流通体系，加快生产性服务业国际化发展，推动中国产品、服务、技术、品牌、标准"走出去"，支持企业融入全球产业链供应链，提高跨国经营能力和水平。

第四节　畅通城市群"五维"空间，
形成全国统一大市场

构建新发展格局是关系我国发展全局的重大战略任务，将深刻影响我国区域经济空间布局。习近平总书记指出："构建新发展格局的关键在于实现经济循环的畅通无阻"。从宏观经济循环看，高质量发展应该实现生产、流通、分配、消费循环通畅，国民经济重大比例关系和空间布局比较合理。城市之于内循环，是动力系统，只有高质量的城市化，提升城市能级，才有可能解决触发循环、加速循环的动力源泉问题。从空间视角来看，中心城市和城市群正在成为承载发展要素的主要空间形式，成为畅通国民经济循环体系各环节的堵点、淤点的重要空间载体。这就需要从城市群的"五维"空间尺度入手，推进经济社会活动在城市内部、城市群内部、城市群之间、城市群与非城市群之间、国内与国外城市群之间的畅通循环，形成国民经济循环的统一"大市场"。

一　推进单个城市内部的畅通循环

城市是国民经济发展的最小单元，"麻雀虽小，五脏俱全"。所谓"城市"，就是一个在有限空间内的各种市场——住房、劳动力、土地、运输等相互交织在一起的网络系统，包括住宅区、工业区和商业区并且具备行政管辖功能。畅通国民经济循环，首先就是要保障单一城市内部的经济社会活动的畅通循环。在统一的行政管辖区内，城市内部的畅通循环相对简单，市场分割和行政壁垒较弱，要素流动相对自由，社会化大生产过程中各环节的协调合作与有效衔接相对流畅。然而，城市内部畅通循环的根本问题是，单一城市空间中要素禀赋有限情况下的供需体系不平衡。根据赫克歇尔和俄林的资源禀赋理论，一个地区专门生产密集使用本地区具有相对禀赋优势要素的商品并以此与其他城市或地区进行贸易往来，可实现福利最大化。另外，也可以通过实现城市间的要素流动自由化，来解决单一城市的要素禀赋不足的堵点、淤点问题。因此，要采取有针对性的措施，优化城市空间布局，根据要素分布合理布局公共服务和基础设施，实现人口—经济空间布局合理化。

二 推进城市群内部的畅通循环

所谓城市群，是城市发展到成熟阶段的空间组织形式，其不是一个孤立的单个城市空间主体，而是由不同规模、等级、形态的空间要素组成的城市化地区。中心城市是城市群的核心主体。畅通国民经济循环的"牛鼻子"，就是推动城市群的高质量发展。当前，国际空间竞争已经转向了城市群竞争阶段，出现的以纽约湾区、旧金山湾区、伦敦都市圈、东京都市圈等为代表的世界级都市圈，已成为所在国家和地区经济发展的枢纽和参与全球竞争的核心。从本质上讲，推动城市群内部的畅通循环的关键就是要推进城市群的高度同城化、高度一体化的高质量发展。新发展阶段下，我国也迈入了城市群一体化建设阶段，受制于国内"行政区经济"和"经济功能区"的冲突与矛盾，城市群一体化进程仍困难重重。这就需要针对传统行政管理体制、财税体制和官员晋升考核机制进行创新与改革，推动城市间由竞争关系转向合作关系，加快形成一批具有国际竞争力的城市群。

三 推进城市群之间的畅通循环

国外城市群发展经验表明，城市群一体化建设和协同发展成为赢得国际竞争优势的主要抓手，促进城市群间的联动已经成为重要发展方向。构建国内大循环就是要畅通整个国民经济循环体系，从空间治理视域来看，就是要推动经济社会活动在全国区域空间层面的畅通循环、在不同空间主体范围内的顺畅，实现要素自由流动、市场统一有序、规划衔接、空间结构合理。目前，我国已经形成 19 个城市群和 33 个都市圈，其中，长三角、京津冀、粤港澳大湾区、成渝地区四大城市群人口已占全国人口总量的 36.6%，经济占全国经济总量的 48.1%，且还在加速吸引优质资本和高端人才。从国内大循环视角来看，畅通国民经济循环就是要加强京津冀、长三角、粤港澳大湾区、成渝地区四大城市群的协同发展，使之依据各自的区位条件、资源禀赋和产业特色优势，充分发挥吸引投资、拉动消费、引领创新、创造就业以及现代物流、对外开放等核心功能，加快形成合理分工、功能互补、协调合作的城市群发展新格局。

四 推动群与非群之间的畅通循环

势差就是势能，世界是非均衡的，不平衡是普遍现象。城市的极化效应既是客观规律，又是要素向中心城市和城市群地区集聚的现实反映。所以，城市群与非城市群地区的两极分化仍然会继续。两种不同类型城市化区域间的畅通循环，重点是破除制度性障碍，以资源优化配置为原则。非城市群地区包括城市化区域和农村地区，极其需要城市群发挥增长极的辐射效应。城市之于内循环，是重要枢纽。只有高水平城市化，破解城市化不足和过度城市化出现的各种问题，才有可能消解内循环滞阻。一是要促进城乡经济畅通循环。新型城镇化和乡村振兴同步推进，实施以工补农、以城带乡，深化基础性制度改革，尤其是深化户籍制度、土地制度改革，推进土地跨区域交易，促进城乡要素双向流动。二是要促进不同能级城市间经济畅通循环。积极培育大、中、小不同的城市主体"内生动力源"，以中心城市、超特大城市为核心，发挥其示范引领的作用，带动周边的中小城市发展。

五 推动国内外城市群间畅通循环

国民经济畅通循环需要国内大循环，更需要国内国际双循环相互促进。作为国民经济的集聚中心和各种流通链的交汇点，城市群是畅通国际大循环、推动国内国际双循环相互促进的主要空间载体，也是对外开放的重要枢纽性平台。推进城市群的开放战略，需要坚持"引进来"和"走出去"并重，营造法治化国际化便利化营商环境，深化国内外区域合作，构建全方位开放发展新格局。东部地区的城市群，如京津冀、长三角与粤港澳等三大世界级城市群，要加强与东京都市圈、纽约大都市圈、旧金山湾区、欧洲大都市圈的交流与合作，对标对表，寻找差距，谋取合作。中西部地区的城市群，如中原城市群、成渝城市群等，要全面融入"一带一路"建设，以陆桥通道为主轴，依托国家铁路和公路主通道，加强与沿线城市和沿海港口群的联系，形成连接"一带一路"的东西双向、南北纵横的战略通道。

综合来看，城市群是推动经济社会畅通循环，加快构建新发展格局的重要载体和空间抓手。从本质上看，实现产业、市场、经济社会在空间层面的畅通循环就是要加强"空间治理"，增强空间治理能力，破除阻碍要素流动和市场一体化的体制机制障碍，促进国内大循环，以内促外，实现国内国际双循环相互促进。

第七章

推动城市群协同发展的政策建议

在全面系统地回顾了国内外有关城市群研究文献的基础上，本书准确地界定不同城市群形态概念，梳理总结了城市群协同发展理论内涵、存在的问题和实现机制，并重点从产业分工视角回顾了城市群协同发展的相关理论问题，运用定量模型分析了产业分工与城市群协同发展的逻辑关系，并结合实践案例分析推动城市群协同发展及产业协同发展的价值取向。通过理论回顾和实证研究，本书得出了以下几个方面的研究结论，并结合实际提出了有针对性的政策建议。

第一节　主要结论

一　大国竞争视域下城市群是国际空间结构竞争主载体

当今世界大国间的竞争不仅是科技、经济、人才的竞争，也是空间结构的竞争。纵观世界城市发展史，城市群、都市圈已经成为承载资源要素的主要空间载体，是全球空间结构竞争的主角。21世纪，数字化技术、区块链技术深刻影响区域经济空间格局，进一步强化要素集聚和空间分化效应，"强者愈强"的马太效应更加凸显，城市群、都市圈成为创新和消费两端集聚的主载体。而决定城市群竞争力最主要、最关键的是城市间的利益关联度。城市间深度合作、携手并进，共同打造人才、科技、金融等高端要素集聚区，培育头部高科技企业和产业链式发展的集聚区，是一国赢得全球竞争的关键。可以说，大国的空间结构竞争已经由单个城市的比拼转向城市群、都市圈形态的竞争。世界面临百年未有之大变局，国际竞争态势巨变，极大地挤压我国发展战略空间，改善空间治理，优化空间形态，培育打造一批畅通循环、功能互补、高效协作、等级有序、结构有机的世界级城市群和都市圈成为拓展国际战略空间、赢得国际竞争和建设社会主义现代化强国的关键。

鉴于全球空间竞争形态的演变，世界发达国家纷纷制定城市群、都市圈发展战略，将其作为吸引全球高端资源、营造创新创业氛围、培育头部高科技企业、输出国际标准规则、争夺国际话语权的空间主体。比如，美国区域规划协会提出了 2050 年全美打造东海岸、西海岸和五大湖地区的 11 个大城市群的目标，日本总务省圈定了 10 个都市圈，共同目的都是打破城市间行政边界，强化合作及利益联结，打造富有全球竞争力的世界一流城市联合体。从经济占比来看，城市群"富可敌国"，是国际竞争的主阵地。以东京都市圈为例，人口和经济占本国的比重都达到 30% 以上。早在 2012 年长三角城市群 GDP 总量已经超过亚洲四小龙。以往国际竞争是单个城市的比拼，现在国际空间竞争已经转变为城市群之间的角逐。做大做强城市群，培育世界一流城市群是提升一国竞争力的关键。从世界竞争态势看，城市群是一国科技创新策源地、金融创新高地。美国旧金山湾区是世界知名高科技产业集聚地，汇集了脸书、苹果、英特尔等一大批"航母级"高科技企业，是高新技术企业催生地和孵化地，是美国赢得技术主导权的主阵地。纽约大城市群是世界知名的金融高地，是全球外汇、黄金、股票市场交易量最大的市场，华尔街是高通、摩根士丹利等总部所在地，汇集了全球 300 余家外国银行金融机构，是金融创新模式和新业态的输出地，是美国掌握金融话语权的"中枢神经"。从技术革命与产业演化来看，城市群是创新集聚和消费集聚的关键"两端"。以数字化、信息化、人工智能为代表的新科技革命引发区域经济空间格局巨变，数字经济、区块链促进产业形态演变，引发产业、经济要素进一步强化空间集聚，加剧了空间分化效应，城市群成为创新集聚和消费集聚的关键"两端"。

二 区域经济高质量发展必须以城市群协同发展为突破口

改革开放 40 多年来，我国城镇化率以每年超过 1% 的速度快速提升。都市圈和城市群快速发展，并成为我国城镇化的主体形态，成为人才和人口、企业和产业、技术和创新的主要载体。都市圈和城市群之所以能成为发展的主要空间形式，在于其集聚和带动效应强，资源配置更集约；还能够促进区域内更加高效的分工协作和要素流动，有效解决区域发展不平衡不充分问题，实现整个区域的集约高效发展。都市圈、城市群将成为中国未来 5~10 年发展的最大"结构性潜能"，十三届全国政协经济委员会副主任刘世锦认为，在"十四五"，甚至以后更长一段时间，中国经济增长新动能的百分之七八十在城市群、都市圈范围之内。

当前中国经济已经进入高质量发展阶段。从空间高质量发展来看，经济高质量发展就要优化区域经济布局和城镇空间体系，提高资源空间配置的效率和效益。这就需要打造一批具有世界竞争力的国际化大都市、世界级都市圈和城市群。城市群区位优势明显、人才富集、科技水平高、制造业发达、产业链供应链相对完备，是我国经济发展最活跃、开放程度最高、创新能力最强的区域，在国家现代化建设大局和全方位开放格局中具有举足轻重的战略地位。

三 城市间产业分工合作是促进城市群协同发展的关键

城市群是空间演化的结果，是由核心城市和卫星城构成的多中心、多层级、多节点的网络型城市结构，城市群内人口、产业等要素高效集聚和循环流动，核心城市对城市群起到支配和辐射作用。城市群的形成、发展和壮大必须以自然形成的经济社会交往和产业分工协作为基础。一个区域内的相互连接，往往有深厚的经济社会和历史文化背景，如茶马古道、"一带一路"形成的经济走廊，以交通物流枢纽为中心形成的网络，关隘、集市或亚文化覆盖区域等。城市群不仅仅是地理上相邻的若干城市，其实质必须是分工协作、功能互补、有机联系的城市组团，单个城市的发展不是重点，重点在于城市相互间的协同发展，获得协作收益。从城市群的本质来看，城市群形成的经济根源是核心城市有攫取更多资源、超越行政区划扩张的"内在冲动"，周边城市因担心被边缘化，也有"背靠大树"加强协作的内在要求，核心城市与周边城市在交通、市政、物流方面共建共享，产业合作、市场交易、要素配置上功能耦合，公共服务、信息和创新上互通有无和协同合作。

当前我国已经出台了19个城市群规划，但是，现实中城市群发展程度和质量参差不齐。无论是从理论还是实践规划来看，城市群界定范围、发展质量，完全取决于核心城市的辐射能力以及城市相互间的协同效应。综观国内城市群发展现状，我国城市群的发展还存在许多短板和弱项，如产业分工体系不够健全、产业结构同质化严重、城市群内部共享水平不高等，甚至个别城市群简单拼凑、有名无实。那么出现这些问题的根源何在呢？按照西方制度经济学理论，城市之间的分工协作是无数的市场交易，需要完善制度以降低交易成本，在马克思主义政治经济学看来，城市群发展的实质是实现生产力的科学布局和均衡发展，实现这一目标必须要有生产关系和制度层面的配套和协同。可以说现实中城市群发展的一些问题，根源在于阻碍资源流动的一些体制机制障碍还没有完全破除，政府这只手还存在干预市场的冲动，未来的发展方向就是要不断深化改革并进行制度创新。

四 城市群产业协作不足源于城市群顶层治理机制缺失

城市群内的地区或城市之间竞争多、合作少，既有体制机制的因素、利益联结的问题，也是经济发展阶段使然，具体原因主要归纳为以下四个方面。

一是垂直的行政管理体制形成了"以邻为壑"局面。首先，垂直的行政管理体制决定了对上负责、合作不足。我国遵循垂直管理体系，地方政府只对上负责，导致横向之间联系少，合作动力不足，认为横向合作没有必要，不是必选项，而是锦上添花、可做可不做的事。其次，考核机制鼓励"个体户经济"。从考核导向上看，现有的激励机制鼓励"个体户经济"，发展"行政区经济"。GDP 考核、官员晋升仍以行政区为单元。最后，"期限错配"问题严重，即官员任职期限短与跨区域一体化合作长期性的"期限错配"问题。现有官员的任职期短，3~5 年轮岗，而一体化建设需要地区间长期合作，从确定意向、协商谈判、达成共识、签订协议到项目合作，过程漫长，需要耐心和战略定力，效果方能显现。

二是只有分享没有共享，缺乏新增红利激励机制。首先，发展差距大，利益分享不对等。利益分享不对等，落后地区分享利益，先进地区被分享利益。一体化的驱动力在于合作对参与方都有利，现存问题是城市群内各城市发展差距大以及不均衡。以长三角为例，安徽属于相对落后地区，参与即分享红利，上海认为一体化更多是被分享利益，要达成相互间的合作，必须要有利益驱动，只有新增红利才能驱动整个城市群相互合作、共同发展。其次，成本分担机制不健全。基础设施互联互通、公共服务均等化，推进一体化建设都需要财力支持，现有的财政体系下，一体化建设的成本分担机制不完善，缺乏一体化的财力保障。

三是城市增长路径依赖难以摆脱"合作匮乏症"。首先，"单干模式"仍是主导。现有的城市经济增长模式下，地方政府以各种优惠政策措施强化要素集聚，吸引大量的人口、产业、科技等资源在本地区集聚，做大做强本地经济，推动本土经济增长，而全国或区域内资源有限，必然加剧相互之间的竞争，"各干各的"有深刻强烈的路径依赖性。其次，一体化红利仍未释放。尽管现有国际形势和传统增长路径的边际效应递减，导致以竞争为主旋律的单一城市增长模式不符合时代要求，但是一体化带来的红利暂不明晰。多数地方主政官员认为一体化更多是分享利益，而非创造利益，并非对自己有利。

四是核心城市吸附资源决定了"各自为政"。首先，从客观经济规律看，极化效应明显。习近平总书记在《推动形成优势互补高质量发展的区域经济布局》一文中对此有专门论述。国内绝大多数城市群处于核心城市做大做强的阶段，仍然处于要素资源吸附阶段。OECD 数据显示，2019 年世界人均 GDP 最高城市为旧金山（12.87 万美元），上海市人均 GDP 约 2.3 万美元，只有旧金山的 1/6，与国外一流城市发展差距仍然较大。其次，地域空间范围广，实施效果差。城市群一体化地域空间范围广，内部差异大，以长三角为例，地方空间范围达到 35.8 万平方公里，江苏、浙江、安徽和上海三省一市发展阶段不同、发展差异性大，缺乏战略有效实施的具体抓手，即使中央高度重视，地方贯彻落实性仍较差。

五　推动城市群产业协同发展必须建立城市群考核机制

从根源上来看，正是缺乏城市群治理机制导致城市群协同发展不足，因此，要改变传统的辖区经济考核机制，建立一套以城市群为单元的管理体制，以一体化为导向的评价考核机制，促进跨区域产业协作、科技合作，实施鼓励一体化合作的激励机制和制度安排，促进城市群协同发展。

一是打造"群龙共舞"的新发展格局。营造良好的一体化氛围，一体化是国家战略，于国于民都有利，大到确保国家安全稳定，小到涉及老百姓获得感、幸福感。制度创新打破行政壁垒，可以降低制度性交易成本和协商成本，释放新的红利。要重点打造城市群"三大平台"功能。首先，打造对外开放的主平台，即畅通内外循环、要素自由流动、全方位对外开放的主平台；其次，打造要素集聚的主平台——吸引国际高端人才、优质资本、高级产业聚集的主阵地，争夺国际话语权的高端平台；最后，打造科技创新的主平台——科技创新资源策源地，创新创业的孵化地。要实施城市群差异化功能定位。根据资源禀赋、区域条件不同，城市群的功能定位各有侧重，但需相互协同。比如，将长三角打造成为金融、科技创新中心；珠三角城市群则重点联通国际国内资源，探索不同制度衔接、体制机制创新。各有分工又协作互补，携手并进，支撑起现代化强国的主体空间框架。

二是构建以城市群为单元的顶层设计机制。构建与城市群空间形态相一致的配套体系是基础保障。需要加强系统化设计，从机制设计、战略目标、考核体系等方面全方位构建城市群一体化顶层设计。首先，设立城市群一体化的统计监测指标体系。建议由国家统计局设立专项统计指标体系，追踪、监测城市群一体化进展、发展演变和推进成效，也便于国际竞争力比较。其次，设立与现代化国家目标相一致的城市群发展战略目标。按照2035年、2050年两个时间表，制定城市群一体化发展短、中、长期发展战略目标，细化实施方案和步骤。再次，建立科学的一体化绩效考核机制。在政策导向上，参考借鉴高质量发展的"六大指标"体系，由中组部、发改委等部委联合制定城市群一体化考核指标体系，并将其纳入地方政府政绩考核，把可选项变为必选项，可以初期作为观察监测参考指标，后期纳入预期性指标，并制定明确的奖惩标准和办法。

三是加强宏观经济政策与城市群一体化的配套衔接。城市群治理落到实处需要宏观经济政策和数字化技术支撑。首先，碎片化整理，摸清底数。整合现有涉及城市群规划的相关文件，进行空间资源"磁盘整理"，统筹各类资源空间配置、集聚目标、形成合力。其次，宏观经济治理系统化重构。改变传统的以行政区为调控单元的政策设计思路，立足城市群、都市圈空间，综合运用财政、税收、金融等多种调控政策工具促进跨区域协同联动。最后，数字化推进城市群空间治理。创新城市群一体化规划编制手段和方式，运用大数据、云计算、人工智能等新一代信息技术，提升空间治理能力，建设统一的跨区域空间规划管理信息平台，将各类规划纳入平台归口管理，实现模块联结、信息共享。

第二节　政策建议

党的十九届四中全会提出了坚持和完善中国特色社会主义制度，推进国家治理体系和治理能力现代化的重要内容，从中央顶层设计层面构建了国家治理体系和治理能力现代化的制度框架，为推动城市群治理指明了方向、提供了根本遵循。从推进空间形态高质量发展来看，重点要提升城市群一体化高质量发展水平，关键是要引入"区域治理"理念，提高城市群治理能力和水平，促进城市群一体化发展，促进城市群效能显著提高。

一　引入"区域治理"理念，构建城市群协同发展治理机制

"治理"一词是政治学概念，是指经由法律、规范、权力或语言实行的过程与决策。落实到城市群治理，就是要以"区域治理"理念为指引，在党的十九届四中全会精神关于中国特色社会主义制度下的国家治理体系建设相关论述指引下，构建起与中国经济发展阶段和城市化水平相适应的城市群治理体系。一是建立城市群治理组织机构，完善城市群治理结构。比如，加强区域立法、建立省级会商制度、建立城市群市长联席会议制度，重点和关键是构建一套能够破除城市群发展障碍的体制机制，构建政府、企业、民间组织共同参与的城市群治理组织架构。二是探索建立跨行政区域的协调机制。可以借鉴国外田纳西河流域综合治理成功经验，树立跨流域、跨地区治理典范。以建设区域一体化大市场为目标，形成以首位城市为主导、多个次一级城市共同发展的城市群发展模式。三是针对落实好城市群一体化发展规划纲要，可以考虑建立城市群考核体系。传统以独立行政区域为考核单位的指标体系难以适应城市群发展新形势。构建一套包含基础设施互联互通、产业协同发展、公共服务共享等内容在内的城市群考核指标体系，以城市群考核衡量地方政府官员合作政绩，落实各地方政府的主体责任，每年发布城市群考核排名，以竞争促进跨区域合作。另外，还对国家出台的城市群规划纲要开展第三方评估，落实3~5年开展一次的全方位第三方评估，评估城市群协同发展的进度和效果。

二　发挥市场的决定性作用，建立要素自由流动的制度性安排

要跳出产业分工看城市群协同发展问题，城市间产业分工的背后是区域间竞争关系逻辑，其本质是平衡和处理好市场与政府两只手在资源配置中的相

互关系。首先，遵循经济规律，按市场逻辑配置生产要素，发挥市场在资源配置中的决定性作用，按市场逻辑延展和布局产业分工协作，深化要素市场化改革，促进要素自由流动，提高资源空间配置效率和经济效率。2020年3月30日，中共中央、国务院发布《关于构建更加完善的要素市场化配置体制机制的意见》，为城市群跨区域的要素自由流动，提高要素资源配置效率指明了方向。要充分发挥市场在资源配置中的决定性作用，深入推进行政体制改革，破除区域协调发展中的体制机制障碍，充分发挥区域协调政策的作用，通过要素市场化改革，破解优质要素集中分布的不平衡问题，优化资源配置。还要更好地发挥政府的作用，深化户籍制度改革，打破城乡二元结构、户籍壁垒和藩篱，探索城市群内户籍准入年限同城化累计互认制度。探索建立城市群统一的用地交易市场。加强对外开放合作，建立区域内统一大市场，从共识观念、制度设计、组织架构和政策操作等层面共同推进区域合作治理机制建设。其次，要鼓励各类主体参与城市群规划，尤其是微观市场主体，让企业参与其中，便于充分了解市场需求。因为城市之间要素流动和合作联动，本质是企业之间的合作与投资，企业作为市场主体要算自身的经济账，要考虑交通物流条件、产业配套能力、人才和技工的供给，需要综合权衡，以市场主体决策实现规划的科学性和前瞻性。

三 强化城市产业合理分工，打造产业协同发展的利益共同体

产业互补是推动城市群共生共荣的关键，市场化配置资源是实现城市群一体化的内驱力。城市群内的产业合理分工，能够有效提升产业链整体水平，根据不同等级城市的特征和功能定位，发挥各类城市在土地、科技、人才方面的资源优势，共建产业体系，推进产业合理化布局，实现城市群内产业间的协调和错位发展。探索建立城市间产业协同发展的成本分担和收益补偿机制是关键。诸如借鉴长三角城市群中上海与安徽共建飞地工业园区经验，建立利益共享、成本共担的产业发展体系。在当前逆全球化和西方国家意图与中国产业"脱钩"的大背景下，国内城市群更要在构建国内完整产业链，打造世界级的

区域性产业链供应链中心，形成国内国际双循环方面发挥重要作用。城市与城市之间既要竞争，更要加强合作，形成资源互补、信息共通、利益共享的产业联合体。尤其是对容易造成"卡脖子"的核心技术产业，要重点突破，形成发展合力。

四　围绕产业链布局创新链，打造城市群科技创新联盟共同体

城市群要成为我国科技和产业创新的开路先锋。与其他地区相比，城市群具有鲜明的比较优势，人力资源富集、科技创新力量雄厚、产业基础良好。因此，要加大基础研究投入与合作，构建城市群的科技创新战略联盟，整合群内的科技创新优质资源，打造区域创新共同体，推动城市群在产业合作、科技创新领域的一体化进程。要发挥城市群内高端企业和中小企业云集、机制灵活、创新活跃的优势，充分发挥企业微观主体在技术创新中的生力军作用，支持一批中小微科技型企业创新发展，提高产业链供应链质量和水平。强化城市群内的科技创新人才资源共享及联合培养，合作推动应用技术研发和科技成果产业化转化，围绕突破一批"卡脖子"的关键核心技术重点发力。抢抓新一轮科技革命浪潮，瞄准数字经济、信息安全，推进 5G、云计算、物联网等新一代信息基础设施建设，构建安全便利的国际互联网数据通道，培育发展互联网服务、金融科技、人工智能等数字经济产业，探索数据确权、评估、交易、跨境流动、网络安全等数字经济制度创新突破。

五　强化开放枢纽门户功能，打造城市群改革开放示范引领体

开放带来进步，封闭必然落后。中国开放的大门只会越开越大，城市群要成为改革开放的主功能平台。要站在历史正确的一边，高举构建人类命运共同体旗帜，坚定不移维护和引领经济全球化。要接轨世界银行营商环境评价指标体系，迭代升级完善以负面清单为核心的市场准入制度、以证照分离为核心的商事登记制度、以信用体系为核心的精准监管制度，持续优化营商环境，提

高投资贸易便利化水平，以制度创新引领新经济增长。完善区域对外开放门户、国际航空、国际贸易、金融服务、航运物流等要素资源调配枢纽功能，提升全球资源配置能力，探索服务贸易、转口贸易、离岸贸易创新升级，建设服务全球资源内外双向流动的特殊经济功能区。要利用自贸区、开发区等开放平台，精准定位，实施差异化发展战略，强化制度创新，打造高质量发展区域集群重要支点，通过产业联动、制度推广、园区合作等途径放大自贸片区辐射效应。扩大服务业对外开放，进一步拓宽国际优质资本和经验进入教育、医疗、文化、园区、城市管理等公共服务领域的渠道，提升高品质国际化的城市服务功能。

六　改善区域性公共物品供给，夯实城市群产业合作基础

良好的区域公共物品供给是促进城市群产业协同发展的基础和保障，诸如基础设施作为一种公共物品是区域间产业和经济社会发展的前提。一般而言，城市群的公共物品具有跨组织、跨地域空间、跨行政边界的特征。区域公共物品的供给存在着供给主体多元化、供给过程复杂化、供给对象容易"搭便车"等问题。一是要建立城市群公共物品供给的制度保障。通过公私合作、地方政府间合作等多渠道、多种供给方式推动城市群在公共物品方面的建设合作，尤其是要探索建立公共领域财税分享、规划衔接、生态环境管理、公共服务配置、数据共享等方面的体制机制。二是要创新公共物品供给方式。公共物品具有的非竞争性和非排他性，决定了其与私人物品提供方式的区别。要根据公共物品的特性，按照不同标准划分公共物品类型，根据社会性基础设施、经济性基础设施、生活性基础设施以及新型基础设施建设创新公共物品的投融资方式，采取各种途径和方式进行融资，诸如 PPP 模式。三是要创新公共物品运营管理方式。充分发挥市场机制在公共基础设施运营中的优势作用。引进专业化的市场主体运营公共设施，提高经济效益，或者采用 BOT 等公共设施建设投融资与运营管理的新模式。

七　发挥核心城市示范引领作用，形成等级有序、优势互补的分工格局

根据佩鲁的增长极理论，区域经济的发展主要依靠条件较好的少数地区和少数产业带动，应把少数区位条件好的地区和少数条件好的产业培育成经济增长极。综观城市群发展历史和趋势，核心城市在极化效应下吸附周边城市的要素资源，规模不断膨胀，并逐渐向周边辐射，辐射效应覆盖的地区范围远远超越了行政边界。城市群的核心城市是龙头，起资源配置中心作用。因此，要发挥核心城市对城市群综合带动作用，培育以核心城市以及区域中心城市为主导的区域经济增长极，培育新兴产业，以产业带就业，推动区域整体经济发展。一方面，要以城市群核心区为先导、都市圈为引领，驱动城市群整体发展。诸如，长三角城市群制定了长三角绿色一体化发展示范区建设总体方案，率先对城市群核心区和重点任务进行规划，在资源要素分布不均衡的情况下，以核心区和先导区为引领，对于驱动城市群一体化发展更具可操作性。另一方面，要促进不同功能等级城市相互之间的资源共享和优势互补，完善城市群空间布局，解决城市体系结构失衡问题，促进大、中、小城市和小城镇协调发展。

八　构建多元化协调机制，强化城市群产业合作组织保障

构建官方或非官方多元化的协调机制是城市群产业协同发展的组织保障。与单个城市相比，城市群具有跨行政、地理边界的特征，经济功能区与行政功能区不一致，导致现实发展过程中遇到冲突矛盾在所难免。当今世界一流城市群在历史发展进程中也遭遇了此类境况，它们通过合理的途径和方式化解单个城市扩张与周边区域的矛盾关系，其中关键举措就是构建了官方或非官方的协调组织机构。比如，旧金山湾区为了避免湾区内各城市之间经济发展和产业同质化的恶性竞争，成立了旧金山湾区政府协会（ABAG）、海湾保护和开发委员会（BCDC）、大都市交通委员会（MTC）等。纽约湾

区在 20 世纪 20 年代成立的纽约区域规划协会（RPA），多次承担了纽约大都市区的区域规划工作，成为推动纽约湾区协调发展的重要力量。纽约区域规划协会最初只是为纽约都市区服务，之后服务范围涵盖了新泽西州和康涅狄格州。它为纽约都市区制定长期区域发展规划，提供土地使用、交通、环境以及产业发展等服务内容，实现了纽约都市圈的经济繁荣及生态环境可持续发展。

参考文献

薄文广、陈飞，2015，《京津冀协同发展：挑战与困境》，《南开学报（哲学社会科学版）》第 1 期。

毕秀晶、宁越敏，2013，《长三角大都市区空间溢出与城市群集聚扩散的空间计量分析》，《经济地理》第 1 期。

曹贤忠、曾刚、邹琳，2015，《长三角城市群 R&D 资源投入产出效率分析及空间分异》，《经济地理》第 1 期。

柴攀峰、黄中伟，2014，《基于协同发展的长三角城市群空间格局研究》，《经济地理》第 6 期。

柴志贤、何伟财，2016，《城市功能、专业化分工与产业效率》，《财经论丛》第 11 期。

陈恒、李文硕，2017，《全球化时代的中心城市转型及其路径》，《中国社会科学》第 12 期。

陈红霞、李国平、张丹，2011，《京津冀区域空间格局及其优化整合分析》，《城市发展研究》第 11 期。

陈建军，2007，《长江三角洲地区产业结构与空间结构的演变》，《浙江大学学报》（人文社会科学版）第 2 期。

陈建军、刘月、邹苗苗，2016，《产业协同集聚下的城市生产效率增进——基

于融合创新与发展动力转换背景》，《浙江大学学报》（人文社会科学版）第
3 期。

陈建军、郑广建，2014，《集聚视角下高速铁路与城市发展》，《江淮论坛》第
2 期。

陈良文、杨开忠、沈体雁，2009，《经济集聚密度与劳动生产率差异——基于北
京市微观数据的实证研究》，《经济学》（季刊）第 1 期。

陈耀，2003，《三大经济圈的发展特征及前景》，《安徽决策咨询》第 9 期。

陈耀，2015，《京津冀协同发展背景下省会城市提升的战略思考》，《经济与管
理》第 2 期。

陈耀、陈梓、侯小菲，2014，《京津冀一体化背景下的产业格局重塑》，《天津
师范大学学报》（社会科学版）第 6 期。

陈耀、汪彬，2016，《大城市群协同发展障碍及实现机制研究》，《区域经济评
论》第 2 期。

陈章喜、徐通，2011，《珠三角城市群战略实施以来的效率评价》，《经济地理》
第 11 期。

崔大树，2003，《经济全球化进程中城市群发展的制度创新》，《财经问题研究》
第 5 期。

彼罗·斯拉法，2011，《李嘉图著作和通信集（第一卷）》，寿勉成译，商务印
书馆。

代合治，1998，《中国城市群的界定及其分布研究》，《地域研究与开发》第
2 期。

杜建军、刘学华、张军伟，2016，《长三角城市群产业结构的时空演变研究》，
《经济问题探索》第 9 期。

杜运苏、谢正勤，2013，《入世后中欧分工格局变化及其影响因素研究——基
于产业内贸易视角》，《国际商务》（对外经济贸易大学学报）第 3 期。

樊纲、王小鲁、朱恒鹏，2011，《中国市场化指数——各地区市场化相对进程
2011 年报告》，经济科学出版社。

方创琳，2012，《中国城市群形成发育的政策影响过程与实施效果评价》，《地理科学》第 3 期。

方创琳，2015，《中国新型城镇化综合分区的科学方案研究》，中国城市规划学会、贵阳市人民政府《新常态：传承与变革——2015 中国城市规划年会论文集》，中国建筑工业出版社。

方创琳、关兴良，2011，《中国城市群投入产出效率的综合测度与空间分异》，《地理学报》第 8 期。

冯碧梅、刘传江，2010，《全球价值链视角的武汉城市圈产业体系构建——推动武汉城市圈低碳经济发展》，《中国人口·资源与环境》第 3 期。

付丽娜、陈晓红、冷智花，2013，《基于超效率 DEA 模型的城市群生态效率研究——以长株潭"3+5"城市群为例》，《中国人口·资源与环境》第 4 期。

傅钧文，李梁，2003，《从中日电机电器产业内贸易看两国分工的趋势》，《世界经济研究》第 4 期。

顾朝林，2011，《城市群研究进展与展望》，《地理研究》第 5 期。

顾朝林、王颖，2013，《城市群规划中的管治研究——以绍兴城市群规划为例》，《人文地理》第 2 期。

顾朝林、于涛方、刘志虹、解宇、唐万杰，2007，《城市群规划的理论与方法》，《城市规划》第 10 期。

国家发改委国地所课题组，2009，《我国城市群的发展阶段与十大城市群的功能定位》，《改革》第 9 期。

贺灿飞、谢秀珍，2006，《中国制造业地理集中与省区专业化》，《地理学报》第 2 期。

侯赟慧、刘志彪、岳中刚，2009，《长三角区域经济一体化进程的社会网络分析》，《中国软科学》第 12 期。

胡序威，1998，《沿海城镇密集地区空间集聚与扩散研究》，《城市规划》第 6 期。

胡序威，2002，《我国区域规划的发展态势与面临问题》，《城市规划》第 2 期。

吉昱华、蔡跃洲、杨克泉，2004，《中国城市集聚效益实证分析》，《管理世界》
　　第3期。

江静、刘志彪，2006，《商务成本：长三角产业分布新格局的决定因素考察》，
　　《上海经济研究》第11期。

柯善咨、姚德龙，2008，《工业集聚与城市劳动生产率的因果关系和决定因
　　素——中国城市的空间计量经济联立方程分析》，《数量经济技术经济研究》
　　第12期。

柯善咨、赵曜，2014，《产业结构、城市规模与中国城市生产率》，《经济研究》
　　第4期。

李国平，2013，《质量优先、规模适度：新型城镇化的内涵》，《探索与争鸣》
　　第11期。

李国平、杨洋，2009，《分工演进与城市群形成的机理研究》，《商业研究》第
　　3期。

李红锦、李胜会，2012，《基于DEA模型的城市化效率实证研究——我国三大
　　城市群的比较》，《大连理工大学学报》（社会科学版）第3期。

李靖，2009，《新型区域产业分工研究综述》，《经济经纬》第5期。

李靖，2015，《新型产业分工、功能专业化与区域治理——基于京津冀地区的
　　实证研究》，《中国软科学》第3期。

李曼，2018，《粤港澳大湾区城市群协同发展机制总体框架探析》，《广东行政
　　学院学报》第3期。

李敏、刘和东，2008，《基于行为生态学的产业集群拥挤效应克服》，《南京工
　　业大学学报》（社会科学版）第4期。

李清娟，2006，《长三角产业同构向产业分工深化转变研究》，《上海经济研究》
　　第4期。

李然、马萌，2016，《京津冀产业转移的行业选择及布局优化》，《经济问题》
　　第1期。

李荣国、陈君，2000，《区域产业结构趋同及发展对策》，《财经问题研究》第

8 期。

李瑞、郭谦、贺跻等，2014，《环渤海地区城市旅游业发展效率时空特征及其演化阶段——以三大城市群为例》，《地理科学进展》第 6 期。

李少星、顾朝林，2010，《长江三角洲产业链地域分工的实证研究——以汽车制造产业为例》，《地理研究》第 12 期。

李胜会、冯邦彦，2012，《基于综合城市化的城市群效率研究——我国三大城市群的实证比较》，《学术研究》第 1 期。

李学鑫、苗长虹，2006，《关中、中原、山东半岛三城市群产业结构与分工的比较研究》，《人文地理》第 5 期。

李迅，2018，《城市发展的新时代、新理念、新路径》，《中国城市报》6 月 4 日。

连玉明，2014，《试论京津冀协同发展的顶层设计》，《中国特色社会主义研究》第 4 期。

梁婧、张庆华、龚六堂，2015，《城市规模与劳动生产率：中国城市规模是否过小？——基于中国城市数据的研究》，《经济学》（季刊）第 3 期。

梁琦，2003，《中国工业的区位基尼系数——兼论外商直接投资对制造业集聚的影响》，《统计研究》第 9 期。

刘汉初、卢明华，2014，《中国城市专业化发展变化及分析》，《世界地理研究》第 4 期。

刘明宇、芮明杰，2012，《价值网络重构、分工演进与产业结构优化》，《中国工业经济》第 5 期。

刘胜，2019，《城市群空间功能分工带来了资源配置效率提升吗？——基于中国城市面板数据经验研究》，《云南财经大学学报》第 2 期。

刘奕、夏杰长、李垚，2017，《生产性服务业集聚与制造业升级》，《中国工业经济》第 7 期。

柳天恩，2013，《基于区位熵的区际产业分工模式研究——以东北三省为例》，《产经评论》第 4 期。

卢锋，2004，《产品内分工》，《经济学》（季刊）第 1 期。

鲁继通、祝尔娟,2014,《促进京津冀城市群空间优化与质量提升的战略思考》,《首都经济贸易大学学报》第 4 期。

鲁平俊、唐小飞、王春国、张克一,2015,《城市群战略与资源集聚效率研究》,《宏观经济研究》第 5 期。

陆大道,2009,《大都市区的发展及其规划》,《经济地理》第 10 期。

马学广、窦鹏,2018,《中国城市群同城化发展进程及其比较研究》,《区域经济评论》第 5 期。

马燕坤,2016,《城市群功能空间分工形成的演化模型与实证分析》,《经济管理》第 12 期。

马勇、刘军,2015,《长江中游城市群产业生态化效率研究》,《经济地理》第 6 期。

马忠新、伍凤兰,2016,《湾区经济表征及其开放机理发凡》,《改革》第 9 期。

毛琦梁、董锁成、黄永斌等,2014,《首都圈产业分布变化及其空间溢出效应分析——基于制造业从业人数的实证研究》,《地理研究》第 5 期。

苗建军,2014,《城市群利益冲突的理论与实证研究》,经济管理出版社。

宁越敏、施倩、查志强,1998,《长江三角洲都市连绵区形成机制与跨区域规划研究》,《城市规划》第 1 期。

牛凤瑞,2006,《集中型的城市化是中国必由之路》,http://finance.sina.com.cn, 5 月 24 日。

牛凤瑞、盛广耀,2006,《三大都市密集区：中国现代化的引擎》,社会科学文献出版社。

潘竟虎、胡艳兴,2015,《中国城市群"四化"协调发展效率测度》,《中国人口·资源与环境》第 9 期。

庞晶、叶裕民,2008,《城市群形成与发展机制研究》,《生态经济》第 2 期。

齐讴歌、赵勇,2014,《城市群功能分工的时序演变与区域差异》,《财经科学》第 7 期。

齐讴歌、赵勇、白永秀,2018,《城市群功能分工、技术进步差异与全要素生产率分化——基于中国城市群面板数据的实证分析》,《宁夏社会科学》第 5 期。

齐讴歌、赵勇、王满仓,2012,《城市集聚经济微观机制及其超越:从劳动分工到知识分工》,《中国工业经济》第 1 期。

尚永珍、陈耀,2019,《功能空间分工与城市群经济增长——基于京津冀和长三角城市群的对比分析》,《经济问题探索》第 4 期。

尚永珍、陈耀,2020,《城市群内功能分工有助于经济增长吗?——基于十大城市群面板数据的经验研究》,《经济经纬》第 1 期。

石碧华,2014,《长三角城市群产业联动协同转型的机制与对策》,《南京社会科学》第 11 期。

史育龙、周一星,1997,《关于大都市带(都市连绵区)研究的论争及近今进展述评》,《国外城市规划》第 2 期。

斯密,2012,《国富论》凡禹译,立信会计出版社。

宋家泰,1980,《城市—区域与城市区域调查研究——城市发展的区域经济基础调查研究》,《地理学报》第 4 期。

苏红键,2017,《中国城市专业化特征及其解释》,《中国经济问题》第 3 期。

苏红键、魏后凯,2013,《密度效应、最优城市人口密度与集约型城镇化》,《中国工业经济》第 10 期。

苏红键、赵坚,2011,《产业专业化、职能专业化与城市经济增长——基于中国地级单位面板数据的研究》,《中国工业经济》第 4 期。

眭文娟、张昱、王大卫,2018,《粤港澳大湾区产业协同的发展现状——以珠三角 9 市制造业为例》,《城市观察》第 5 期。

孙虎、乔标,2015,《京津冀产业协同发展的问题与建议》,《中国软科学》第 7 期。

孙久文、丁鸿君,2012,《京津冀区域经济一体化进程研究》,《经济与管理研究》第 7 期。

孙久文、姚鹏,2015,《京津冀产业空间转移、地区专业化与协同发展——基于新经济地理学的分析框架》，《南开学报》（哲学社会科学版）第 1 期。

孙久文、原倩，2014，《我国区域政策的"泛化"、困境摆脱及其新方位找寻》，《改革》第 4 期。

孙一飞，1995，《城镇密集区的界定——以江苏省为例》，《经济地理》第 3 期。

孙胤社，1992，《大都市区的形成机制及其定界——以北京为例》，《地理学报》第 6 期。

覃成林、潘丹丹，2018，《粤港澳大湾区产业结构趋同及合意性分析》，《经济与管理评论》第 3 期。

覃成林、杨晴晴，2017，《高速铁路对生产性服务业空间格局变迁的影响》，《经济地理》第 2 期。

覃成林、郑洪涛、高见，2005，《中原城市群经济市场化与一体化研究》，《江西社会科学》第 12 期。

唐根年、管志伟、秦辉，2009，《过度集聚、效率损失与生产要素合理配置研究》，《经济学家》第 11 期。

田文，2005，《产品内贸易的定义、计量及比较分析》，《财贸经济》第 5 期。

万庆、吴传清、曾菊新，2015，《中国城市群城市化效率及影响因素研究》，《中国人口·资源与环境》第 2 期。

汪彬，2017，《国际能源价格波动下我国资源性城市的应对策略》，《发展研究》第 3 期。

汪彬，2018，《国内外城市群理论发展演进及研究动向》，《区域经济评论》第 1 期。

汪彬，2019，《新时代促进中国区域城乡协调发展的战略思考》，《理论视野》第 5 期。

汪彬，2020，《城市资源空间配置的理论与案例研究》，《贵州社会科学》第 9 期。

汪彬，2020，《构建与城市群一体化发展相适应的治理机制》，《开放导报》第 5 期。

汪彬、陈耀，2015，《京津冀城市群发展差距测算及协同发展研究》，《上海经济研究》第 8 期。

汪彬、陈耀，2016，《经济新常态下西部地区县域经济发展策略研究》，《上海经济研究》第 10 期。

汪彬、陈耀，2017，《国内旅游业发展与区域经济增长——基于中国 285 个地级市的实证研究》，《经济问题探索》第 12 期。

汪彬、郭贝贝、李鸿磊，2019，《区域差异、规模分布与中国城市效率问题研究——基于 285 个地级市的实证研究》，《经济问题探索》第 1 期。

汪彬、李鸿磊，2019，《外国城市化经验对新时代中国城市发展的启示》，《经济体制改革》第 4 期。

汪彬、杨露，2018，《协调发展与世界级城市群建设——基于长三角城市群的研究》，《国家行政学院学报》第 6 期。

汪彬、杨露，2020，《世界一流湾区经验与粤港澳大湾区协同发展》，《理论视野》第 5 期。

汪彬：《提高治理效能加快推进城市群一体化建设》，《经济日报》2020 年 7 月 31 日。

汪斌、岳甚先，2005，《新型国际分工下的"世界工厂"与我国制造业发展的战略定位》，《学习与探索》第 2 期。

王佃利，2009，《半岛城市群发展动力与障碍的行政学分析》，《东岳论丛》第 5 期。

王桂新，2011，《我国大城市病及大城市人口规模控制的治本之道——兼谈北京市的人口规模控制》，《探索与争鸣》第 7 期。

王磊、付建荣，2016，《基于产业分工的关天经济区城市间经济联系实证研究》，《经济经纬》第 3 期。

王鹏，2006，《东亚产业分工形态实证研究——基于产业内贸易的视角》，《亚太经济》第 4 期。

王婷、芦岩，2011，《基于产业分工的城市群不平衡协同发展对策分析》，《改革与战略》第 9 期。

王卫东，2001，《长三角城市群协同创新发展机制研究》，《企业经济》第 12 期。

王贤彬、吴子谦，2018，《城市群中心城市驱动外围城市经济增长》，《产业经济评论》第 3 期。

王小鲁，2010，《中国城市化路径与城市规模的经济学分析》，《经济研究》年第 10 期。

王彦芳，2015，《城市功能分工演进与经济发展关系研究》，《北京城市学院学报》第 1 期。

魏后凯，2007，《大都市区新型产业分工与冲突管理——基于产业链分工的视角》，《中国工业经济》第 2 期。

魏后凯，2015，《中国特大城市的过度扩张及其治理策略》，《城市与环境研究》第 2 期。

文玫，2004，《中国工业在区域上的重新定位和聚集》，《经济研究》第 2 期。

吴爱芝、李国平、张杰斐，2015，《京津冀地区产业分工合作机理与模式研究》，《人口与发展》第 6 期。

吴福象、刘志彪，2008，《城市化群落驱动经济增长的机制研究——来自长三角 16 个城市的经验证据》，《经济研究》第 11 期。

吴福象、沈浩平，2013，《新型城镇化、基础设施空间溢出与地区产业结构升级——基于长三角城市群 16 个核心城市的实证分析》，《财经科学》第 7 期。

吴启焰，1999，《城市密集区空间结构特征及演变机制——从城市群到大都市带》，《人文地理》第 1 期。

伍凤兰、陶一桃、申勇，2015，《湾区经济演进的动力机制研究——国际案例与启示》，《科技进步与对策》第 23 期。

向晓梅、杨娟，2018，《粤港澳大湾区产业协同发展的机制和模式》，《华南师范大学学报》（社会科学版）第 2 期。

肖金成，2015，《京津冀区域合作的战略思路》，《经济研究参考》第 2 期。

肖金成，2017，《打造"反磁力中心"是"大城市病"的治本之策》，《中国城市报》4月24日。

谢永琴、詹新叶，2012，《基于DEA模型研究东北三省城市经济效率与城市化发展速度的协调性问题》，《特区经济》第11期。

徐现祥、李郇，2005，《市场一体化与区域协调发展》，《经济研究》第12期。

薛凤旋、郑艳婷，2005，《我国都会经济区的形成及其界定》，《经济地理》第6期。

颜银根、文洋，2017，《城市群规划能否促进地区产业发展？——基于新地理经济学的研究》，《经济经纬》第2期。

杨建荣，1995，《论中国崛起世界级大城市的条件与构想》，《财经研究》第6期。

杨建荣，1996，《宏观调控下中央与地方关系的调整》，《财经研究》第3期。

杨莉莉、邵帅、曹建华、任佳，2014，《长三角城市群工业全要素能源效率变动分解及影响因素——基于随机前沿生产函数的经验研究》，《上海财经大学学报》第3期。

杨林、白奉源，2022，《区域产业结构趋同——个人理性与集体理性的冲突》，《兰州大学学报》第3期。

姚士谋，1992，《我国城市群的特征、类型与空间布局》，《城市问题》第1期。

姚士谋、陈爽、陈振光，1998，《关于城市群基本概念的新认识》，《现代城市研究》第6期。

姚士谋、朱英明、陈振光，2001，《中国城市群》，中国科学技术大学出版社。

银温泉、才婉茹，2001，《我国地方市场分割的成因和治理》，《经济研究》第6期。

尹征、卢明华，2015，《京津冀地区城市间产业分工变化研究》，《经济地理》第10期。

于洪俊、宁越敏，1983，《城市地理概论》，安徽科学技术出版社。

袁晓军、袁璐，2015，《基于产业结构演变的关中城市群发展效率及影响因素研究》，《区域经济评论》第 5 期。

苑清敏、申婷婷、邱静，2015，《中国三大城市群环境效率差异及其影响因素》，《城市问题》第 7 期。

曾亿武、郭红东、邱东茂，2015，《产业集聚效应、要素拥挤与效率改善——基于浙江省农产品加工业集群的实证分析》，《农林经济管理学报》第 3 期。

张超，2012，《区位、城市功能与大都市圈空间均衡结构的演生——基于多城市空间理论扩展的一个解释框架》，《学习与实践》第 10 期。

张鸿雁，2007，《"大上海国际化都市圈"的整合与建构——中国长三角城市群差序化格局创新研究》，《社会科学》第 5 期。

张纪，2006，《产品内国际分工中的收益分配——基于笔记本电脑商品链的分析》，《中国工业经济》第 7 期。

张来春，2007，《长三角城市群汽车产品价值链分工研究》，《上海经济研究》第 11 期。

张陆、高素英，2014，《多中心视角下的京津冀都市圈空间联系分析》，《城市发展研究》第 5 期。

张梅青、左迎年，2013，《首都圈经济一体化发展进程研究》，《北京交通大学学报》（社会科学版）第 1 期。

张明艳、孙晓飞、贾巳梦，2015，《京津冀经济圈产业结构与分工测度研究》，《经济研究参考》第 8 期。

张荣天、焦华富，2014，《泛长三角城市发展效率时空格局演化与驱动机制》，《经济地理》第 5 期。

张若雪，2009，《从产品分工走向功能分工：经济圈分工形式演变与长期增长》，《南方经济》第 9 期。

张衔春、许顺才、陈浩、单卓然，2017，《中国城市群制度一体化评估框架构建——基于多层级治理理论》，《城市规划》第 8 期。

张学良，2010，《长三角地区经济收敛及其作用机制：1993～2006》，《世界经济》第 3 期。

张学良、李培鑫，2014，《城市群经济机理与中国城市群竞争格局》，《探索与争鸣》第 9 期。

张亚斌、黄吉林、曾铮，2006，《城市群、"圈层"经济与产业结构升级——基于经济地理学理论视角的分析》，《中国工业经济》第 12 期。

张玉棉、尹凤宝、边楚雯，2015，《京津冀城市分工与布局协同发展研究——基于日本首都圈的经验》，《日本问题研究》第 1 期。

赵弘，2009，《推进产业分工与合作提升京津冀区域综合竞争力》，《京津冀区域协调发展学术研讨会论文集》。

赵继敏，2014，《区域产业分工的历史演进及对中国首都圈发展的启示》，《改革与战略》第 3 期。

赵坚，2011，《我国铁路管理体制面临的选择》，《行政管理改革》第 11 期。

赵勇、白永秀，2008，《区域一体化视角的城市群内涵及其形成机理》，《重庆社会科学》第 9 期。

赵勇、白永秀，2012，《中国城市群功能分工测度与分析》，《中国工业经济》第 11 期。

赵勇、魏后凯，2015，《政府干预、城市群空间功能分工与地区差距——兼论中国区域政策的有效性》，《管理世界》第 8 期。

周牧之，2004，《鼎：托起中国的大城市群》，世界知识出版社。

周其仁，2015，《城市化下一程要"加密"》，《中国房地产业》第 5 期。

周韬，2017，《空间异质性、城市群分工与区域经济一体化——来自长三角城市群的证据》，《城市发展研究》第 9 期。

周韬、郭志仪，2014，《价值链视角下的城市空间演化研究——基于中国三大城市群的证据》，《经济问题探索》第 11 期。

朱虹、徐琰超、尹恒，2012，《空吸抑或反哺：北京和上海的经济辐射模式比较》，《世界经济》第 3 期。

朱英明，2007，《长三角城市群产业一体化发展研究——城际战略产业链的视角》，《产业经济研究》第 6 期。

踪家峰、刘姗姗，2008，《基于协整与 Granger 因果分析的地区一体化进程研究——以京津冀和长三角为例》，《地域研究与开发》第 2 期。

邹卫星、周立群，2010，《区域经济一体化进程剖析：长三角、珠三角与环渤海》，《改革》第 10 期。

Abel, Aison R. Ishita Dey, Todd M.Gabe.2010. "Productivity and the Density of Human Capital." *Federal Reserve Bank of New York Staff Reports*, no.440, Revised September 2011.

Accetturo A. 2010. "Agglomeration and growth: the effects of commuting costs." *Papers in Regional Science*, vol.89, no.1.

Amighini, A. 2005."China in the international fragmentation of production: Evidence from the ICT industry". *The European Journal of Comparative Economics* 2 (2).

Andrés Rodríguez-Avila, Ivomar Oldoni, Sylva Riblet & Maricarmen García. 2008. "Evaluation of the protection elicited by direct and indirect exposure to live attenuated infectious laryngotracheitis virus vaccines against a recent challenge strain from the United States." *Avian Pathology* 37:3.

Arndt, Sven W. 1997."Globalization and the Open Economy." *North American Journal of Economics and Finance* 8 (01).

Audretsch D, Falck O , Heblich S . 2011. "Who's got the aces up his sleeve? Functional specialization of cities and entrepreneurship." *The Annals of Regional Science* 46 (3).

Bade, Franz-Josef, Laaser, Claus-Friedrich, Soltwedel, Rüdiger. 2004. Urban specialization in the internet age: Empirical findings for Germany. Kiel Working Paper.

Brakman, S. et al. 1996. "Negative Feedback in the Economy and Industrial Location." *Journal of Regional Science* vol. 36, no.4.

Brühart, M. and Traeger, R. 2005. "An Account of Geographic Concentration Patterns in Europe." *Regional Science and Urban Economics*, (35): 597-624.

Brülhart M., Mathys, N. A.2008. "Sectoral Agglomeration Economies in a Panel of European Regions." *Regional Science & Urban Economics* 38 (04).

Ciccone A. 2002. "Agglomeration effects in Europe." *European economic review* 46 (2).

Ciccone, A. and R.Hall.1996. "Productivity and the Density of Economic Activity." *American Economic Review* vol. 86, no.1.

Deardorff A. V. 2005. "Gains from Trade and Fragmentation." Paper Prepared for CESifo Wrokshop Presentation, July18-19.

Deardorff, A.V. 1998. "Fragmentation Across Cones." RISE Discussion Paper.

Dixit, Avinash K. and G.M. Grossman. 1982. "Trade and Protection with Multistage Production." *The Review of Economic Studies* 49(4).

Duranton G., Puga D. 2002. *From Sector to Functional Urban Specialization.* Cambridge, MA. National Bureau of Economic Research.

Duranton G., Puga D. 2004. "Micro-foundations of urban agglomeration economies." In Handbook of regional and urban economics edited by Henderson JV, Thisse JF. Elsevier, Amsterdam.

Duranton G., Puga D. 2004. "*From Sectoral to Functional Urban Specialization.*" *Journal of Urban Economics* 57 (2).

Ettlinger N., Clay B. 2010. "Spatial divisions of corporate services occupations in the United States, 1983—1988. " *Growth and Change*(1).

Feenstra, G. W. 1997. "Local food systems and sustainable communities." *American Journal of Alternative Agriculture* 12(1).

Feenstra, R.C. 2003. Ownership and Control in Out sourcing to China. NBER Working Paper No.10198.

Feenstra, R.C., Hanson, G.H. 1999. "The Impact of Out sourcing and High-technology Capital on Wages: Estimates for the United States, 1979–1990". *Quarterly Journal of Economics* (03).

Florida, R., Gulden, T., Mellander, C. 2008. "The Rise of the Mega-Region." *Cambridge Journal of Regions, Economy and Society* 1 (3).

Fujita M, Krugman P. 1995. "When is the economy monocentric?: von Thünen and Chamberlin unified." *Regional science and urban Economics* 25(4).

Fujita M, Tabuchi T. 1997. "Regional growth in postwar Japan." *Regional Science and Urban Economics* 27 (6).

Gallego J, Maroto A. 2013. "The Specialization in Knowledge-Intensive Business Services (KIBS) across Europe: Permanent Co-Localization to Debate." *Regional Studies* 49 (4).

Gaspar J, Glaeser E L. 1998. "Information technology and the future of cities." *Journal of urban economics* 43 (1).

Glaeser E L. 2007. "Do Regional Economies Need Regional Coordination?" Social Science Electronic Publishing.

Glaeser, Edward L. 2007. "Entrepreneurship and the City." NBER Working Paper, no.w 13551.

Gottmann J. 1957. "Megalopolis or the urbanization of the Northeastern seaboard." *Economic Geography* (3).

Gottmann J.1961. "Megalopolis: The Urbanized Northeastern Seaboard of the United States." *Twentieth Century Fund.*

Harrison J, Growe A. 2014."From places to flows? Planning for the new 'regional world' in Germany." *European Urban and Regional Studies* 21 (1).

Harrison, J. and Hoyler, M.2014. "Governing the New Metropolis." *Urban Studies* 51 (11).

Hay, D. A, Morris, D.J. 1991. *Industrial Economics & Organisation-Theory & Evidence.* Oxford: Oxford University Press.

Henderson J V, Ono Y. 2008. "Where do manufacturing firms locate their headquarters?" *Journal of Urban Economics* 63 (2).

Henderson J. V. 1986. "Effciency of Resource Usage and City Size." *UrbanEcon* 19 January.

Henderson V. 2003. "The Urbanization Process and Economic Growth: The So-What Question." *Journal of Economic Growth* 8 (1):47-71.

Hoover E. 1937. *Location theory and the shoe and leather industries*. Harvard University Press, Cambridge.

Hummels, D. L., Ishii, J., Yi, K.M. 2001."The Nature and Growth of Vertical Specialization in World Trade." *Journal of international Economics* 54 (1).

John Friedmann & John Miller.1965. "The Urban Field." *Journal of the American Institute of Planners* 31.

Jones, R.W, Kierzkowski, H. 1998. "The Role of Services in Production and International Trade: A Theoretical Framework." *The Political Economy of International Trade*, Oxford:Blackwell 31- 48.

Jones, R.W., Kierzkowski, H., Arndt S.W. 2001. A Framework for Fragmentation. Tinbergen Institute Discussion Paper 54 (1).

Koichi Mera.1973. "Regional production functions and social overhead capital: An analysis of the Japanese case." *Regional and Urban Economics* vol.3, no.2.

Krugman, P. 1992. *Geography and trade*. MIT press.

Krugman, P. 1993. "The lessons of Massachusetts for EMU." In *Adjustment and Growth in the European Monetary Union* edited by F. Torres & F. Giavazzi. Cambridge University Press.

Martin R. and Sunley P. 1996. "Pual Krugman's Geographical Economics and Its Implications for Regional Development Theory: A critical assessment." *Economic Geography* (72).

Mcgee, T. 1991. "The emergence of desakota regions in Asia: expanding a hypothesis." *Environment Development & Sustainability*.

Meijers, E.J. and Burger, M.J. 2010. "Spatial Structure and Productivity in US

Metropolitan Areas." *Environment and Planning A* 42 (6).

Meliciani V, Savona M. 2015."The determinants of regional specialisation in business services: agglomeration economies, vertical linkages and innovation." *Journal of Economic Geography* 15 (2).

Moomaw R.L. 1983. "Is population scale a worthless surrogate for business agglomeration economies?" *Regional Science and Urban Economics* no.13.

Rodríguezpose, A. 2008. "The Rise of the 'City-region' Concept and its Development Policy Implications." *European Planning Studies* 16 (8).

Romer P M. 1986. "Increasing returns and long-run growth." *Journal of political economy* 94 (5).

Sassen, S. 2001. Global Cities and Global City-regions: A Comparison, in *Global City-regions* edited by A.J. Scott. Oxford: Oxford University Press.

Scott A. J. 2001. *Global city-regions: trends, theory, policy.* OUP Oxford.

Scott A. J. 2010. "Resurgent Metropolis: Economy, Society and Urbanization in an Interconnected World." *International Journal of Urban and Regional Research*, 32 (3).

Scott M. 1985. *The San Francisco Bay Area:A Metropolis in Perspective.*University of California Press.

Sedgley, N. and Elmslie, B.2011. "Do We Still Need Cities? Evidence on Rates of Innovation from Count Data Models of Metropolitan Statistical Area Patents." *American Journal of Economics and Sociology* 70 (1).

Segal, D. 1976. "Are there Returns to Scale in City Size?" *the Review of Economics and Statistics* vol. 55, no.3.

Sit, V.F. S. 2005. "China's Extended Metropolitan Regions." *Economic Geography.*

SjÖberg, Ö. and SjÖholmg, F. 2004."Trade Liberalization and the Geography of Production: Agglomeration, Concentration, and Dispersal in Indonesia's Manufacturing Industry." *Economic Geography* 80 (3).

Zhou Y X. 1991. "The metropolitan interlocking region in China: A preliminary hypothesis." In The extended metropolis: Settlement transition in Asia edited by Norton Ginsburg, Bruce Koppel, and T. G. McGee. Honolulu: University of Hawaii Press.

后　记

诺贝尔经济学奖获得者斯蒂格利茨曾说过，中国的城镇化是影响 21 世纪人类社会发展进程的大事件。诚然，中国城镇化仍然持续推进，2022 年城镇化率已经达到 65.2%，未来，全面建设社会主义现代化国家仍需推进以人为核心的新型城镇化战略，构建高质量发展动力系统。

我自博士毕业后进入中共中央党校（国家行政学院）工作以来，一直专注于城镇化领域的相关研究，尤其关注对城市群这一主体空间形态进行深化理论和实践研究，在中共中央党校课堂讲授"实施区域协调发展战略""长三角一体化制度创新实践探索"案例教学等课程。令我喜出望外的是，2018 年当我第一次申报国家社会科学基金项目时就成功获得立项，题目为"产业分工视角下的大城市群协同发展问题研究"，这正是我个人专注研究的领域，这更加坚定了我要把这一问题研究透彻的信心。所以，这本书既是对博士学位论文的深化研究，也是国家社科基金项目研究成果内容，是由多篇已发表的论文集合而成，凝聚了这些年个人研究的心血和心得。

我也一直坚持一个信念：作为一个年轻学者先要把某一个问题研究深、研究透，由此及彼，那么其他领域的研究也能够做到触类旁通。正是在这样一种理念支撑下，这些年我从事的教学、发表的论文、研究的课题都与区域和城市群相关，也赴京津冀、粤港澳、长三角城市群做过实地调研，对理论与实际相结合有了更深刻的理解。更让我意外的是，2022 年初当我完成首个国家社会科学基金项目结项后，又着手申报了与城市群相关的课题，当年就顺利获得了国家社科基金重点项目立项，这更是对我的莫大激励和鞭策，让我对学术研究有了更强的内驱力。

路漫漫其修远修。进入中共中央党校（国家行政学院）工作之后，舞台更大了，但是对个人能力的要求更高了，需要更宽的知识面、更接地气的研究、更深厚的理论积淀、更富有感染力的表达，这样才能解答学员之困惑、打动学员之内心，这也更加促使我不断地加强理论学习，阅读经典著作，夯实理论基础，不断加大实地调研的频率，真正把论文写在田野大地上，把学术做在祖国大地上。此书正是在结合大量理论分析、数据分析和实地调研基础上而成稿的。

为此，我要感谢这些年给予我莫大帮助的领导、同事、同行们，正是你们的支持让我成长更快，更快地适应党校工作，更快地在学术上成长，感谢中共中央党校给予我成长的舞台，让我能够不断挖掘自身潜能，尽情地展现自我，体悟到"书山有路勤为径，学海无涯苦作舟"的真谛，体悟到人生就是一个不断精进的过程，探索自我认知和不断提升能力的过程。还要感谢社会科学文献出版社编辑，也是我的师妹云苓对我的书稿修订提出了有益的意见，让书稿尽快出版。

新时代新征程，对于国家而言，开启了全面建设社会主义现代化国家的新征程，开辟了迈向中国式现代化的康庄大道；对于个人而言，更要在这百年未有之大变局的波涛汹涌中搏击，谱写更加辉煌的事业篇章。

汪 彬

2023 年 3 月于海淀区大有庄 100 号

图书在版编目（CIP）数据

城市群协同发展研究：产业分工视角 / 汪彬著. --
北京：社会科学文献出版社, 2023.8
ISBN 978-7-5228-2077-4

Ⅰ.①城… Ⅱ.①汪… Ⅲ.①城市群－协调发展－研
究－中国 Ⅳ.①F299.21

中国国家版本馆CIP数据核字（2023）第124411号

城市群协同发展研究：产业分工视角

著　　者 / 汪　彬

出 版 人 / 冀祥德
责任编辑 / 吴云苓
责任印制 / 王京美

出　　版 / 社会科学文献出版社·皮书出版分社（010）59367127
　　　　　　地址：北京市北三环中路甲29号院华龙大厦　邮编：100029
　　　　　　网址：www.ssap.com.cn
发　　行 / 社会科学文献出版社（010）59367028
印　　装 / 三河市龙林印务有限公司

规　　格 / 开　本：787mm×1092mm　1/16
　　　　　　印　张：14.75　字　数：226千字
版　　次 / 2023年8月第1版　2023年8月第1次印刷
书　　号 / ISBN 978-7-5228-2077-4
定　　价 / 98.00元

读者服务电话：4008918866